도메인 주도 개발
시작하기

도메인 주도 개발 시작하기

DDD 핵심 개념 정리부터 구현까지

초판 1쇄 발행 2022년 3월 25일
초판 3쇄 발행 2024년 1월 31일

지은이 최범균 / **펴낸이** 전태호
펴낸곳 한빛미디어(주) / **주소** 서울시 서대문구 연희로2길 62 한빛미디어(주) IT출판2부
전화 02-325-5544 / **팩스** 02-336-7124
등록 1999년 6월 24일 제25100-2017-000058호 / **ISBN** 979-11-6224-538-5 93000

총괄 송경석 / **책임편집** 홍성신 / **기획 · 편집** 김대현
디자인 박정화 / **전산편집** 다인
영업 김형진, 장경환, 조유미 / **마케팅** 박상용, 한종진, 이행은, 김선아, 고광일, 성화정, 김한솔 / **제작** 박성우, 김정우

이 책에 대한 의견이나 오탈자 및 잘못된 내용에 대한 수정 정보는 한빛미디어(주)의 홈페이지나 아래 이메일로
알려주십시오. 잘못된 책은 구입하신 서점에서 교환해드립니다. 책값은 뒤표지에 표시되어 있습니다.

한빛미디어 홈페이지 www.hanbit.co.kr / 이메일 ask@hanbit.co.kr

지금 하지 않으면 할 수 없는 일이 있습니다.
책으로 펴내고 싶은 아이디어나 원고를 메일(writer@hanbit.co.kr)로 보내주세요.
한빛미디어(주)는 여러분의 소중한 경험과 지식을 기다리고 있습니다.

도메인 주도 개발 시작하기

DDD 핵심 개념 정리부터 구현까지

최범균 지음

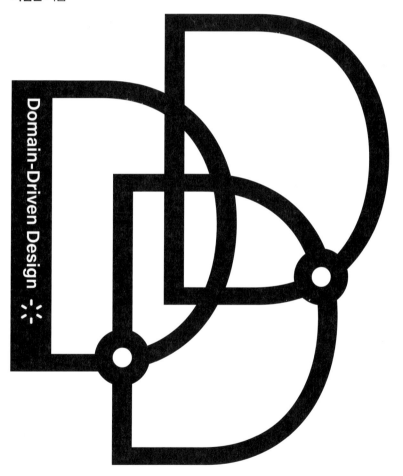

Domain-Driven Design

HB 한빛미디어
Hanbit Media, Inc.

지은이 소개

지은이 최범균 madvirus@madvirus.net

코딩을 좋아하여 나이를 먹고 백발이 되어도 개발이 하고 싶은 개발자다. 좋은 책 쓰는 것을
목표로 꾸준히 블로그와 브런치에 글을 쓰고 있으며 많은 강연 활동도 하고 있다.

전) 아이스크림에듀, 에스씨지솔루션즈, 위메이드엔터테인먼트, 다음커뮤니케이션 개발자
현) 에스씨지랩 개발실장
저서: 『테스트 주도 개발 시작하기』(가메출판사), 『스프링5 프로그래밍 입문』(가메출판사), 『JPA 프로그래밍 입
　　문』(가메출판사), 『DDD START』(지앤선), 『객체 지향과 디자인 패턴』(인투북스) 등

지은이의 말

필자는 2006년에 처음 DDD^{Domain Driven Design}(도메인 주도 설계)를 접했다. 이때 에릭 에반스가 쓴 『도메인 주도 설계』란 책을 처음 읽었다. 그전까지 컨트롤러-서비스-DAO-DTO를 이용해서 웹 애플리케이션을 개발했는데, DDD 책을 읽고 나서 새로운 세상을 만난 기분이 들었다. 그 뒤로 이 주제의 관련 지식을 학습하고 나름 적용도 해보면서 DDD를 익혔다.

DDD를 학습하려고 할 때 가장 어려웠던 점은 DDD 자체를 이해하는 것이었다. 처음 책을 읽을 때에는 이해되지 않는 내용이 많아서 무작정 여러 번 반복해서 읽었다. 지금도 DDD를 완전히 마스터했다고 할 수는 없지만 이런 식으로 조금씩 이해의 폭을 넓혔다.

두 번째로 어려웠던 점은 구현이었다. 그 당시만 해도 DDD에 대한 구현 예제가 많지 않았다. DDD에 대한 이해가 부족한 상황에서 참고할 만한 코드도 없었기에 여러 시행착오를 겪으며 구현을 시도했다.

이후 많은 시간이 흘렀지만 여전히 많은 개발자가 DDD와 도메인 모델 구현을 어려워하고 있다. DDD가 어렵게 느껴지는 여러 이유가 있겠지만 무엇보다 징검다리 역할을 하는 DDD 입문서가 없다는 것이 가장 큰 이유 중 하나라고 생각한다. 에릭 에반스의 책은 처음 DDD를 접하는 개발자가 보기엔 다소 어렵다. 국내에 번역되지 않은 DDD 관련 책도 많으나 필자가 생각하기에 이런 책들은 입문자에게는 크게 도움이 되지 않는다.

이 책을 쓴 계기가 바로 여기에 있다. 프로그래밍 언어 입문서와 깊이 있는 내용을 다루는 책이 따로 있는 것처럼 DDD도 입문자를 위한 책이 따로 필요하다고 생각했다. 이 책이 처음 DDD를 접하는 개발자가 깊이 있는 DDD 학습 전에 기본을 쌓을 수 있는 징검다리 역할을 할 수 있길 기대한다.

2022년 3월
최범균

감사의 말

처음 책을 출간할 때 도메인에 대한 지식과 경험을 공유해 주고 다양한 의견을 준 장진달 님, 김범준 님, 조영호 님 고맙습니다. DDD를 알게 해 준 에릭 에반스, 이 책을 보진 않겠지만 덕분에 이 책이 출간될 수 있었습니다. 마음속으로 항상 존경하는 김선회, 백명석 두 선배님이 계셔서 계속 정진할 수 있었습니다.

책을 재출간할 수 있게 도와주신 한빛미디어의 홍성신 팀장님, 김대현 과장님 감사합니다.

Special Thanks to
사랑하는 아내 은선과 미래의 개발자 딸 지설에게

이 책에 대하여

대상 독자

| 초급 | 초중급 | 중급 | 중고급 | 고급 |

이 책은 DDD를 처음 접하는 개발자를 위한 책으로 DDD 입문자를 대상으로 한다. DDD 고수가 되는 법을 알려주는 책은 아니다. 이미 DDD 기초를 마스터했다면 다른 책을 통해 DDD의 심오함을 느끼길 바란다. 아직 DDD에 대해 잘 모르지만 관심이 있다면 이 책을 통해 DDD에 대한 호기심을 채울 수 있을 것이다.

이 책을 읽기 전에

이 책을 읽기 위해서 개발 경력은 크게 중요하지 않지만 3~4년의 개발 경험이 있다면 내용을 이해하는 데 좀 더 수월할 것이다. 신입 개발자라면 이 책에서 말하는 일부 내용이 어렵게 느껴질 수도 있다.

예제 코드로 사용한 언어는 자바^{Java}이며, 스프링MVC$^{Spring\ MVC}$와 JPA(ORM)를 기반으로 구현했다. 이 두 가지를 잘 몰라도 책에서 설명하는 내용을 따라가는 데 어려움은 없지만, 두 기술에 대한 개요 정도만 알고 있어도 책을 더 잘 이해할 수 있을 것이다. 특히 SQL에만 익숙하다면, JPA가 무엇인지 정도는 학습하고 이 책을 읽길 바란다.

DDD에서 객체 기반으로 도메인 모델을 구축하는 내용을 다루기는 하지만, 객체 지향의 캡슐화, 추상화, 다형성 등과 같은 주제가 익숙하지 않더라도 책을 읽고 이해하는 데 있어서 큰 문제는 되지 않을 것이다.

이 책에 대하여

이 책의 구성

이 책은 도메인 모델을 이용하여 애플리케이션을 구현하는 데 필요한 내용을 다루며 전체 11장으로 구성되어 있다. 도입부인 1장과 2장에서는 도메인 모델을 구현할 때 알아야 할 기본적인 내용을 다룬다. 1장에서는 도메인 모델이 무엇인지 알아보고 엔티티와 밸류에 대해 알아본다. 2장은 상위 수준에서 아키텍처의 네 영역과 DIP 패턴을 설명하고 도메인 영역의 구성 요소에 대해 살펴본다.

3장부터 5장은 애그리거트와 리포지터리를 설명한다. 애그리거트는 복잡한 도메인 모델을 관리 가능한 단위로 묶어주는 역할을 담당한다. 3장에서는 애그리거트가 무엇이고 구현을 어떻게 하는지 알아본다. 4장에서는 애그리거트의 논리적인 저장소인 리포지터리를 구현하는 방법을 알아보고 5장에서는 검색 조건을 위한 스펙, 정렬, 페이징 등 조회 기능을 구현해 본다.

6장은 응용 서비스와 표현 영역에 대해 설명한다. 응용 서비스가 어떻게 도메인 모델을 사용하고 어떤 역할을 수행하는지 알아보고 표현 영역과 응용 서비스의 연동에 대해 설명한다.

7장은 도메인 영역의 구성요소 중 하나인 도메인 서비스가 필요한 이유와 구현에 대해 설명한다.

8장에서는 애그리거트의 트랜잭션 범위에 대해 살펴본다. 애그리거트의 트랜잭션 처리를 위해 DBMS를 이용한 선점 잠금과 버전을 이용한 비선점 잠금을 구현하는 방법을 소개한다.

9장은 애그리거트와 더불어 가장 중요한 개념 중 하나인 바운디드 컨텍스트에 대한 내용을 다룬다. 바운디드 컨텍스트가 무엇이고 각 컨텍스트의 통합과 관계에 대해 배워본다.

10장과 11장은 각각 이벤트와 CQRS에 대해 설명한다. 10장은 도메인 이벤트를 이용해서 시스템의 결합도를 낮추고 기능을 확장하는 방법을 설명하며 비동기로 이벤트를 처리하는 몇 가지 구현 방법도 살펴본다. 11장은 CQRS가 무엇인지 알아보고, 이를 통해 어떤 효과를 얻을 수 있는지에 대해 설명한다.

예제 소스

우리와 같은 개발자는 무언가 돌아가는 걸 보면서 배워야 이해가 더 잘 된다. 그래서 아래 깃허브 주소에 이 책의 전반적인 내용을 담고 있는 예제 코드를 수록했다.

- https://github.com/madvirus/ddd-start2

예제 코드는 메이븐, 자바 17, 스프링 부트, JPA(하이버네이트), 타임리프, MySQL을 이용해서 작성했다. 책에서 사용한 테이블 생성 쿼리는 src/sql/ddl.sql 파일에 포함되어 있으니 이 파일을 이용해서 필요한 테이블을 생성하면 된다.

테이블을 생성했다면 src/sql/init.sql 파일을 이용하여 초기 데이터를 삽입한다. 이 파일은 기능 실행에 필요한 데이터를 삽입하는 INSERT 쿼리를 포함한다. 예를 들어 init.sql은 다음 쿼리를 포함하고 있는데 이 쿼리는 예제 애플리케이션의 회원 데이터를 생성한다.

```sql
insert into member values ('user1', '사용자1', '1234', false);
insert into member values ('user2', '사용자2', '5678', false);
insert into member values ('admin', '운영자', 'admin1234', false);
insert into member_authorities values ('user1', 'ROLE_USER');
insert into member_authorities values ('user2', 'ROLE_USER');
insert into member_authorities values ('admin', 'ROLE_ADMIN');
```

member_authorities는 회원 아이디별로 역할을 저장한다. ROLE_USER는 일반 사용자 역할을 의미하고 ROLE_ADMIN은 관리자 역할을 의미한다. 예제를 실행할 때 관리자 역할을 가진 아이디로 로그인하면 관리자 기능을 실행할 수 있다.

예제 프로젝트는 스프링 부트를 이용해서 작성했다. 다음 명령어를 이용해서 웹 애플리케이션을 실행할 수 있다.

```
$ mvnw spring-boot:run
```

이 명령어를 실행한 뒤 웹 브라우저에서 http://localhost:8080에 연결해 보자. 다음 그림과 같은 화면을 볼 수 있다.

▶ 예제 프로젝트 첫 화면

앞서 INSERT 쿼리를 활용하여 member 테이블에 삽입한 회원 정보를 이용해서 로그인하면 된다.

보충 설명, 참고 사항, 유용한 팁, 주의가 필요한 부분 등을 본문과 구분하여 정리해두었다.

정오표와 피드백

편집 과정에서 오탈자를 확인하는 절차를 거쳤음에도 미처 발견하지 못한 오탈자나 내용에 대한 오류 문의는 출판사 도서 정보 페이지에 등록하거나 저자 메일로 보내주길 바란다. 독자의 소중한 피드백은 모두 정리하여 다음 쇄에 반영하겠다. 책과 관련한 궁금한 점은 저자 이메일로 문의 바란다.

- 저자 이메일 : madvirus@madvirus.net

목차

Chapter

1

도메인 모델 시작하기

목차

Chapter

4

리포지터리와 모델 구현

Chapter

5

스프링 데이터 JPA를 이용한 조회 기능

목차

목차

Chapter

11

CQRS

Chapter

1

도메인 모델
시작하기

- ☑ 도메인
- ☑ 도메인 모델
- ☑ 엔티티와 밸류
- ☑ 도메인 용어

1.1 도메인이란?

필자는 책을 구매할 때 온라인 서점을 자주 이용한다. 어떤 책이 나왔는지 검색하고, 목차와 서평을 보면서 이 책은 어떤 책일지 가늠해 본다. 읽고 싶은 책이 있으면 나중에 사기 위해 장바구니에 담아두기도 하고, 바로 구매할 때도 있다. 싸게 살 수 있는 쿠폰이 있는지 찾아보기도 한다. 간편 결제 서비스나 외부 포인트를 이용하여 결제하고, 구매한 뒤 언제 책을 받아볼 수 있을지 궁금해서 배송 추적 기능도 사용한다.

개발자 입장에서 바라보면 온라인 서점은 구현해야 할 소프트웨어의 대상이 된다. 온라인 서점 소프트웨어는 온라인으로 책을 판매하는 데 필요한 상품 조회, 구매, 결제, 배송 추적 등의 기능을 제공해야 한다. 이때 온라인 서점은 소프트웨어로 해결하고자 하는 문제 영역, 즉 도메인 domain에 해당한다.

한 도메인은 다시 하위 도메인으로 나눌 수 있다. 예를 들어 온라인 서점 도메인은 [그림 1.1] 과 같이 몇 개의 하위 도메인으로 나눌 수 있다.

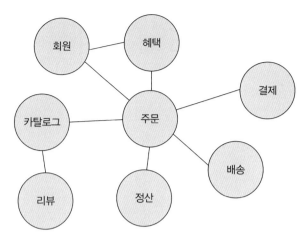

그림 1.1 도메인은 여러 하위 도메인으로 구성된다.

카탈로그 하위 도메인은 고객에게 구매할 수 있는 상품 목록을 제공하고, 주문 하위 도메인은 고객의 주문을 처리한다. 혜택 하위 도메인은 쿠폰이나 특별 할인과 같은 서비스를 제공하고, 배송 하위 도메인은 고객에게 구매한 상품을 전달하는 일련의 과정을 처리한다. 한 하위 도메인은 다른 하위 도메인과 연동하여 완전한 기능을 제공한다. 예를 들어 고객이 물건을 구매하면 주문, 결제, 배송, 혜택 하위 도메인의 기능이 엮이게 된다.

특정 도메인을 위한 소프트웨어라고 해서 도메인이 제공해야 할 모든 기능을 직접 구현하는 것은 아니다. 많은 온라인 쇼핑몰이 자체적으로 배송 시스템을 구축하기보다는 외부 배송 업체의 시스템을 사용하고 배송 추적 정보를 제공하는 데 필요한 기능만 일부 연동한다. 즉 [그림 1.2]와 같이 배송 도메인의 일부 기능은 자체 시스템으로 구현하고, 나머지 기능은 외부 업체의 시스템을 사용한다. 이와 같이 결제 시스템도 직접 구현하기보다는 결제 대행업체를 이용해서 처리할 때가 많다.

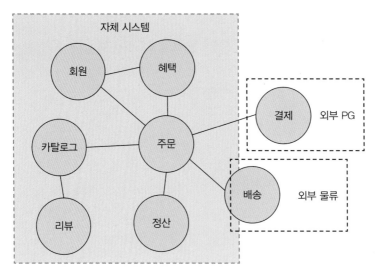

그림 1.2 소프트웨어가 도메인의 모든 기능을 제공하진 않는다.

도메인마다 고정된 하위 도메인이 존재하는 것은 아니다. 모든 온라인 쇼핑몰이 고객 혜택을 제공하는 것은 아니며 규모가 크지 않은 소규모 업체는 엑셀과 같은 도구를 이용해서 수작업으로 정산을 처리할 수도 있다.

하위 도메인을 어떻게 구성할지 여부는 상황에 따라 달라진다. 기업 고객을 대상으로 대형 장비를 판매하는 곳은 온라인으로 카탈로그를 제공하고 주문서를 받는 정도만 필요할 것이다. 온라인 결제나 배송 추적과 같은 기능을 제공할 필요가 없다. 반면에 의류나 액세서리처럼 일반 고객을 대상으로 물건을 판매한다면 카탈로그, 리뷰, 주문, 결제, 배송, 회원 기능 등이 필요할 것이다.

1.2 도메인 전문가와 개발자 간 지식 공유

온라인 홍보, 정산, 배송 등 각 영역에는 전문가가 있다. 이들 전문가는 해당 도메인에 대한 지식과 경험을 바탕으로 본인들이 원하는 기능 개발을 요구한다. 예를 들어 회계 담당자는 엑셀로 맞추던 정산 금액 계산을 자동화해 주는 기능을 요구할 수 있다. AS 기사는 고객에게 보내는 문자 메시지를 빠르게 입력할 수 있는 템플릿 추천 기능을 요구할 수 있다.

개발자는 이런 요구사항을 분석하고 설계하여 코드를 작성하며 테스트하고 배포한다. 이 과정에서 요구사항은 첫 단추와 같다. 첫 단추를 잘못 끼우면 모든 단추가 잘못 끼워지듯이 요구사항을 올바르게 이해하지 못하면 요구하지 않은 엉뚱한 기능을 만들게 된다. 단추는 풀어서 다시 끼우기 쉽지만 작성한 코드는 그렇지 않다. 잘못 개발한 코드를 수정해서 올바르게 고치려면 많은 노력이 든다.

그래서 코딩에 앞서 요구사항을 올바르게 이해하는 것이 중요하다. 요구사항을 제대로 이해하지 않으면 쓸모없거나 유용함이 떨어지는 시스템을 만들기 때문이다. 요구사항을 잘못 이해하면 변경하거나 다시 만들어야 할 코드가 많아지고 경우에 따라 소프트웨어, 즉 제품을 만드는데 실패하거나 일정이 크게 밀리기도 한다. 아쉽게도 이런 문제는 자주 발생한다.

요구사항을 올바르게 이해하려면 어떻게 해야 하나? 여러 방법이 있겠지만 비교적 간단한 방법이 있다. 그것은 바로 개발자와 전문가가 직접 대화하는 것이다. 개발자와 전문가 사이에 내용을 전파하는 전달자가 많으면 많을수록 정보가 왜곡되고 손실이 발생하게 되며, 개발자는 최초에 전문가가 요구한 것과는 다른 무언가를 만들게 된다.

도메인 전문가 만큼은 아니겠지만 이해관계자와 개발자도 도메인 지식을 갖춰야 한다. 제품 개발과 관련된 도메인 전문가, 관계자, 개발자가 같은 지식을 공유하고 직접 소통할수록 도메인 전문가가 원하는 제품을 만들 가능성이 높아진다.

잠깐 👉 도메인 전문가가 전문가로 있는 영역을 도메인이라고 정의한 책도 있다. 단순한 정의지만 도메인 주도 설계에서 도메인 전문가는 그만큼 중요하다.

> 💡 **NOTE** **"Garbage in, Garbage out"**
>
> 'Garbage in, Garbage out'은 소프트웨어 분야에서 유명한 문장으로 '잘못된 값이 들어가면 잘못된 결과가 나온다' 는 의미를 갖는다. 이 말은 요구사항에도 적용된다. 잘못된 요구사항이 들어가면 잘못된 제품이 나온다.
>
> 개발자가 도메인 전문가와 직접 소통할수록 요구사항이 변질될 가능성이 줄지만 도메인 전문가라고 해서 항상 올바른 요구사항을 주는 것은 아니다. 도메인 전문가가 소프트웨어 전문가는 아니기 때문에 기존에 만들어진 소프트웨어를 기준으로 요구사항을 맞출 때가 있다. 예를 들어 보자. 사용자가 직접 문항을 등록해서 설문 조사를 할 수 있는 기능이 있다고 가정하자. 담당자는 매일 오전에 등록된 설문을 보고 승인하거나 반려하는 운영 업무를 진행한다. 설문 등록 건수가 늘면서 담당자는 다음과 같은 기능을 요구했다.
>
> '현재 목록에 있는 전체 설문을 한번에 선택하고 반려하는 기능'
>
> 기능을 구현하는 것이 어렵진 않았지만 기능을 요구한 의도가 궁금해서 담당자와 대화를 했는데 그 과정에서 이 기능을 요구한 이유를 알게 됐다. 이유는 아래와 같았다.
>
> "등록된 모든 설문 내용을 볼 시간이 없어서 몇 개 설문만 승인 처리를 하는데, 반려는 아무래도 모아서 하게 됩니다. 승인 결과를 1주일 넘게 기다리게 하면 안 돼서 등록된 지 1주일이 지난 설문은 반려 처리를 해요. 그런데 최근에 등록 건수가 늘면서 반려 처리하는 시간이 늘어났어요. 그래서 목록 화면에서 일괄로 선택해서 반려 처리할 수 있는 기능이 필요합니다."
>
> 이유를 듣고 나서 거꾸로 다음과 같이 제안했다.
>
> "말씀을 들어보니까 1주일이 지난 설문 중에서 승인하지 않은 설문은 모두 반려하고 싶으신 거네요? 그러면 1주일이 지난 설문 중에서 승인하지 않은 설문을 자동으로 반려 처리하면 될까요?"
>
> 이 제안을 듣고 담당자는 웃는 얼굴로 답했다.
>
> "그렇게 해 주시면 좋죠! 그러면 일도 편해지겠네요."
>
> 전문가나 관련자가 요구한 내용이 항상 올바른 것은 아니며 때론 본인들이 실제로 원하는 것을 정확하게 표현하지 못할 때도 있다. 그래서 개발자는 요구사항을 이해할 때 왜 이런 기능을 요구하는지 또는 실제로 원하는 게 무엇인지 생각하고 전문가와 대화를 통해 진짜로 원하는 것을 찾아야 한다.

1.3 도메인 모델

도메인 모델에는 다양한 정의가 존재하는데, 기본적으로 도메인 모델은 특정 도메인을 개념적으로 표현한 것이다. 주문 도메인을 생각해 보자. 온라인 쇼핑몰에서 주문을 하려면 상품을 몇 개 살지 선택하고 배송지를 입력한다. 선택한 상품 가격을 이용해서 총 지불 금액을 계산하고, 금액 지불을 위한 결제 수단을 선택한다. 주문한 뒤에도 배송 전이면 배송지 주소를 변경하거나 주문을 취소할 수 있다. 이를 위한 주문 모델을 객체 모델로 구성하면 [그림 1.3]과 같이 만들 수 있다.

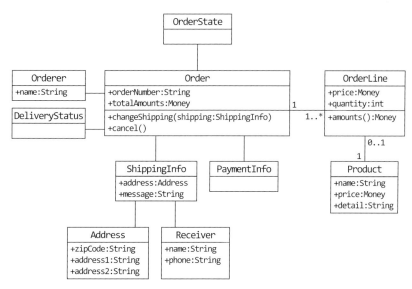

그림 1.3 객체 기반 주문 도메인 모델

[그림 1.3]의 모델은 도메인의 모든 내용을 담고 있지는 않지만 이 모델을 보면 주문 (Order)은 주문번호(orderNumber)와 지불할 총금액(totalAmounts)이 있고, 배송정보(ShippingInfo)를 변경(changeShipping) 할 수 있음을 알 수 있다. 또한 주문을 취소 (cancel) 할 수 있다는 것도 알 수 있다. 도메인 모델을 사용하면 여러 관계자들이 동일한 모습으로 도메인을 이해하고 도메인 지식을 공유하는 데 도움이 된다.

[그림 1.3]은 객체를 이용한 도메인 모델이다. 도메인을 이해하려면 도메인이 제공하는 기능과 도메인의 주요 데이터 구성을 파악해야 하는데, 이런 면에서 기능과 데이터를 함께 보여주는 객체 모델은 도메인을 모델링하기에 적합하다.

도메인 모델을 객체로만 모델링할 수 있는 것은 아니다. [그림 1.4]는 상태 다이어그램을 이용해서 주문의 상태 전이를 모델링하고 있다. 이 다이어그램을 보면 상품 준비 중 상태에서 주문을 취소하면 결제 취소가 함께 이루어진다는 것을 알 수 있다.

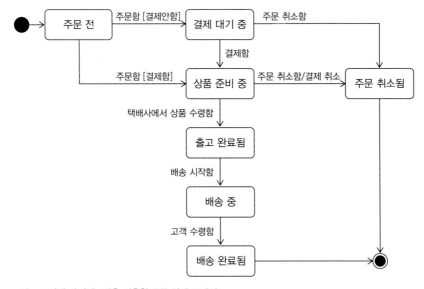

그림 1.4 상태 다이어그램을 이용한 주문 상태 모델링

도메인 모델을 표현할 때 클래스 다이어그램이나 상태 다이어그램과 같은 UML 표기법만 사용해야 하는 것은 아니다. 관계가 중요한 도메인이라면 그래프를 이용해서 도메인을 모델링할 수

있다. 계산 규칙이 중요하다면 수학 공식을 활용해서 도메인 모델을 만들 수도 있다. 도메인을 이해하는 데 도움이 된다면 표현 방식이 무엇인지는 중요하지 않다.

도메인 모델은 기본적으로 도메인 자체를 이해하기 위한 개념 모델이다. 개념 모델을 이용해서 바로 코드를 작성할 수 있는 것은 아니기에 구현 기술에 맞는 구현 모델이 따로 필요하다. 개념 모델과 구현 모델은 서로 다른 것이지만 구현 모델이 개념 모델을 최대한 따르도록 할 수는 있다. 예를 들어 객체 기반 모델을 기반으로 도메인을 표현했다면 객체 지향 언어를 이용해 개념 모델에 가깝게 구현할 수 있다. 비슷하게 수학적인 모델을 사용한다면 함수를 이용해서 도메인 모델과 유사한 구현 모델을 만들 수 있다.

> **💡 NOTE 하위 도메인과 모델**
>
> 앞서 말했듯 도메인은 다수의 하위 도메인으로 구성된다. 각 하위 도메인이 다루는 영역은 서로 다르기 때문에 같은 용어라도 하위 도메인마다 의미가 달라질 수 있다. 예를 들어 카탈로그 도메인의 상품이 상품 가격, 상세 내용을 담고 있는 정보를 의미한다면 배송 도메인의 상품은 고객에게 실제 배송되는 물리적인 상품을 의미한다.
>
> 도메인에 따라 용어 의미가 결정되므로 여러 하위 도메인을 하나의 다이어그램에 모델링하면 안 된다. 카탈로그와 배송 도메인 모델을 구분하지 않고 하나의 다이어그램에 함께 표시한다고 가정해 보자. 이 경우 다이어그램에 표시한 상품은 카탈로그의 상품과 배송의 상품 의미를 함께 제공하기에, 카탈로그 도메인의 상품을 제대로 이해하는 데 방해가 된다.
>
> 모델의 각 구성요소는 특정 도메인으로 한정할 때 비로소 의미가 완전해지기 때문에 각 하위 도메인마다 별도로 모델을 만들어야 한다. 결과적으로 카탈로그 하위 도메인 모델과 배송 하위 도메인 모델을 따로 만들어야 한다는 것을 뜻한다.

1.4 도메인 모델 패턴

일반적인 애플리케이션의 아키텍처는 [그림 1.5]와 같이 네 개의 영역으로 구성된다.

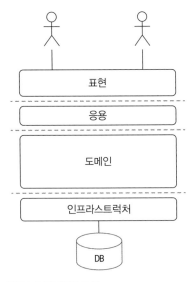

그림 1.5 아키텍처 구성

각 영역의 역할은 [표 1.1]과 같다.

표 1.1 아키텍처 구성

영역	설명
사용자 인터페이스^{UI} 또는 표현Presentation	사용자의 요청을 처리하고 사용자에게 정보를 보여준다. 여기서 사용자는 소프트웨어를 사용하는 사람뿐만 아니라 외부 시스템일 수도 있다.
응용Application	사용자가 요청한 기능을 실행한다. 업무 로직을 직접 구현하지 않으며 도메인 계층을 조합해서 기능을 실행한다.
도메인	시스템이 제공할 도메인 규칙을 구현한다.
인프라스트럭처Infrastructure	데이터베이스나 메시징 시스템과 같은 외부 시스템과의 연동을 처리한다.

앞서 살펴본 도메인 모델이 도메인 자체를 이해하는 데 필요한 개념 모델을 의미한다면, 지금 살펴볼 도메인 모델은 마틴 파울러가 쓴 『엔터프라이즈 애플리케이션 아키텍처 패턴』(위키북스, 2015) 책의 도메인 모델 패턴을 의미한다. 도메인 모델은 아키텍처 상의 도메인 계층을 객체 지향 기법으로 구현하는 패턴을 말한다.

도메인 계층은 도메인의 핵심 규칙을 구현한다. 주문 도메인의 경우 '출고 전에 배송지를 변경할 수 있다'라는 규칙과 '주문 취소는 배송 전에만 할 수 있다'라는 규칙을 구현한 코드가 도메인 계층에 위치하게 된다. 이런 도메인 규칙을 객체 지향 기법으로 구현하는 패턴이 도메인 모델 패턴이다. 예를 들어 다음 코드를 보자.

```java
public class Order {
    private OrderState state;
    private ShippingInfo shippingInfo;

    public void changeShippingInfo(ShippingInfo newShippingInfo) {
        if (!state.isShippingChangeable()) {
            throw new IllegalStateException("can't change shipping in " + state);
        }
        this.shippingInfo = newShippingInfo;
    }
    …
}

public enum OrderState {
    PAYMENT_WAITING {
        public boolean isShippingChangeable() {
            return true;
```

```
        }
    },
    PREPARING {
        public boolean isShippingChangeable() {
            return true;
        }
    },
    SHIPPED, DELIVERING, DELIVERY_COMPLETED;

    public boolean isShippingChangeable() {
        return false;
    }
}
```

이 코드는 주문 도메인의 일부 기능을 도메인 모델 패턴으로 구현한 것이다. 주문 상태를 표현하는 OrderState는 배송지를 변경할 수 있는지를 검사할 수 있는 isShippingChangeable() 메서드를 제공하고 있다. 코드를 보면 주문 대기 중(PAYMENT_WATING) 상태와 상품 준비 중(PREPARING) 상태의 isShippingChangeable() 메서드는 true를 리턴한다. 즉 OrderState는 주문 대기 중이거나 상품 준비 중에는 배송지를 변경할 수 있다는 도메인 규칙을 구현하고 있다.

실제 배송지 정보를 변경하는 Order 클래스의 changeShippingInfo() 메서드는 OrderState의 isShippingChangeable() 메서드를 이용해서 변경 가능한 경우에만 배송지를 변경한다.

큰 틀에서 보면 OrderState는 Order에 속한 데이터이므로 배송지 정보 변경 가능 여부를 판단하는 코드를 Order로 이동할 수도 있다. 다음은 Order 클래스에서 판단하도록 수정한 코드를 보여주고 있다.

```
public class Order {
    private OrderState state;
    private ShippingInfo shippingInfo;

    public void changeShippingInfo(ShippingInfo newShippingInfo) {
        if (!isShippingChangeable()) {
            throw new IllegalStateException("can't change shipping in " + state);
```

```
        }
        this.shippingInfo = newShippingInfo;
    }

    private boolean isShippingChangeable() {
        return state == OrderState.PAYMENT_WAITING ||
            state == OrderState.PREPARING;
    }
    …
}

public enum OrderState {
    PAYMENT_WAITING, PREPARING, SHIPPED, DELIVERING, DELIVERY_COMPLETED;
}
```

배송지 변경이 가능한지를 판단할 규칙이 주문 상태와 다른 정보를 함께 사용한다면 OrderState만으로는 배송지 변경 가능 여부를 판단할 수 없으므로 Order에서 로직을 구현해야 한다.

배송지 변경 가능 여부를 판단하는 기능이 Order에 있든 OrderState에 있든 중요한 점은 주문과 관련된 중요 업무 규칙을 주문 도메인 모델인 Order나 OrderState에서 구현한다는 점이다. 핵심 규칙을 구현한 코드는 도메인 모델에만 위치하기 때문에 규칙이 바뀌거나 규칙을 확장해야 할 때 다른 코드에 영향을 덜 주고 변경 내역을 모델에 반영할 수 있게 된다.

> **잠깐 👉** '도메인 모델'이란 용어는 도메인 자체를 표현하는 개념적인 모델을 의미하지만, 도메인 계층을 구현할 때 사용하는 객체 모델을 언급할 때에도 '도메인 모델'이란 용어를 사용한다. 이 책에서도 도메인 계층의 객체 모델을 표현할 때 도메인 모델이라고 표현하고 있다.

☞ NOTE **개념 모델과 구현 모델**

개념 모델은 순수하게 문제를 분석한 결과물이다. 개념 모델은 데이터베이스, 트랜잭션 처리, 성능, 구현 기술과 같은 것을 고려하고 있지 않기 때문에 실제 코드를 작성할 때 개념 모델을 있는 그대로 사용할 수 없다. 그래서 개념 모델을 구현 가능한 형태의 모델로 전환하는 과정을 거치게 된다.

개념 모델을 만들 때 처음부터 완벽하게 도메인을 표현하는 모델을 만드는 시도를 할 수 있지만 실제로 이것은 불가능하다. 소프트웨어를 개발하는 동안 개발자와 관계자들은 해당 도메인을 더 잘 이해하게 된다. 프로젝트 초기에 이해한 도메인 지식이 시간이 지나 새로운 통찰을 얻으면서 완전히 다른 의미로 해석되는 경우도 있다. 프로젝트 초기에 완벽한 도메인 모델을 만들더라도 결국 도메인에 대한 새로운 지식이 쌓이면서 모델을 보완하거나 변경하는 일이 발생한다.

따라서 처음부터 완벽한 개념 모델을 만들기보다는 전반적인 개요를 알 수 있는 수준으로 개념 모델을 작성해야 한다. 프로젝트 초기에는 개요 수준의 개념 모델로 도메인에 대한 전체 윤곽을 이해하는 데 집중하고, 구현하는 과정에서 개념 모델을 구현 모델로 점진적으로 발전시켜 나가야 한다.

1.5 도메인 모델 도출

제아무리 뛰어난 개발자라 할지라도 도메인에 대한 이해 없이 코딩을 시작할 수는 없다. 기획서, 유스케이스, 사용자 스토리와 같은 요구사항과 관련자와의 대화를 통해 도메인을 이해하고 이를 바탕으로 도메인 모델 초안을 만들어야 비로소 코드를 작성할 수 있다. 화이트보드, 종이와 연필, 모델링 툴 중 무엇을 선택하든 구현을 시작하려면 도메인에 대한 초기 모델이 필요하다.

도메인을 모델링할 때 기본이 되는 작업은 모델을 구성하는 핵심 구성요소, 규칙, 기능을 찾는 것이다. 이 과정은 요구사항에서 출발한다. 주문 도메인과 관련된 몇 가지 요구사항을 보자.

- 최소 한 종류 이상의 상품을 주문해야 한다.
- 한 상품을 한 개 이상 주문할 수 있다.
- 총 주문 금액은 각 상품의 구매 가격 합을 모두 더한 금액이다.
- 각 상품의 구매 가격 합은 상품 가격에 구매 개수를 곱한 값이다.
- 주문할 때 배송지 정보를 반드시 지정해야 한다.
- 배송지 정보는 받는 사람 이름, 전화번호, 주소로 구성된다.
- 출고를 하면 배송지를 변경할 수 없다.
- 출고 전에 주문을 취소할 수 있다.
- 고객이 결제를 완료하기 전에는 상품을 준비하지 않는다.

이 요구사항에서 알 수 있는 것은 주문은 '출고 상태로 변경하기', '배송지 정보 변경하기', '주문 취소하기', '결제 완료하기' 기능을 제공한다는 것이다. 아직 상세 구현까지 할 수 있는 수준은 아니지만 Order에 관련 기능을 메서드로 추가할 수 있다.

```
public class Order {
    public void changeShipped() { … }
    public void changeShippingInfo(ShippingInfo newShipping) { … }
    public void cancel() { … }
    public void completePayment() { … }
}
```

다음 요구사항은 주문 항목이 어떤 데이터로 구성되는지 알려준다.

- 한 상품을 한 개 이상 주문할 수 있다.
- 각 상품의 구매 가격 합은 상품 가격에 구매 개수를 곱한 값이다.

두 요구사항에 따르면 주문 항목을 표현하는 OrderLine은 적어도 주문할 상품, 상품의 가격, 구매 개수를 포함해야 한다. 추가로 각 구매 항목의 구매 가격도 제공해야 한다. 이를 구현한 OrderLine은 다음과 같다.

```
public class OrderLine {
    private Product product;
    private int price;
    private int quantity;
    private int amounts;

    public OrderLine(Product product, int price, int quantity) {
        this.product = product;
        this.price = price;
        this.quantity = quantity;
        this.amounts = calculateAmounts();
    }

    private int calculateAmounts() {
        return price * quantity;
    }

    public int getAmounts() { ... }
    ...
}
```

OrderLine은 한 상품(product 필드)을 얼마에(price 필드) 몇 개 살지(quantity 필드)를 담고 있고 calculateAmounts() 메서드로 구매 가격을 구하는 로직을 구현하고 있다.

다음 요구사항은 Order와 OrderLine과의 관계를 알려준다.

- 최소 한 종류 이상의 상품을 주문해야 한다.
- 총 주문 금액은 각 상품의 구매 가격 합을 모두 더한 금액이다.

한 종류 이상의 상품을 주문할 수 있으므로 Order는 최소 한 개 이상의 OrderLine을 포함해야 한다. 또한 총 주문 금액은 OrderLine에서 구할 수 있다. 두 요구사항은 Order에 다음과 같이 반영할 수 있다.

```java
public class Order {
    private List<OrderLine> orderLines;
    private Money totalAmounts;

    public Order(List<OrderLine> orderLines) {
        setOrderLines(orderLines);
    }

    private void setOrderLines(List<OrderLine> orderLines) {
        verifyAtLeastOneOrMoreOrderLines(orderLines);
        this.orderLines = orderLines;
        calculateTotalAmounts();
    }

    private void verifyAtLeastOneOrMoreOrderLines(List<OrderLine> orderLines) {
        if (orderLines == null || orderLines.isEmpty()) {
            throw new IllegalArgumentException("no OrderLine");
        }
    }

    private void calculateTotalAmounts() {
        int sum = orderLines.stream()
                            .mapToInt(x -> x.getAmounts())
                            .sum();
        this.totalAmounts = new Money(sum);
    }
```

```
    ... // 다른 메서드
}
```

Order는 한 개 이상의 OrderLine을 가질 수 있으므로 Order를 생성할 때 OrderLine 목록을 List로 전달한다. 생성자에서 호출하는 setOrderLines() 메서드는 요구사항에 정의한 제약 조건을 검사한다. 요구사항에 따르면 최소 한 종류 이상의 상품을 주문해야 하므로 verifyAtLeastOneOrMoreOrderLines() 메서드를 이용해서 OrderLine이 한 개 이상 존재하는지 검사한다. 또한 calculateTotalAmounts() 메서드를 이용해서 총 주문 금액을 계산한다.

배송지 정보는 이름, 전화번호, 주소 데이터를 가지므로 ShippingInfo 클래스를 다음과 같이 정의할 수 있다.

```
public class ShippingInfo {
    private String receiverName;
    private String receiverPhoneNumber;
    private String shippingAddress1;
    private String shippingAddress2;
    private String shippingZipcode;

    ... 생성자, getter
}
```

앞서 요구사항 중에 '주문할 때 배송지 정보를 반드시 지정해야 한다'라는 내용이 있다. 이는 Order를 생성할 때 OrderLine의 목록뿐만 아니라 ShippingInfo도 함께 전달해야 함을 의미한다. 이를 생성자에 반영한다.

```
public class Order {
    private List<OrderLine> orderLines;
    private ShippingInfo shippingInfo;
    …

    public Order(List<OrderLine> orderLines, ShippingInfo shippingInfo) {
        setOrderLines(orderLines);
        setShippingInfo(shippingInfo);
```

```
        }

    private void setShippingInfo(ShippingInfo shippingInfo) {
        if (shippingInfo == null)
            throw new IllegalArgumentException("no ShippingInfo");
        this.shippingInfo = shippingInfo;
    }
    ...
}
```

생성자에서 호출하는 setShippingInfo() 메서드는 ShippingInfo가 null이면 익셉션이 발생하는데, 이렇게 함으로써 '배송지 정보 필수'라는 도메인 규칙을 구현한다.

도메인을 구현하다 보면 특정 조건이나 상태에 따라 제약이나 규칙이 달리 적용되는 경우가 많다. 주문 요구사항에서는 다음 내용이 제약과 규칙에 해당된다.

- 출고를 하면 배송지 정보를 변경할 수 없다.
- 출고 전에 주문을 취소할 수 있다.

이 요구사항은 출고 상태가 되기 전과 후의 제약사항을 기술하고 있다. 출고 상태에 따라 배송지 정보 변경 기능과 주문 취소 기능은 다른 제약을 갖는다. 이 요구사항을 충족하려면 주문은 최소한 출고 상태를 표현할 수 있어야 한다.

다음 요구사항도 상태와 관련이 있다.

- 고객이 결제를 완료하기 전에는 상품을 준비하지 않는다.

이 요구사항은 결제 완료 전을 의미하는 상태와 결제 완료 내지 상품 준비 중이라는 상태가 필요함을 알려준다. 다른 요구사항을 확인해서 추가로 존재할 수 있는 상태를 분석한 뒤, 다음과 같이 열거 타입을 이용해서 상태 정보를 표현할 수 있다.

```
public enum OrderState {
    PAYMENT_WAITING, PREPARING, SHIPPED, DELIVERING, DELIVERY_COMPLETED,
    CANCELED;
}
```

배송지 변경이나 주문 취소 기능은 출고 전에만 가능하다는 제약 규칙이 있으므로 이 규칙을
적용하기 위해 changeShippingInfo()와 cancel()은 verifyNotYetShipped() 메서드를
먼저 실행한다.

```java
public class Order {
    private OrderState state;

    public void changeShippingInfo(ShippingInfo newShippingInfo) {
        verifyNotYetShipped();
        setShippingInfo(newShippingInfo);
    }

    public void cancel() {
        verifyNotYetShipped();
        this.state = OrderState.CANCELED;
    }

    private void verifyNotYetShipped() {
        if (state != OrderState.PAYMENT_WAITING && state != OrderState.PREPARING)
            throw new IllegalStateException("aleady shipped");
    }
    …
}
```

참깐 ☝ 앞서 도메인 모델 패턴을 설명할 때에는 isShippingChangeable라는 이름으로 제약 조건을 검사했는데 지금
은 verifyNotYetShipped라는 이름으로 변경했다. 이름이 바뀐 이유는 그 사이에 도메인을 더 잘 알게 되었기
때문이다. 최초에는 배송지 정보 변경에 대한 제약 조건만 파악했기 때문에 '배송지 정보 변경 가능 여부 확인'을
의미하는 isShippingChangeable라는 이름을 사용했다. 그런데 요구사항을 분석하면서 배송지 정보 변경과
주문 취소가 둘 다 '출고 전에 가능'하다는 제약이 있음을 알게 되었고 '출고 전'이라는 의미를 반영하기 위해 메
서드 이름을 verifyNotYetShipped로 변경했다.

지금까지 주문과 관련된 요구사항에서 도메인 모델을 점진적으로 만들어 나갔다. 일부는 구현
수준까지 만들었고 일부는 이름 정도만 결정했다. 이렇게 만든 모델은 요구사항 정련을 위해
도메인 전문가나 다른 개발자와 논의하는 과정에서 공유하기도 한다. 모델을 공유할 때는 화이
트보드나 위키와 같은 도구를 사용해서 누구나 쉽게 접근할 수 있도록 하면 좋다.

💡 NOTE 문서화

문서화를 하는 주된 이유는 지식을 공유하기 위함이다. 실제 구현은 코드에 있으므로 코드를 보면 다 알 수 있지만 코드는 상세한 모든 내용을 다루고 있기 때문에 코드를 이용해서 전체 소프트웨어를 분석하려면 많은 시간을 투자해야 한다. 전반적인 기능 목록이나 모듈 구조, 빌드 과정은 코드를 보고 직접 이해하는 것보다 상위 수준에서 정리한 문서를 참조하는 것이 소프트웨어 전반을 빠르게 이해하는 데 도움이 된다. 전체 구조를 이해하고 더 깊게 이해할 필요가 있는 부분을 코드로 분석해 나가면 된다.

코드를 보면서 도메인을 깊게 이해하게 되므로 코드 자체도 문서화의 대상이 된다. 도메인 지식이 잘 묻어나도록 코드를 작성하지 않으면 코드의 동작 과정은 해석할 수 있어도 도메인 관점에서 왜 코드를 그렇게 작성했는지 이해하는 데는 도움이 되지 않는다. 단순히 코드를 보기 좋게 작성하는 것뿐만 아니라 도메인 관점에서 코드가 도메인을 잘 표현해야 비로소 코드의 가독성이 높아지고 문서로서 코드가 의미를 갖는다.

도출한 모델은 크게 엔티티Entity와 밸류Value로 구분할 수 있다. 앞서 요구사항 분석 과정에서 만든 모델은 [그림 1.6]과 같은데 이 그림에는 엔티티도 존재하고 밸류도 존재한다.

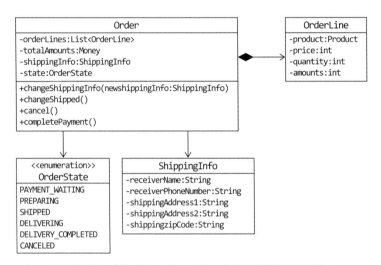

그림 1.6 요구사항에서 도출한 주문 도메인 모델은 크게 엔티티와 밸류로 구분된다.

엔티티와 밸류를 제대로 구분해야 도메인을 올바르게 설계하고 구현할 수 있기 때문에 이 둘의 차이를 명확하게 이해하는 것은 도메인을 구현하는 데 있어 중요하다.

> **잠깐** Value 타입은 우리말로 하면 값 타입으로 표현할 수 있지만 '값'이란 단어는 여러 의미로 사용할 수 있기 때문에 이 책에서는 Value를 지칭할 때 '밸류'를 사용한다.

1.6.1 엔티티

엔티티의 가장 큰 특징은 식별자를 가진다는 것이다. 식별자는 엔티티 객체마다 고유해서 각 엔티티는 서로 다른 식별자를 갖는다. 예를 들어 주문 도메인에서 각 주문은 주문번호를 가지고 있는데 이 주문번호는 각 주문마다 서로 다르다. 따라서 주문번호가 주문의 식별자가 된다. 앞서 주문 도메인 모델에서 주문에 해당하는 클래스가 Order이므로 Order가 엔티티가 되며 주문번호를 속성으로 갖게 된다.

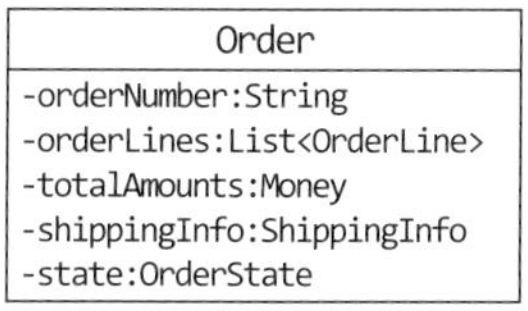

```
                  Order
-orderNumber:String
-orderLines:List<OrderLine>
-totalAmounts:Money
-shippingInfo:ShippingInfo
-state:OrderState
```

그림 1.7 Order는 엔티티로서 orderNumber를 식별자로 갖는다.

주문에서 배송지 주소가 바뀌거나 상태가 바뀌더라도 주문번호가 바뀌지 않는 것처럼 엔티티의 식별자는 바뀌지 않는다. 엔티티를 생성하고 속성을 바꾸고 삭제할 때까지 식별자는 유지된다.

엔티티의 식별자는 바뀌지 않고 고유하기 때문에 두 엔티티 객체의 식별자가 같으면 두 엔티티는 같다고 판단할 수 있다. 엔티티를 구현한 클래스는 다음과 같이 식별자를 이용해서 equals() 메서드와 hashCode() 메서드를 구현할 수 있다.

```java
public class Order {
    private String orderNumber;

    @Override
    public boolean equals(Object obj) {
        if (this == obj) return true;
        if (obj == null) return false;
        if (obj.getClass() != Order.class) return false;
        Order other = (Order)obj;
        if (this.orderNumber == null) return false;
        return this.orderNumber.equals(other.orderNumber);
    }
```

```
@Override
public int hashCode() {
    final int prime = 31;
    int result = 1;
    result = prime * result + ((orderNumber == null) ? 0 : orderNumber.hashCode());
    return result;
}
```

1.6.2 엔티티의 식별자 생성

엔티티의 식별자를 생성하는 시점은 도메인의 특징과 사용하는 기술에 따라 달라진다. 흔히 식별자는 다음 중 한 가지 방식으로 생성한다.

- 특정 규칙에 따라 생성
- UUID나 Nano ID와 같은 고유 식별자 생성기 사용
- 값을 직접 입력
- 일련번호 사용(시퀀스나 DB의 자동 증가 칼럼 사용)

주문번호, 운송장번호, 카드번호와 같은 식별자는 특정 규칙에 따라 생성한다. 이 규칙은 도메인에 따라 다르고, 같은 주문번호라도 회사마다 다르다. 예를 들어 최근에 두 온라인 서점에서 구매한 책의 주문번호는 각각 '2021112831728OOOO'와 '001-A88277OOOO'인데 두 번호의 구조가 완전히 다른 것을 알 수 있다.

흔히 사용하는 규칙은 현재 시간과 다른 값을 함께 조합하는 것이다. 한 온라인 쇼핑 사이트에서 구매한 책의 주문번호는 '2021112831728OOOO'인데, 이 주문번호의 앞 번호인 '20211128'는 2021년 11월 28일을 의미한다. 날짜와 시간을 이용해서 식별자를 생성할 때 주의할 점은 같은 시간에 동시에 식별자를 생성해도 같은 식별자가 만들어지면 안 된다는 것이다.

UUID^{universally unique identifier}를 사용해서 식별자를 생성할 수 있다. 다수의 개발 언어가 UUID 생성기를 제공하고 있으므로 마땅한 규칙이 없다면 UUID를 식별자로 사용해도 된다. 자바는 java.util.UUID 클래스를 사용해서 UUID를 생성할 수 있다.

```
UUID uuid = UUID.randomUUID();

// 615f2ab9-c374-4b50-9420-2154594af151과 같은 형식 문자열
String strUuid = uuid.toString();
```

잠깐 ☞ 최근에는 고유 식별자 생성을 위해 Nano ID를 사용하는 곳도 증가하고 있다. Nano ID에 대한 내용은 https://zelark.github.io/nano-id-cc/ 사이트를 참고한다.

회원의 아이디나 이메일과 같은 식별자는 값을 직접 입력한다. 사용자가 직접 입력하는 값이기 때문에 식별자를 중복해서 입력하지 않도록 사전에 방지하는 것이 중요하다.

일련번호를 식별자로 사용하기도 한다. 예를 들어 다음은 포털 사이트에서 게시글 URL의 일부를 발췌한 것이다. 이 URL에서 articleId 파라미터 값인 693253이 일련번호 방식의 식별자에 해당한다.

```
.../sports/soccer/netizen/talk/#read?articleId=693253&bbsId=F01
```

일련번호 방식은 주로 데이터베이스가 제공하는 자동 증가 기능을 사용한다. 예를 들어 오라클을 사용한다면 시퀀스를 이용해서 자동 증가 식별자를 구하고 MySQL을 사용한다면 자동 증가 칼럼을 이용해서 일련번호 식별자를 생성한다.

자동 증가 칼럼을 제외한 다른 방식은 다음과 같이 식별자를 먼저 만들고 엔티티 객체를 생성할 때 식별자를 전달한다.

```
// 엔티티를 생성하기 전에 식별자 생성
String orderNumber = orderRepository.generateOrderNumber();

Order order = new Order(orderNumber, ....);
orderRepository.save(order);
```

자동 증가 칼럼은 DB 테이블에 데이터를 삽입해야 비로소 값을 알 수 있기 때문에 테이블에 데이터를 추가하기 전에는 식별자를 알 수 없다. 이것은 엔티티 객체를 생성할 때 식별자를 전

달할 수 없음을 의미한다.

```
Article article = new Article(author, title, ...);
articleRepository.save(article); // DB에 저장한 뒤 구한 식별자를 엔티티에 반영
Long savedArticleId = article.getId(); // DB에 저장한 후 식별자 참조 가능
```

아직 설명하지는 않았지만 리포지터리^{repository}는 도메인 객체를 데이터베이스에 저장할 때 사용하는 구성요소이다. 자동 증가 칼럼을 사용할 경우 리포지터리는 DB가 생성한 식별자를 구해서 엔티티 객체에 반영한다. 리포지터리와 식별자에 대한 내용은 4장에서 살펴볼 것이다.

1.6.3 밸류 타입

ShippingInfo 클래스는 [그림 1.8]과 같이 받는 사람과 주소에 대한 데이터를 갖고 있다.

```
public class ShippingInfo {

    private String receiverName;           받는 사람
    private String receiverPhoneNumber;

    private String shippingAddress1;
    private String shippingAddress2;       주소
    private String shippingZipcode;

    ... 생성자, getter
}
```
그림 1.8 받는 사람과 주소는 개념적으로 하나다.

ShippingInfo 클래스의 receiverName 필드와 receiverPhoneNumber 필드는 서로 다른 두 데이터를 담고 있지만 두 필드는 개념적으로 받는 사람을 의미한다. 즉 두 필드는 실제로 하나의 개념을 표현하고 있다. 비슷하게 shippingAddress1 필드, shippingAddress2 필드, shippingZipcode 필드는 주소라는 하나의 개념을 표현한다.

밸류 타입은 개념적으로 완전한 하나를 표현할 때 사용한다. 예를 들어 받는 사람을 위한 밸류 타입인 Receiver를 다음과 같이 작성할 수 있다.

```
public class Receiver {
    private String name;
    private String phoneNumber;

    public Receiver(String name, String phoneNumber) {
        this.name = name;
        this.phoneNumber = phoneNumber;
    }

    public String getName() {
        return name;
    }

    public String getPhoneNumber() {
        return phoneNumber;
    }
}
```

Receiver는 '받는 사람'이라는 도메인 개념을 표현한다. 앞서 ShippingInfo의 receiver Name 필드와 receiverPhoneNumber 필드가 이름을 갖고 받는 사람과 관련된 데이터라는 것을 유추한다면 Receiver는 그 자체로 받는 사람을 뜻한다. 밸류 타입을 사용함으로써 개념적으로 완전한 하나를 잘 표현할 수 있는 것이다.

ShippingInfo의 주소 관련 데이터도 다음의 Address 밸류 타입을 사용해서 보다 명확하게 표현할 수 있다.

```
public class Address {
    private String address1;
    private String address2;
    private String zipcode;

    public Address(String address1, String address2, String zipcode) {
        this.address1 = address1;
        this.address2 = address2;
        this.zipcode = zipcode;
    }
```

```
    // get 메서드
}
```

밸류 타입을 이용해서 ShippingInfo 클래스를 다시 구현해보자. 배송정보가 받는 사람과 주소로 구성된다는 것을 쉽게 알 수 있다.

```
public class ShippingInfo {
    private Receiver receiver;
    private Address address;

    ... 생성자, get 메서드
}
```

밸류 타입이 꼭 두 개 이상의 데이터를 가져야 하는 것은 아니다. 의미를 명확하게 표현하기 위해 밸류 타입을 사용하는 경우도 있다. 이를 위한 좋은 예가 OrderLine이다.

```
public class OrderLine {
    private Product product;
    private int price;
    private int quantity;
    private int amounts;
    ...
```

OrderLine의 price와 amounts는 int 타입의 숫자를 사용하고 있지만 이들은 '돈'을 의미하는 값이다. 따라서 '돈'을 의미하는 Money 타입을 만들어 사용하면 코드를 이해하는 데 도움이 된다.

```
public class Money {
    private int value;

    public Money(int value) {
        this.value = value;
    }
```

```
    public int getValue() {
        return this.value;
    }
}
```

다음은 Money를 사용하도록 OrderLine을 변경한 코드이다. Money 타입 덕에 price나 amounts가 금액을 의미한다는 것을 쉽게 알 수 있다.

```
public class OrderLine {
    private Product product;
    private Money price;
    private int quantity;
    private Money amounts;
    ...
```

밸류 타입의 또 다른 장점은 밸류 타입을 위한 기능을 추가할 수 있다는 것이다. 예를 들어 Money 타입은 다음과 같이 돈 계산을 위한 기능을 추가할 수 있다.

```
public class Money {
    private int value;

    ... 생성자, getValue()

    public Money add(Money money) {
        return new Money(this.value + money.value);
    }

    public Money multiply(int multiplier) {
        return new Money(value * multiplier);
    }
}
```

Money를 사용하는 코드는 이제 '정수 타입 연산'이 아니라 '돈 계산'이라는 의미로 코드를 작성할 수 있다.

```
public class OrderLine {
    private Product product;
    private int price;
    private int quantity;
    private int amounts;

    public OrderLine(Product product,
            int price, int quantity) {
        this.product = product;
        this.price = price;
        this.quantity = quantity;
        this.amounts = calculateAmounts();
    }

    private int calculateAmounts() {
        return price*quantity;
    }

    public int getAmounts() {...}
    ...
}
```

코드
가독성
향상

```
public class OrderLine {
    private Product product;
    private Money price;
    private int quantity;
    private Money amounts;

    public OrderLine(Product product,
            Money price, int quantity) {
        this.product = product;
        this.price = price;
        this.quantity = quantity;
        this.amounts = calculateAmounts();
    }

    private Money calculateAmounts() {
        return price.multiply(quantity);
    }

    public int getAmounts() {...}
    ...
}
```

그림 1.9 밸류 타입은 코드의 의미를 더 잘 이해할 수 있도록 한다.

밸류 객체의 데이터를 변경할 때는 기존 데이터를 변경하기보다는 변경한 데이터를 갖는 새로운 밸류 객체를 생성하는 방식을 선호한다. 예를 들어 앞서 Money 클래스의 add() 메서드를 보면 Money를 새로 생성하고 있다.

```
public class Money {
    private int value;

    public Money add(Money money) {
        return new Money(this.value + money.value);
    }

    // value를 변경할 수 있는 메서드 없음
}
```

Money처럼 데이터 변경 기능을 제공하지 않는 타입을 불변immutable이라고 표현한다. 밸류 타입을 불변으로 구현하는 여러 이유가 있는데 가장 중요한 이유는 안전한 코드를 작성할 수 있다는 데 있다. OrderLine을 예로 들어보자. OrderLine을 생성하려면 다음 코드처럼 Money 객체를 전달해야 한다.

```
Money price = ...;
OrderLine line = new OrderLine(product, price, quantity);
// 만약 price.setValue(0)로 값을 변경할 수 있다면?
```

그런데 만약 Money가 setValue()와 같은 메서드를 제공해서 값을 변경할 수 있다면 어떻게 될까? 이 경우 [그림 1.10]처럼 OrderLine의 price 값이 잘못 반영되는 상황이 발생하게 된다.

```
Money price = new Money(1000)

OrderLine line = new OrderLine(product, price, 2);  →[price=1000, quantity=2, amounts=2000]

price.setValue(2000);                                →[price=2000, quantity=2, amounts=2000]
```
그림 1.10 참조 투명성과 관련된 문제

이런 문제가 발생하는 것을 방지하려면 OrderLine 생성자는 다음과 같이 새로운 Money 객체를 생성하도록 코드를 작성해야 한다.

```
public class OrderLine {
    ...
    private Money price;

    public OrderLine(Product product, Money price, int quantity) {
        this.product = product;
        // Money가 불변 객체가 아니라면,
        // price 파라미터가 변경될 때 발생하는 문제를 방지하기 위해
        // 데이터를 복사한 새로운 객체를 생성해야 한다.
        this.price = new Money(price.getValue());
        this.quantity = quantity;
        this.amounts = calculateAmounts();
    }
}
```

Money가 불변이면 이런 코드를 작성할 필요가 없다. Money의 데이터를 바꿀 수 없기 때문에 파라미터로 전달받은 price를 안전하게 사용할 수 있다.

잠깐 👉 불변 객체는 참조 투명성과 스레드에 안전한 특징을 갖고 있다. 불변 객체에 대해 더 많은 내용을 알고 싶은 독자는 'https://ko.wikipedia.org/wiki/불변객체' 문서를 참고하자.

두 밸류 객체를 비교할 때는 모든 속성이 같은지 비교한다.

```java
public class Receiver {
    private String name;
    private String phoneNumber;

    public boolean equals(Object other) {
        if (other == null) return false;
        if (this == other) return true;
        if (! (other instanceof Receiver) ) return false;
        Receiver that = (Receiver)other;
        return this.name.equals(that.name) &&
                this.phoneNumber.equals(that.phoneNumber)
    }
    ...
}
```

1.6.4 엔티티 식별자와 밸류 타입

엔티티 식별자의 실제 데이터는 String과 같은 문자열로 구성된 경우가 많다. 신용카드 번호도 16개의 숫자로 구성된 문자열이며 많은 온라인 서비스에서 회원을 구분할 때 사용하는 이메일 주소도 문자열이다.

Money가 단순 숫자가 아닌 도메인의 '돈'을 의미하는 것처럼 이런 식별자는 단순한 문자열이 아니라 도메인에서 특별한 의미를 지니는 경우가 많기 때문에 식별자를 위한 밸류 타입을 사용해서 의미가 잘 드러나도록 할 수 있다. 예를 들어 주문번호를 표현하기 위해 Order의 식별자 타입으로 String 대신 OrderNo 밸류 타입을 사용하면 타입을 통해 해당 필드가 주문번호라는 것을 알 수 있다.

```
public class Order {
    // OrderNo 타입 자체로 id가 주문번호임을 알 수 있다.
    private OrderNo id;
    ...
    public OrderNo getId() {
        return id;
    }
}
```

OrderNo 대신에 String 타입을 사용한다면 'id'라는 이름만으로는 해당 필드가 주문번호인지를 알 수 없다. 필드의 의미가 드러나도록 하려면 'id'라는 필드 이름 대신 'orderNo'라는 필드 이름을 사용해야 한다. 반면에 식별자를 위해 OrderNo 타입을 만들면 타입 자체로 주문번호라는 것을 알 수 있으므로 필드 이름이 'id'여도 실제 의미를 찾는 것은 어렵지 않다.

1.6.5 도메인 모델에 set 메서드 넣지 않기

get/set 메서드를 습관적으로 추가할 때가 있다. 사용자 정보를 담는 UserInfo 클래스를 작성할 때 다음과 같이 데이터 필드에 대한 get/set 메서드를 습관처럼 작성할 수 있다.

```
public class UserInfo {
    private String id;
    private String name;

    public UserInfo() {}

    public String getId() {
        return id;
    }
    public void setId(String id) {
        this.id = id;
    }
    public String getName() {
        return name;
    }
    public void setName(String name) {
        this.name = name;
```

```
        }
    }
```

get/set 메서드를 습관적으로 만드는 이유로 여러 가지가 있겠지만 가장 큰 이유라면 프로그래밍에 입문할 때 읽은 책의 예제 코드 때문이라 생각한다. 처음 프로그래밍을 배울 때 익힌 예제 코드를 그대로 따라 하다 보니 상황에 상관없이 get/set 메서드를 습관적으로 추가하는 것이다.

도메인 모델에 get/set 메서드를 무조건 추가하는 것은 좋지 않은 버릇이다. 특히 set 메서드는 도메인의 핵심 개념이나 의도를 코드에서 사라지게 한다. Order의 메서드를 다음과 같이 set 메서드로 변경해 보자.

```java
public class Order {
    ...
    public void setShippingInfo(ShippingInfo newShipping) { .. }
    public void setOrderState(OrderState state) { .. }
}
```

앞서 changeShippingInfo()가 배송지 정보를 새로 변경한다는 의미를 가졌다면 setShippingInfo() 메서드는 단순히 배송지 값을 설정한다는 것을 의미한다. completePayment()는 결제를 완료했다는 의미를 갖는 반면에 setOrderState()는 단순히 주문 상태 값을 설정한다는 것을 의미한다.

구현할 때에도 completePayment()는 결제 완료 처리 코드를 구현하니까 결제 완료와 관련된 도메인 지식을 코드로 구현하는 것이 자연스럽다. setOrderState()는 단순히 상태 값만 변경할지 아니면 상태값에 따라 다른 처리를 위한 코드를 함께 구현할지 애매하다. 습관적으로 작성한 set 메서드는 필드값만 변경하고 끝나기 때문에 상태 변경과 관련된 도메인 지식이 코드에서 사라지게 된다.

set 메서드의 또 다른 문제는 도메인 객체를 생성할 때 온전하지 않은 상태가 될 수 있다. 다음 코드를 보자.

```java
// set 메서드로 데이터를 전달하도록 구현하면
// 처음 Order를 생성하는 시점에 order는 완전하지 않다.
```

```
Order order = new Order();

// set 메서드로 필요한 모든 값을 전달해야 함
order.setOrderLine(lines);
order.setShippingInfo(shippingInfo);

// 주문자(Orderer)를 설정하지 않은 상태에서 주문 완료 처리
order.setState(OrderState.PREPARING);
```

위 코드는 주문자 설정을 누락하고 있다. 주문자 정보를 담고 있는 필드인 orderer가 null인 상황에서 order.setState() 메서드를 호출해서 상품 준비 중 상태로 바꾼 것이다. orderer가 정상인지 확인하기 위해 orderer가 null 인지 검사하는 코드를 setState() 메서드에 위치하는 것도 맞지 않다.

도메인 객체가 불완전한 상태로 사용되는 것을 막으려면 생성 시점에 필요한 것을 전달해 주어야 한다. 즉 생성자를 통해 필요한 데이터를 모두 받아야 한다.

```
Order order = new Order(orderer, lines, shippingInfo, OrderState.PREPARING);
```

생성자로 필요한 것을 모두 받으므로 다음처럼 생성자를 호출하는 시점에 필요한 데이터가 올바른지 검사할 수 있다.

```
public class Order {
    public Order(Orderer orderer, List<OrderLine> orderLines,
            ShippingInfo shippingInfo, OrderState state) {
        setOrderer(orderer);
        setOrderLines(orderLines);
        ... // 다른 값 설정
    }

    private void setOrderer(Orderer orderer) {
        if (orderer == null) throw new IllegalArgumentException("no orderer");
        this.orderer = orderer;
    }

    private void setOrderLines(List<OrderLine> orderLines) {
```

```
            verifyAtLeastOneOrMoreOrderLines(orderLines);
            this.orderLines = orderLines;
            calculateTotalAmounts();
        }

        private void verifyAtLeastOneOrMoreOrderLines(List<OrderLine> orderLines) {
            if (orderLines == null || orderLines.isEmpty()) {
                throw new IllegalArgumentException("no OrderLine");
            }
        }

        private void calculateTotalAmounts() {
            this.totalAmounts = orderLines.stream().mapToInt(x -> x.getAmounts()).sum();
        }
```

이 코드의 set 메서드는 앞서 언급한 set 메서드와 중요한 차이점이 있는데 그것은 바로 접근 범위가 private이라는 점이다. 이 코드에서 set 메서드는 클래스 내부에서 데이터를 변경할 목적으로 사용된다. private이기 때문에 외부에서 데이터를 변경할 목적으로 set 메서드를 사용할 수 없다.

불변 밸류 타입을 사용하면 자연스럽게 밸류 타입에는 set 메서드를 구현하지 않는다. set 메서드를 구현해야 할 특별한 이유가 없다면 불변 타입의 장점을 살릴 수 있도록 밸류 타입은 불변으로 구현한다.

> 💡 **NOTE** **DTO의 get/set 메서드**
>
> DTO는 Data Transfer Object의 약자로 프레젠테이션 계층과 도메인 계층이 데이터를 서로 주고받을 때 사용하는 일종의 구조체이다. 오래전에 사용했던 프레임워크는 요청 파라미터나 DB 칼럼의 값을 설정할 때 set 메서드를 필요로 했기 때문에 구현 기술을 적용하려면 어쩔 수 없이 DTO에 get/set 메서드를 구현해야 했다. DTO가 도메인 로직을 담고 있지는 않기에 get/set 메서드를 제공해도 도메인 객체의 데이터 일관성에 영향을 줄 가능성이 높지 않다.
>
> 요즘 개발 프레임워크나 개발 도구는 set 메서드가 아닌 private 필드에 직접 값을 할당할 수 있는 기능을 제공하고 있어 set 메서드가 없어도 프레임워크를 이용해서 데이터를 전달받을 수 있다. 프레임워크가 필드에 직접 값을 할당하는 기능을 제공하고 있다면 set 메서드를 만드는 대신 해당 기능을 최대한 활용하자. 이렇게 하면 DTO도 불변 객체가 되어 불변의 장점을 DTO까지 확장할 수 있다.

도메인 용어와 유비쿼터스 언어

코드를 작성할 때 도메인에서 사용하는 용어는 매우 중요하다. 도메인에서 사용하는 용어를 코드에 반영하지 않으면 그 코드는 개발자에게 코드의 의미를 해석해야 하는 부담을 준다. 예를 들어 OrderState를 다음과 같이 구현했다고 가정해 보자.

```
public OrderState {
    STEP1, STEP2, STEP3, STEP4, STEP5, STEP6
}
```

실제 주문 상태는 '결제 대기 중', '상품 준비 중', '출고 완료됨', '배송 중', '배송 완료됨', '주문 취소됨'인데 이 코드는 개발자가 전체 상태를 6단계로 보고 코드로 표현한 것이다. 이 개발자는 Order 코드를 다음과 같이 작성할 가능성이 높다.

```
public class Order {
    public void changeShippingInfo(ShippingInfo newShippingInfo) {
        verifyStep1OrStep2();
        setShippingInfo(newShippingInfo);
    }
    private void verifyStep1OrStep2() {
        if (state != OrderState.STEP1 && state != OrderState.STEP2)
            throw new IllegalStateException("aleady shipped");
    }
}
```

배송지 변경은 '출고 전'에 가능한데 이 코드의 verifyStep1OrStep2라는 이름에는 중요한 도메인 규칙이 드러나지 않는다. 그저 STEP1과 STEP2인지 검사만 할 뿐이다. 실제 이 코드의 의미를 이해하려면 STEP1과 STEP2가 각각 '결제 대기 중' 상태와 '상품 준비 중' 상태를 의미한다는 것을 알아야 한다. 기획자나 온라인 쇼핑 도메인 전문가가 개발자와의 업무 회의에서 '출고 전'이라는 단어를 사용하면 개발자는 머릿속으로 '출고 전은 STEP1과 STEP2'라고 도메인 지식을 코드로 해석해야 한다.

다음 코드처럼 도메인 용어를 사용해서 OrderState를 구현하면 이런 불필요한 변환 과정을 거치지 않아도 된다.

```
public enum OrderState {
    PAYMENT_WAITING, PREPARING, SHIPPED, DELIVERING, DELIVERY_COMPLETED;
}
```

STEP1, STEP2, STEP3이 아닌 PAYMENT_WAITING, PREPARING, SHIPPED와 같이 도메인에서 사용하는 용어를 최대한 코드에 반영하면 '출고(SHIPPED) 전은 결제 대기 중(PAYMENT_WATING)이나 상품 준비 중(PREPARING)'이라고 바로 이해할 수 있다. 코드를 도메인 용어로 해석하거나 도메인 용어를 코드로 해석하는 과정이 줄어든다. 이는 코드의 가독성을 높여서 코드를 분석하고 이해하는 시간을 줄여준다. 최대한 도메인 용어를 사용해서 도메인 규칙을 코드로 작성하게 되므로 (의미를 변환하는 과정에서 발생하는) 버그도 줄어든다.

에릭 에반스는 도메인 주도 설계에서 언어의 중요함을 강조하기 위해 유비쿼터스 언어ubiquitous language라는 용어를 사용했다. 전문가, 관계자, 개발자가 도메인과 관련된 공통의 언어를 만들고 이를 대화, 문서, 도메인 모델, 코드, 테스트 등 모든 곳에서 같은 용어를 사용한다. 이렇게 하면 소통 과정에서 발생하는 용어의 모호함을 줄일 수 있고 개발자는 도메인과 코드 사이에서 불필요한 해석 과정을 줄일 수 있다.

시간이 지날수록 도메인에 대한 이해가 높아지는데 새롭게 이해한 내용을 잘 표현할 수 있는 용어를 찾아내고 이를 다시 공통의 언어로 만들어 다 같이 사용한다. 새로 발견한 용어는 코드나 문서에도 반영해서 산출물에 최신 모델을 적용한다.

도메인 용어는 좋은 코드를 만드는 데 매우 중요한 요소임에 틀림없지만 국내 개발자는 이 점에 있어 불리한 점이 있다. 바로 영어다. 분야의 특성상 알파벳과 숫자를 사용해서 클래스, 필드, 메서드 등의 이름을 작성하게 되는데 이것은 도메인 용어를 영어로 해석하는 노력이 필요함을 뜻한다.

도메인에서 사용하는 용어의 의미를 명확하게 전달하는 영단어를 찾기 힘든 경우도 있고, 반대로 비슷한 의미의 영단어가 많으면 각 단어의 뉘앙스나 미세한 차이를 몰라서 선택하기 어려울 때도 있다. 도메인 용어의 '상태'를 코드로 표현할 때 'state'와 'status' 중 어떤 단어를 사용할지 고민해야 하고, '종류'를 표현하기 위해 'kind'와 'type' 중 어떤 단어가 맞는지 고심할 때도 있다. 그냥 이해하기 쉽게 발음 나는 대로 'gubun(구분)'과 같은 이름을 사용하기도 한다.

알맞은 영단어를 찾는 것은 쉽지 않은 일이지만 시간을 들여 찾는 노력을 해야 한다. 한영사전을 사용해서 적당한 단어를 찾는 노력을 하지 않고 도메인에 어울리지 않은 단어를 사용하면 코드는 도메인과 점점 멀어지게 된다. 그러니 도메인 용어에 알맞은 단어를 찾는 시간을 아까워하지 말자.

Chapter

2

아키텍처 개요

- ☑ 아키텍처
- ☑ DIP
- ☑ 도메인 영역의 주요 구성요소
- ☑ 인프라스트럭처
- ☑ 모듈

2.1 네 개의 영역

'표현', '응용', '도메인', '인프라스트럭처'는 아키텍처를 설계할 때 출현하는 전형적인 네 가지 영역이다. 네 영역 중 표현 영역(또는 UI 영역)은 사용자의 요청을 받아 응용 영역에 전달하고 응용 영역의 처리 결과를 다시 사용자에게 보여주는 역할을 한다. 웹 애플리케이션을 개발할 때 많이 사용하는 스프링 MVC 프레임워크가 표현 영역을 위한 기술에 해당한다. 웹 애플리케이션에서 표현 영역의 사용자는 웹 브라우저를 사용하는 사람일 수도 있고, REST API를 호출하는 외부 시스템일 수도 있다.

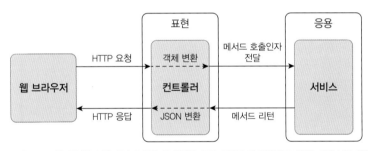

그림 2.1 표현 영역은 사용자의 요청을 해석해서 응용 서비스에 전달하고 응용 서비스의 실행 결과를 사용자가 이해할 수 있는 형식으로 변환하여 응답한다.

웹 애플리케이션의 표현 영역은 HTTP 요청을 응용 영역이 필요로 하는 형식으로 변환해서 응용 영역에 전달하고 응용 영역의 응답을 HTTP 응답으로 변환하여 전송한다. 예를 들어 표현 영역은 웹 브라우저가 HTTP 요청 파라미터로 전송한 데이터를 응용 서비스가 요구하는 형식의 객체 타입으로 변환해서 전달하고, 응용 서비스가 리턴한 결과를 JSON 형식으로 변환해서 HTTP 응답으로 웹 브라우저에 전송한다.

표현 영역을 통해 사용자의 요청을 전달받는 응용 영역은 시스템이 사용자에게 제공해야 할 기능을 구현하는데 '주문 등록', '주문 취소', '상품 상세 조회'와 같은 기능 구현을 예로 들 수 있다. 응용 영역은 기능을 구현하기 위해 도메인 영역의 도메인 모델을 사용한다. 주문 취소 기능을 제공하는 응용 서비스를 예로 살펴보면 다음과 같이 주문 도메인 모델을 사용해서 기능을 구현한다.

```java
public class CancelOrderService {

    @Transactional
    public void cancelOrder(String orderId) {
        Order order = findOrderById(orderId);
        if (order == null) throw new OrderNotFoundException(orderId);
        order.cancel();
    }
    ...
}
```

응용 서비스는 로직을 직접 수행하기보다는 도메인 모델에 로직 수행을 위임한다. 위 코드도 주문 취소 로직을 직접 구현하지 않고 Order 객체에 취소 처리를 위임하고 있다.

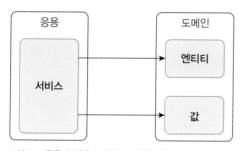

그림 2.2 응용 영역은 도메인 모델을 이용해서 사용자에게 제공할 기능을 구현한다. 실제 도메인 로직 구현은 도메인 모델에 위임한다.

도메인 영역은 도메인 모델을 구현한다. 1장에서 봤던 Order, OrderLine, ShippingInfo와 같은 도메인 모델이 이 영역에 위치한다. 도메인 모델은 도메인의 핵심 로직을 구현한다. 예를 들어 주문 도메인은 '배송지 변경', '결제 완료', '주문 총액 계산'과 같은 핵심 로직을 도메인 모델에서 구현한다.

인프라스트럭처 영역은 구현 기술에 대한 것을 다룬다. 이 영역은 RDBMS 연동을 처리하고, 메시징 큐에 메시지를 전송하거나 수신하는 기능을 구현하고, 몽고DB^{MongoDB}나 레디스^{Redis}와의 데이터 연동을 처리한다. 이 영역은 SMTP를 이용한 메일 발송 기능을 구현하거나 HTTP 클라이언트를 이용해서 REST API를 호출하는 것도 처리한다. 인프라스트럭처 영역은 논리적인 개념을 표현하기보다는 실제 구현을 다룬다.

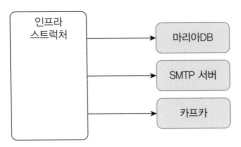

그림 2.3 인프라스트럭처 영역은 구현 기술을 다룬다.

도메인 영역, 응용 영역, 표현 영역은 구현 기술을 사용한 코드를 직접 만들지 않는다. 대신 인프라스트럭처 영역에서 제공하는 기능을 사용해서 필요한 기능을 개발한다. 예를 들어 응용 영역에서 DB에 보관된 데이터가 필요하면 인프라스트럭처 영역의 DB 모듈을 사용하여 데이터를 읽어온다. 비슷하게 외부에 메일을 발송해야 한다면 인프라스트럭처가 제공하는 SMTP 연동 모듈을 이용해서 메일을 발송한다.

2.2 계층 구조 아키텍처

네 영역을 구성할 때 많이 사용하는 아키텍처가 [그림 2.4]와 같은 계층 구조이다. 표현 영역과 응용 영역은 도메인 영역을 사용하고, 도메인 영역은 인프라스트럭처 영역을 사용하므로 계층 구조를 적용하기에 적당해 보인다. 도메인의 복잡도에 따라 응용과 도메인을 분리하기도 하고 한 계층으로 합치기도 하지만 전체적인 아키텍처는 [그림 2.4]의 계층 구조를 따른다.

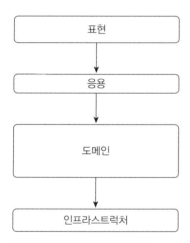

그림 2.4 계층 구조의 아키텍처 구성

계층 구조는 그 특성상 상위 계층에서 하위 계층으로의 의존만 존재하고 하위 계층은 상위 계층에 의존하지 않는다. 예를 들어 표현 계층은 응용 계층에 의존하고 응용 계층이 도메인 계층에 의존하지만, 반대로 인프라스트럭처 계층이 도메인에 의존하거나 도메인이 응용 계층에 의존하지는 않는다.

계층 구조를 엄격하게 적용한다면 상위 계층은 바로 아래의 계층에만 의존을 가져야 하지만 구현의 편리함을 위해 계층 구조를 유연하게 적용하기도 한다. 예를 들어 응용 계층은 바로 아래 계층인 도메인 계층에 의존하지만 외부 시스템과의 연동을 위해 더 아래 계층인 인프라스트럭처 계층에 의존하기도 한다.

계층 구조에 따르면 도메인과 응용 계층은 룰 엔진과 DB 연동을 위해 [그림 2.5]와 같이 인프라스트럭처 모듈에 의존하게 된다.

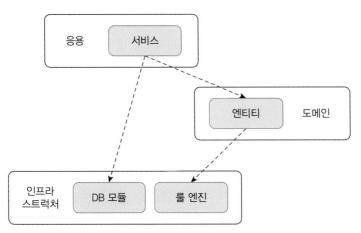

그림 2.5 전형적인 계층 구조상의 의존 관계

응용 영역과 도메인 영역은 DB나 외부 시스템 연동을 위해 인프라스트럭처의 기능을 사용하므로 이런 계층 구조를 사용하는 것은 직관적으로 이해하기 쉽다. 하지만 짚고 넘어가야 할 것이 있다. 바로 표현, 응용, 도메인 계층이 상세한 구현 기술을 다루는 인프라스트럭처 계층에 종속된다는 점이다.

도메인의 가격 계산 규칙을 예로 들어 보자. 다음은 할인 금액을 계산하기 위해 Drools라는 룰 엔진을 사용해서 계산 로직을 수행하는 인프라스트럭처 영역의 코드를 만들어 본 것이다. Drools 자체는 이 절의 주제가 아니므로 아래 코드가 무엇을 하는지 설명하지는 않겠다. evalutate() 메서드에 값을 주면 별도 파일로 작성한 규칙을 이용해서 연산을 수행하는 코드 정도로만 생각하고 넘어가자.

```
public class DroolsRuleEngine {
    private KieContainer kContainer;

    public DroolsRuleEngine() {
        KieServices ks = KieServices.Factory.get();
        kContainer = ks.getKieClasspathContainer();
    }

    public void evalute(String sessionName, List<?> facts) {
        KieSession kSession = kContainer.newKieSession(sessionName);
        try {
            facts.forEach(x -> kSession.insert(x));
            kSession.fireAllRules();
        } finally {
            kSession.dispose();
        }
    }
}
```

응용 영역은 가격 계산을 위해 인프라스트럭처 영역의 DroolsRuleEngine을 사용한다.

```
public class CalculateDiscountService {
    private DroolsRuleEngine ruleEngine;

    public CalculateDiscountService() {
        ruleEngine = new DroolsRuleEngine();
    }

    public Money calculateDiscount(List<OrderLine> orderLines, String customerId) {
        Customer customer = findCustomer(customerId);

        MutableMoney money = new MutableMoney(0);
        List<?> facts = Arrays.asList(customer, money);
        facts.addAll(orderLines);
        ruleEngine.evalute("discountCalculation", facts);
        return money.toImmutableMoney();
    }
    ...
}
```

CalculateDiscountService가 동작은 하겠지만 이 코드는 두 가지 문제를 안고 있다. 첫 번째 문제는 CalculateDiscountService만 테스트하기 어렵다는 것이다. CalculateDiscount Service를 테스트하려면 RuleEngine이 완벽하게 동작해야 한다. RuleEngine 클래스와 관련 설정 파일을 모두 만든 이후에 비로소 CalculateDiscountService가 올바르게 동작하는지 확인할 수 있다.

두 번째 문제는 구현 방식을 변경하기 어렵다는 점이다. [그림 2.6]을 보자.

```
public class CalculateDiscountService {
    private DroolsRuleEngine ruleEngine;

    public CalculateDiscountService() {
        ruleEngine = new DroolsRuleEngine();          Drools에 특화된 코드:
    }                                                  연산결과를 받기 위해 추가한 타입

    public Money calculateDiscount(OrderLine orderLines, String customerId) {
        Customer customer = findCustomer(customerId);

        MutableMoney money = new MutableMoney(0);      Drools에 특화된 코드:
        List<?> facts = Arrays.asList(customer, money); 룰에 필요한 데이터(지식)
        facts.addAll(orderLines);
        ruleEngine.evalute("discountCalculation", facts);
        return money.toImmutableMoney();               Drools에 특화된 코드:
    }                                                  Drools의 세션 이름
    ...
}
```

그림 2.6 CalculateDiscountService의 코드는 Drools에 간접적인 의존을 갖는다.

코드만 보면 Drools가 제공하는 타입을 직접 사용하지 않으므로 CalculateDiscountService가 Drools 자체에 의존하지 않는다고 생각할 수 있다. 하지만 'discountCalculation' 문자열은 Drools의 세션 이름을 의미한다. 따라서 Drools의 세션 이름을 변경하면 CalculateDiscountService의 코드도 함께 변경해야 한다. MutableMoney는 룰 적용 결괏값을 보관하기 위해 추가한 타입인데 다른 방식을 사용했다면 필요 없는 타입이다.

이처럼 CalculateDiscountService가 겉으로는 인프라스트럭처의 기술에 직접적인 의존을 하지 않는 것처럼 보여도 실제로는 Drools라는 인프라스트럭처 영역의 기술에 완전하게 의존하고 있다. 이런 상황에서 Drools가 아닌 다른 구현 기술을 사용하려면 코드의 많은 부분을 고쳐야 한다.

인프라스트럭처에 의존하면 '테스트 어려움'과 '기능 확장의 어려움'이라는 두 가지 문제가 발생하는 것을 알게 되었다. 그렇다면 어떻게 해야 이 두 문제를 해소할 수 있을까? 해답은 DIP에 있다.

2.3 DIP

가격 할인 계산을 하려면 [그림 2.7]의 왼쪽과 같이 고객 정보를 구해야 하고, 구한 고객 정보와 주문 정보를 이용해서 룰을 실행해야 한다.

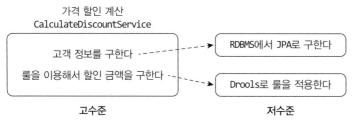

그림 2.7 고수준 모듈과 저수준 모듈

여기서 CalculateDiscountService는 고수준 모듈이다. 고수준 모듈은 의미 있는 단일 기능을 제공하는 모듈로 CalculateDiscountService는 '가격 할인 계산'이라는 기능을 구현한다. 고수준 모듈의 기능을 구현하려면 여러 하위 기능이 필요하다. 가격 할인 계산 기능을 구현하려면 고객 정보를 구해야 하고 룰을 실행해야 하는데 이 두 기능이 하위 기능이다. 저수준 모듈은 하위 기능을 실제로 구현한 것이다. [그림 2.7]과 같이 JPA를 이용해서 고객 정보를 읽어오는 모듈과 Drools로 룰을 실행하는 모듈이 저수준 모듈이 된다.

고수준 모듈이 제대로 동작하려면 저수준 모듈을 사용해야 한다. 그런데 고수준 모듈이 저수준 모듈을 사용하면 앞서 계층 구조 아키텍처에서 언급했던 두 가지 문제, 즉 구현 변경과 테스트가 어렵다는 문제가 발생한다.

DIP는 이 문제를 해결하기 위해 저수준 모듈이 고수준 모듈에 의존하도록 바꾼다. 고수준 모듈을 구현하려면 저수준 모듈을 사용해야 하는데, 반대로 저수준 모듈이 고수준 모듈에 의존하도록 하려면 어떻게 해야 할까? 비밀은 추상화한 인터페이스에 있다.

CalculateDiscountService 입장에서 봤을 때 룰 적용을 Drools로 구현했는지 자바로 직접 구현했는지는 중요하지 않다. '고객 정보와 구매 정보에 룰을 적용해서 할인 금액을 구한다'라는 것만 중요할 뿐이다. 이를 추상화한 인터페이스는 다음과 같다.

```java
public interface RuleDiscounter {
    Money applyRules(Customer customer, List<OrderLine> orderLines);
}
```

이제 CalculateDiscountService가 RuleDiscounter를 이용하도록 바꿔보자.

```java
public class CalculateDiscountService {
    private RuleDiscounter ruleDiscounter;

    public CalculateDiscountService(RuleDiscounter ruleDiscounter) {
        this.ruleDiscounter = ruleDiscounter;
    }

    public Money calculateDiscount(List<OrderLine> orderLines, String customerId) {
        Customer customer = findCustomer(customerId);
        return ruleDiscounter.applyRules(customer, orderLines);
    }
    ...
}
```

CalculateDiscountService에는 Drools에 의존하는 코드가 없다. 단지 RuleDiscounter가 룰을 적용한다는 사실만 알뿐이다. 실제 RuleDiscounter의 구현 객체는 생성자를 통해서 전달받는다.

룰 적용을 구현한 클래스는 RuleDiscounter 인터페이스를 상속받아 구현한다. 다시 말하지만 Drools 관련 코드를 이해할 필요는 없다. 여기서 중요한 건 RuleDiscounter를 상속받아 구현한다는 것이다.

```
public class DroolsRuleDiscounter implements RuleDiscounter {
    private KieContainer kContainer;

    public DroolsRuleEngine() {
        KieServices ks = KieServices.Factory.get();
        kContainer = ks.getKieClasspathContainer();
    }

    @Override
    public Money applyRules(Customer customer, List<OrderLine> orderLines) {
        KieSession kSession = kContainer.newKieSession("discountSession");
        try {
            … 코드 생략
            kSession.fireAllRules();
        } finally {
            kSession.dispose();
        }
        return money.toImmutableMoney();
    }
}
```

[그림 2.8]은 RuleDiscounter가 출현하면서 바뀐 구조를 보여주고 있다.

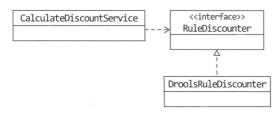

그림 2.8 DIP를 적용한 구조

[그림 2.8]의 구조를 보면 CalculateDiscountService는 더 이상 구현 기술인 Drools에 의존하지 않는다. '룰을 이용한 할인 금액 계산'을 추상화한 RuleDiscounter 인터페이스에 의존할 뿐이다. '룰을 이용한 할인 금액 계산'은 고수준 모듈의 개념이므로 RuleDiscounter 인터페이스는 고수준 모듈에 속한다. DroolsRuleDiscounter는 고수준의 하위 기능인 RuleDiscounter를 구현한 것이므로 저수준 모듈에 속한다.

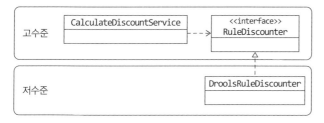

그림 2.9 저수준 모듈이 고수준 모듈에 의존(상속은 의존의 다른 형태)

DIP를 적용하면 [그림 2.9]와 같이 저수준 모듈이 고수준 모듈에 의존하게 된다. 고수준 모듈이 저수준 모듈을 사용하려면 고수준 모듈이 저수준 모듈에 의존해야 하는데, 반대로 저수준 모듈이 고수준 모듈에 의존한다고 해서 이를 DIP^Dependency Inversion Principle, 의존 역전 원칙이라고 부른다.

DIP를 적용하면 앞의 다른 영역이 인프라스트럭처 영역에 의존할 때 발생했던 두 가지 문제인 구현 교체가 어렵다는 것과 테스트가 어려운 문제를 해소할 수 있다.

먼저 구현 기술 교체 문제를 보자. 고수준 모듈은 더 이상 저수준 모듈에 의존하지 않고 구현을 추상화한 인터페이스에 의존한다. 실제 사용할 저수준 구현 객체는 다음 코드처럼 의존 주입을 이용해서 전달받을 수 있다.

```
// 사용할 저수준 객체 생성
RuleDiscounter ruleDiscounter = new DroolsRuleDiscounter();

// 생성자 방식으로 주입
CalculateDiscountService disService = new CalculateDiscountService(ruleDiscounter);
```

구현 기술을 변경하더라도 CalculateDiscountService를 수정할 필요가 없다. 다음처럼 사용할 저수준 구현 객체를 생성하는 코드만 변경하면 된다.

```
// 사용할 저수준 구현 객체 변경
RuleDiscounter ruleDiscounter = new SimpleRuleDiscounter();

// 사용할 저수준 모듈을 변경해도 고수준 모듈을 수정할 필요가 없다.
CalculateDiscountService disService = new CalculateDiscountService(ruleDiscounter);
```

스프링과 같은 의존 주입을 지원하는 프레임워크를 사용하면 설정 코드를 수정해서 쉽게 구현체를 변경할 수 있다.

테스트에 대해 언급하기 전에 CalculateDiscountService가 제대로 동작하려면 Customer를 찾는 기능도 구현해야 한다. 이를 위한 고수준 인터페이스를 CustomerRepository라고 하자. CalculateDiscountService는 다음과 같이 두 인터페이스인 CustomerRepository와 RuleDiscounter를 사용해서 기능을 구현한다.

```java
public class CalculateDiscountService {
    private CustomerRepository customerRepository;
    private RuleDiscounter ruleDiscounter;

    public CalculateDiscountService(
            CustomerRepository customerRepository, RuleDiscounter ruleDiscounter) {
        this.customerRepository = customerRepository;
        this.ruleDiscounter = ruleDiscounter;
    }

    public Money calculateDiscount(List<OrderLine> orderLines, String customerId) {
        Customer customer = findCustomer(customerId);
        return ruleDiscounter.applyRules(customer, orderLines);
    }

    private Customer findCustomer(String customerId) {
        Customer customer = customerRepository.findById(customerId);
        if (customer == null) throw new NoCustomerException();
        return customer;
    }
    ...
}
```

CalculateDiscountService가 제대로 동작하는지 테스트하려면 CustomerRepository와 RuleDiscounter를 구현한 객체가 필요하다. 만약 CalculateDiscountService가 저수준 모듈에 직접 의존했다면 저수준 모듈이 만들어지기 전까지 테스트를 할 수 없었겠지만 CustomerRepository와 RuleDiscounter는 인터페이스이므로 대역 객체를 사용해서 테스트를 진행할 수 있다. 다음은 대역 객체를 사용해서 Customer가 존재하지 않는 경우 익셉션이 발생하는지 검증하는 테스트 코드의 예를 보여주고 있다.

```
public class CalculateDiscountServiceTest {

    @Test
    public void noCustomer_thenExceptionShouldBeThrown() {
        // 테스트 목적의 대역 객체
        CustomerRepository stubRepo = mock(CustomerRepository.class);
        when(stubRepo.findById("noCustId")).thenReturn(null);

        RuleDiscounter stubRule = (cust, lines) -> null;

        // 대용 객체를 주입 받아 테스트 진행
        CalculateDiscountService calDisSvc =
                new CalculateDiscountService(stubRepo, stubRule);
        assertThrows(NoCustomerException.class,
                    () -> calDisSvc.calculateDiscount(someLines, "noCustId"));
    }
```

이 코드에서 stubRepo와 stubRule은 각각 CustomerRepository와 RuleDiscounter의 대역 객체다. stubRepo는 Mockito라는 Mock 프레임워크를 이용해서 대역 객체를 생성했고 stubRule은 메서드가 한 개여서 람다식을 이용해 객체를 생성했다. 두 대역 객체는 테스트를 수행하는 데 필요한 기능만 수행한다.

stubRepo의 경우 findById("noCustId")를 실행하면 null을 리턴하는데, calDisSvc를 생성할 때 생성자로 stubRepo를 주입했다. 따라서 calDisSvc.calculateDiscount (someLines, "noCustId") 코드를 실행하면 customerRepository.findById(customer Id) 코드는 null을 리턴하고 결과적으로 NoCustomerException을 발생시킨다.

앞서 테스트 코드는 CustomerRepository와 RuleDiscounter의 실제 구현 클래스가 없어도 CalculateDiscountService를 테스트할 수 있음을 보여준다. 실제 구현 대신 스텁이나 모의 객체와 같은 테스트 목적의 대역을 사용하여 거의 모든 상황을 테스트할 수 있다.

이렇게 실제 구현 없이 테스트를 할 수 있는 이유는 DIP를 적용해서 고수준 모듈이 저수준 모듈에 의존하지 않도록 했기 때문이다. 고수준 모듈인 CalculateDiscountService는 저수준 모듈에 직접 의존하지 않기 때문에 RDBMS를 이용한 CustomerRepository 구현 클래스와 Drools를 이용한 RuleDiscounter 구현 클래스가 없어도 테스트 대역을 이용해 거의 모든 기능을 테스트할 수 있는 것이다.

2.3.1 DIP 주의사항

DIP를 잘못 생각하면 단순히 인터페이스와 구현 클래스를 분리하는 정도로 받아들일 수 있다. DIP의 핵심은 고수준 모듈이 저수준 모듈에 의존하지 않도록 하기 위함인데 DIP를 적용한 결과 구조만 보고 [그림 2.10]과 같이 저수준 모듈에서 인터페이스를 추출하는 경우가 있다.

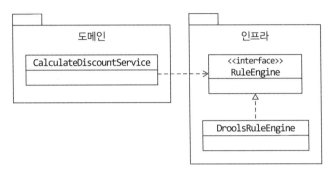

그림 2.10 DIP를 잘못 적용한 예

[그림 2.10]은 잘못된 구조이다. 이 구조에서 도메인 영역은 구현 기술을 다루는 인프라스트럭처 영역에 의존하고 있다. 여전히 고수준 모듈이 저수준 모듈에 의존하고 있는 것이다. RuleEngine 인터페이스는 고수준 모듈인 도메인 관점이 아니라 룰 엔진이라는 저수준 모듈 관점에서 도출한 것이다.

DIP를 적용할 때 하위 기능을 추상화한 인터페이스는 고수준 모듈 관점에서 도출한다. CalculateDiscountService 입장에서 봤을 때 할인 금액을 구하기 위해 룰 엔진을 사용하는지 직접 연산하는지는 중요하지 않다. 단지 규칙에 따라 할인 금액을 계산한다는 것이 중요할 뿐이다. 즉 '할인 금액 계산'을 추상화한 인터페이스는 저수준 모듈이 아닌 고수준 모듈에 위치한다.

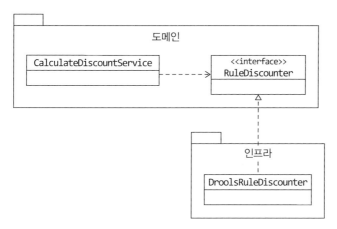

그림 2.11 하위 기능을 추상화한 인터페이스는 고수준 모듈에 위치한다.

2.3.2 DIP와 아키텍처

인프라스트럭처 영역은 구현 기술을 다루는 저수준 모듈이고 응용 영역과 도메인 영역은 고수준 모듈이다. 인프라스트럭처 계층이 가장 하단에 위치하는 계층형 구조와 달리 아키텍처에 DIP를 적용하면 [그림 2.12]와 같이 인프라스트럭처 영역이 응용 영역과 도메인 영역에 의존(상속)하는 구조가 된다.

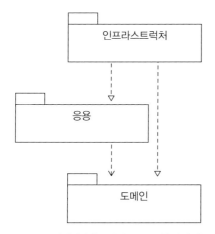

그림 2.12 아키텍처 수준에서 DIP를 적용하면 인프라스트럭처 영역이 응용 영역과 도메인 영역에 의존하는 구조가 된다.

인프라스트럭처에 위치한 클래스가 도메인이나 응용 영역에 정의한 인터페이스를 상속받아 구현하는 구조가 되므로 도메인과 응용 영역에 대한 영향을 주지 않거나 최소화하면서 구현 기술을 변경하는 것이 가능하다. 다음 그림을 보자.

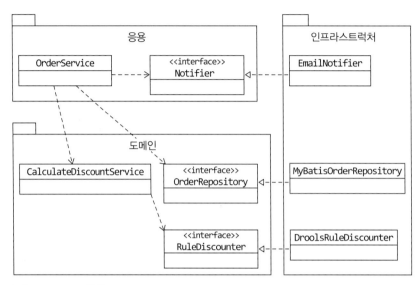

그림 2.13 DIP를 적용한 구조

[그림 2.13]에서 인프라스트럭처 영역의 EmailNotifier 클래스는 응용 영역의 Notifier 인터페이스를 상속받고 있다. 주문 시 통지 방식에 SMS를 추가해야 한다는 요구사항이 들어왔을 때 응용 영역의 OrderService는 변경할 필요가 없다. [그림 2.14]와 같이 두 통지 방식을 함께 제공하는 Notifier 구현 클래스를 인프라스트럭처 영역에 추가하면 된다. 비슷하게 마이바티스^{MyBatis} 대신 JPA를 구현 기술로 사용하고 싶다면 JPA를 이용한 OrderRepository 구현 클래스를 인프라스트럭처 영역에 추가하면 된다.

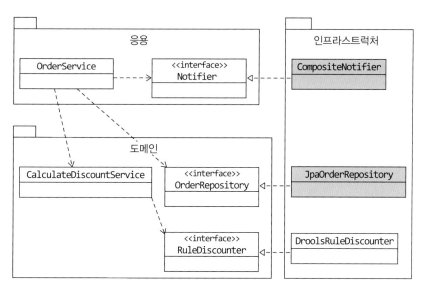

그림 2.14 DIP를 적용하면 응용 영역과 도메인 영역에 영향을 최소화하면서 구현체를 변경하거나 추가할 수 있다.

잠깐 ☞ DIP를 항상 적용할 필요는 없다. 사용하는 구현 기술에 따라 완벽한 DIP를 적용하기보다는 구현 기술에 의존적인 코드를 도메인에 일부 포함하는 게 효과적일 때도 있다. 또는 추상화 대상이 잘 떠오르지 않을 때도 있다. 이럴 때는 무조건 DIP를 적용하려고 시도하지 말고 DIP의 이점을 얻는 수준에서 적용 범위를 검토해 보자.

2.4 도메인 영역의 주요 구성요소

앞에서 네 영역에 대해 설명하면서 도메인 영역은 도메인의 핵심 모델을 구현한다고 설명했다. 도메인 영역의 모델은 도메인의 주요 개념을 표현하며 핵심 로직을 구현한다. 1장에서 살펴본 엔티티와 밸류 타입은 도메인 영역의 주요 구성요소이다. 이 두 요소와 함께 도메인 영역을 구성하는 요소는 [표 2.1]과 같다.

표 2.1 도메인 영역의 주요 구성요소

요소	설명
엔티티 ENTITY	고유의 식별자를 갖는 객체로 자신의 라이프 사이클을 갖는다. 주문^{Order}, 회원^{Member}, 상품^{Product}과 같이 도메인의 고유한 개념을 표현한다. 도메인 모델의 데이터를 포함하며 해당 데이터와 관련된 기능을 함께 제공한다.
밸류 VALUE	고유의 식별자를 갖지 않는 객체로 주로 개념적으로 하나인 값을 표현할 때 사용된다. 배송지 주소를 표현하기 위한 주소^{Address}나 구매 금액을 위한 금액^{Money}와 같은 타입이 밸류 타입이다. 엔티티의 속성으로 사용할 뿐만 아니라 다른 밸류 타입의 속성으로도 사용할 수 있다.
애그리거트 AGGREGATE	애그리거트는 연관된 엔티티와 밸류 객체를 개념적으로 하나로 묶은 것이다. 예를 들어 주문과 관련된 Order 엔티티, OrderLine 밸류, Orderer 밸류 객체를 '주문' 애그리거트로 묶을 수 있다.
리포지터리 REPOSITORY	도메인 모델의 영속성을 처리한다. 예를 들어 DBMS 테이블에서 엔티티 객체를 로딩하거나 저장하는 기능을 제공한다.
도메인 서비스 DOMAIN SERVICE	특정 엔티티에 속하지 않은 도메인 로직을 제공한다. '할인 금액 계산'은 상품, 쿠폰, 회원 등급, 구매 금액 등 다양한 조건을 이용해서 구현하게 되는데, 이렇게 도메인 로직이 여러 엔티티와 밸류를 필요로 하면 도메인 서비스에서 로직을 구현한다.

잠깐 ☞ 책의 서두에서 말한 것처럼 이 책은 에릭 에반스가 지은 『도메인 주도 설계』에 기반하고 있다. 도메인 영역의 구성요소 역시 에릭 에반스가 소개한 패턴에 기반하고 있다. 이 책은 입문자를 위한 수준에서 각 구성요소가 무엇이고 어떻게 구현하는지 설명한다.

2.4.1 엔티티와 밸류

엔티티와 밸류는 1장에서 이미 살펴봤으므로 1장에서 언급하지 않은 내용을 중심으로 알아보자.

필자는 개발 초년 시절 도메인 모델을 만들 때 DB 테이블의 엔티티와 도메인 모델의 엔티티를 구분하지 못해 동일하게 만들곤 했다. 도메인 모델의 엔티티와 DB 모델의 엔티티를 거의 같은 것으로 생각했었는데, 경험이 쌓일수록 도메인 모델에 대한 이해도 높아지면서 실제 도메인 모델의 엔티티와 DB 관계형 모델의 엔티티는 같은 것이 아님을 알게 되었다.

이 두 모델의 가장 큰 차이점은 도메인 모델의 엔티티는 데이터와 함께 도메인 기능을 함께 제공한다는 점이다. 예를 들어 주문을 표현하는 엔티티는 주문과 관련된 데이터뿐만 아니라 배송지 주소 변경을 위한 기능을 함께 제공한다.

```
public class Order {
    // 주문 도메인 모델의 데이터
    private OrderNo number;
    private Orderer orderer;
    private ShippingInfo shippingInfo;
    ...

    // 도메인 모델 엔티티는 도메인 기능도 함께 제공
    public void changeShippingInfo(ShippingInfo newShippingInfo) {
        ...
    }
}
```

도메인 모델의 엔티티는 단순히 데이터를 담고 있는 데이터 구조라기보다는 데이터와 함께 기능을 제공하는 객체이다. 도메인 관점에서 기능을 구현하고 기능 구현을 캡슐화해서 데이터가 임의로 변경되는 것을 막는다.

또 다른 차이점은 도메인 모델의 엔티티는 두 개 이상의 데이터가 개념적으로 하나인 경우 밸류 타입을 이용해서 표현할 수 있다는 것이다. 위 코드에서 주문자를 표현하는 Orderer는 밸류 타입으로 다음과 같이 주문자 이름과 이메일 데이터를 포함할 수 있다.

```
public class Orderer {
    private String name;
    private String email;

    ...
}
```

RDBMS와 같은 관계형 데이터베이스는 밸류 타입을 제대로 표현하기 힘들다. Order 객체의
데이터를 저장하기 위한 테이블은 [그림 2.15]의 왼쪽 그림처럼 Orderer의 개별 데이터를 저
장하거나 오른쪽 그림처럼 별도 테이블로 분리해서 저장해야 한다.

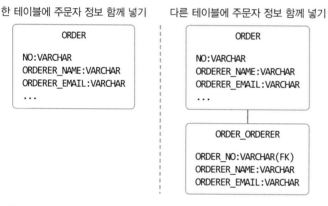

그림 2.15 RDBMS는 밸류를 제대로 표현하기 힘들다.

왼쪽 테이블의 경우 주문자라는 개념이 드러나지 않고 주문자의 개별 데이터만 드러난다. 오른
쪽 테이블의 경우 주문자 데이터를 별도 테이블에 저장했지만 이것은 테이블의 엔티티에 가까
우며 밸류 타입의 의미가 드러나지는 않는다. 반면 도메인 모델의 Orderer는 주문자라는 개념
을 잘 반영하므로 도메인을 보다 잘 이해할 수 있도록 돕는다.

1장에서 설명한 것처럼 밸류는 불변으로 구현할 것을 권장하며, 이는 엔티티의 밸류 타입 데이
터를 변경할 때는 객체 자체를 완전히 교체한다는 것을 의미한다. 예를 들어 배송지 정보를 변
경하는 코드는 기존 객체의 값을 변경하지 않고 다음과 같이 새로운 객체를 필드에 할당한다.

```
public class Order {
    private ShippingInfo shippingInfo;
    ...
    // 도메인 모델 엔티티는 도메인 기능도 함께 제공
    public void changeShippingInfo(ShippingInfo newShippingInfo) {
        checkShippingInfoChangeable();
        setShippingInfo(newShippingInfo);
    }

    private void setShippingInfo(ShippingInfo newShippingInfo) {
        if (newShippingInfo == null) throw new IllegalArgumentException();
        // 밸류 타입의 데이터를 변경할 때는 새로운 객체로 교체한다.
        this.shippingInfo = newShippingInfo;
    }
}
```

2.4.2 애그리거트

도메인이 커질수록 개발할 도메인 모델도 커지면서 많은 엔티티와 밸류가 출현한다. 엔티티와
밸류 개수가 많아질수록 모델은 점점 더 복잡해진다.

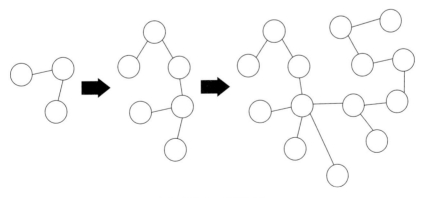

그림 2.16 규모가 커질수록 도메인 모델의 구성요소는 복잡해진다.

도메인 모델이 복잡해지면 개발자가 전체 구조가 아닌 한 개 엔티티와 밸류에만 집중하는 상황이 발생한다. 이때 상위 수준에서 모델을 관리하지 않고 개별 요소에만 초점을 맞추다 보면, 큰 수준에서 모델을 이해하지 못해 큰 틀에서 모델을 관리할 수 없는 상황에 빠질 수 있다.

지도를 볼 때 매우 상세하게 나온 대축척 지도를 보면 큰 수준에서 어디에 위치하고 있는지 이해하기 어려우므로 큰 수준에서 보여주는 소축척 지도를 함께 봐야 현재 위치를 보다 정확하게 이해할 수 있다. 이와 비슷하게 도메인 모델도 개별 객체뿐만 아니라 상위 수준에서 모델을 볼 수 있어야 전체 모델의 관계와 개별 모델을 이해하는 데 도움이 된다. 도메인 모델에서 전체 구조를 이해하는 데 도움이 되는 것이 바로 애그리거트AGGREGATE이다.

잠깐 👉 AGGREGATE를 애그리게이트라고 표기를 하는 경우가 많은데 이것은 동사 발음에 해당한다. 명사 발음은 [ǽɡrigət]이므로 이에 가까운 '애그리거트'라고 표기하였다.

애그리거트는 관련 객체를 하나로 묶은 군집이다. 애그리거트의 대표적인 예가 주문이다. 주문이라는 도메인 개념은 '주문', '배송지 정보', '주문자', '주문 목록', '총 결제 금액'의 하위 모델로 구성된다. 이 하위 개념을 표현한 모델을 하나로 묶어서 '주문'이라는 상위 개념으로 표현할 수 있다.

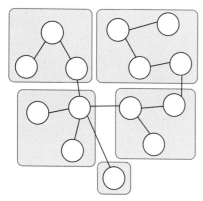

그림 2.17 관련된 객체를 애그리거트로 묶으면 복잡한 도메인 모델을 관리하는 데 도움이 된다.

애그리거트를 사용하면 개별 객체가 아닌 관련 객체를 묶어서 객체 군집 단위로 모델을 바라볼 수 있게 된다. 개별 객체 간의 관계가 아닌 애그리거트 간의 관계로 도메인 모델을 이해하고 구현하게 되며, 이를 통해 큰 틀에서 도메인 모델을 관리할 수 있다.

애그리거트는 군집에 속한 객체를 관리하는 루트 엔티티를 갖는다. 루트 엔티티는 애그리거트에 속해 있는 엔티티와 밸류 객체를 이용해서 애그리거트가 구현해야 할 기능을 제공한다. 애그리거트를 사용하는 코드는 애그리거트 루트가 제공하는 기능을 실행하고 애그리거트 루트를 통해서 간접적으로 애그리거트 내의 다른 엔티티나 밸류 객체에 접근한다. 이것은 애그리거트의 내부 구현을 숨겨서 애그리거트 단위로 구현을 캡슐화할 수 있도록 돕는다.

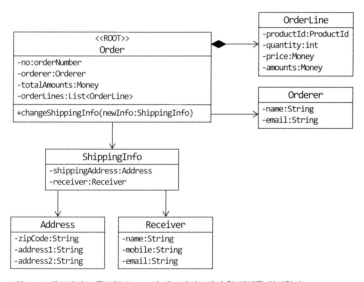

그림 2.18 애그리거트 루트인 Order가 애그리거트에 속한 객체를 관리한다.

[그림 2.18]은 주문 애그리거트를 보여주고 있다. 애그리거트 루트인 Order는 주문 도메인 로직에 맞게 애그리거트의 상태를 관리한다. 예를 들어 Order의 배송지 정보 변경 기능은 배송지를 변경할 수 있는지 확인한 뒤에 배송지 정보를 변경한다.

```
public class Order {
    ...
    public void changeShippingInfo(ShippingInfo newInfo) {
        checkShippingInfoChangeable(); // 배송지 변경 가능 여부 확인
```

```
        this.shippingInfo = newInfo;
    }

    private void checkShippingInfoChangeable() {
        ... 배송지 정보를 변경할 수 있는지 여부를 확인하는 도메인 규칙 구현
    }
}
```

checkShippingInfoChangeable() 메서드는 도메인 규칙에 따라 배송지를 변경할 수 있는지 확인한다. 예를 들어 이미 배송이 시작된 경우 익셉션을 발생하는 식으로 도메인 규칙을 구현할 것이다.

주문 애그리거트는 Order를 통하지 않고 ShippingInfo를 변경할 수 있는 방법을 제공하지 않는다. 즉 배송지를 변경하려면 루트 엔티티인 Order를 사용해야 하므로 배송지 정보를 변경할 때에는 Order가 구현한 도메인 로직을 항상 따르게 된다.

애그리거트를 구현할 때는 고려할 것이 많다. 애그리거트를 어떻게 구성했느냐에 따라 구현이 복잡해지기도 하고, 트랜잭션 범위가 달라지기도 한다. 또한 선택한 구현 기술에 따라 애그리거트 구현에 제약이 생기기도 한다.

애그리거트 구현에 대한 내용은 3장에서 자세히 살펴보도록 하자.

2.4.3 리포지터리

도메인 객체를 지속적으로 사용하려면 RDBMS, NoSQL, 로컬 파일과 같은 물리적인 저장소에 도메인 객체를 보관해야 한다. 이를 위한 도메인 모델이 리포지터리Repository이다. 엔티티나 밸류가 요구사항에서 도출되는 도메인 모델이라면 리포지터리는 구현을 위한 도메인 모델이다.

리포지터리는 애그리거트 단위로 도메인 객체를 저장하고 조회하는 기능을 정의한다. 예를 들어 주문 애그리거트를 위한 리포지터리는 다음과 같이 정의할 수 있다.

```
public interface OrderRepository {
    Order findByNumber(OrderNumber number);
```

```
    void save(Order order);
    void delete(Order order);
}
```

OrderRepository의 메서드를 보면 대상을 찾고 저장하는 단위가 애그리거트 루트인 Order 인 것을 알 수 있다. Order는 애그리거트에 속한 모든 객체를 포함하고 있으므로 결과적으로 애그리거트 단위로 저장하고 조회한다.

도메인 모델을 사용해야 하는 코드는 리포지터리를 통해서 도메인 객체를 구한 뒤에 도메인 객체의 기능을 실행한다. 예를 들어 주문 취소 기능을 제공하는 응용 서비스는 다음 코드처럼 OrderRepository를 이용해서 Order 객체를 구하고 해당 기능을 실행한다.

```
public class CancelOrderService {
    private OrderRepository orderRepository;

    public void cancel(OrderNumber number) {
        Order order = orderRepository.findByNumber(number);
        if (order == null) throw new NoOrderException(number);
        order.cancel();
    }
```

도메인 모델 관점에서 OrderRepository는 도메인 객체를 영속화하는 데 필요한 기능을 추상화한 것으로 고수준 모듈에 속한다. 기반 기술을 이용해서 OrderRepository를 구현한 클래스는 저수준 모듈로 인프라스트럭처 영역에 속한다. 즉 전체 모듈 구조는 [그림 2.19]와 같다.

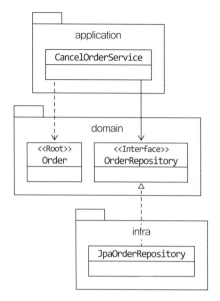

그림 2.19 리포지터리 인터페이스는 도메인 모델 영역에 속하며, 실제 구현 클래스는 인프라스트럭처 영역에 속한다.

응용 서비스는 의존 주입과 같은 방식을 사용해서 실제 리포지터리 구현 객체에 접근한다

응용 서비스와 리포지터리는 밀접한 연관이 있다. 그 이유는 다음과 같다.

- 응용 서비스는 필요한 도메인 객체를 구하거나 저장할 때 리포지터리를 사용한다.
- 응용 서비스는 트랜잭션을 관리하는데, 트랜잭션 처리는 리포지터리 구현 기술의 영향을 받는다.

리포지터리를 사용하는 주체가 응용 서비스이기 때문에 리포지터리는 응용 서비스가 필요로 하는 메서드를 제공한다. 다음 두 메서드가 기본이 된다.

- 애그리거트를 저장하는 메서드
- 애그리거트 루트 식별자로 애그리거트를 조회하는 메서드

이 두 메서드는 다음 형태를 갖는다.

```
public interface SomeRepository {
    void save(Some some);
    Some findById(SomeId id);
}
```

이 외에 필요에 따라 delete(id)나 counts() 등의 메서드를 제공하기도 한다.

리포지터리를 구현하는 방법은 선택한 구현 기술에 따라 달라진다. 리포지터리 구현에 대한 내용은 4장에서 살펴보도록 하겠다.

2.5 요청 처리 흐름

사용자 입장에서 봤을 때 웹 애플리케이션이나 데스크톱 애플리케이션과 같은 소프트웨어는 기능을 제공한다. 사용자가 애플리케이션에 기능 실행을 요청하면 그 요청을 처음 받는 영역은 표현 영역이다. 스프링 MVC를 사용해서 웹 애플리케이션을 구현했다면 컨트롤러가 사용자의 요청을 받아 처리하게 된다.

표현 영역은 사용자가 전송한 데이터 형식이 올바른지 검사하고 문제가 없다면 데이터를 이용해서 응용 서비스에 기능 실행을 위임한다. 이때 표현 영역은 사용자가 전송한 데이터를 응용 서비스가 요구하는 형식으로 변환해서 전달한다. 웹 브라우저를 이용해서 기능 실행을 요청하면 [그림 2.20]처럼 표현 영역에 해당하는 컨트롤러는 과정 1.1에서 HTTP 요청 파라미터를 응용 서비스가 필요로 하는 데이터로 변환해서 응용 서비스를 실행할 때 인자로 전달한다.

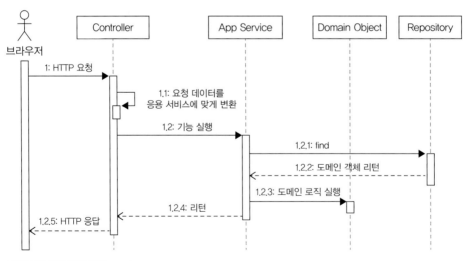

그림 2.20 요청 처리 흐름

응용 서비스는 도메인 모델을 이용해서 기능을 구현한다. 기능 구현에 필요한 도메인 객체를 리포지터리에서 가져와 실행하거나 신규 도메인 객체를 생성해서 리포지터리에 저장한다. 두 개 이상의 도메인 객체를 사용해서 구현하기도 한다.

'예매하기'나 '예매 취소'와 같은 기능을 제공하는 응용 서비스는 도메인의 상태를 변경하므로 변경 상태가 물리 저장소에 올바르게 반영되도록 트랜잭션을 관리해야 한다. 예를 들어 스프링 프레임워크를 사용하면 다음과 같이 스프링에서 제공하는 @Transactional 애너테이션을 이용해서 트랜잭션을 처리할 수 있을 것이다.

```java
public class CancelOrderService {
    private OrderRepository orderRepository;

    @Transactional // 응용 서비스는 트랜잭션을 관리한다.
    public void cancel(OrderNumber number) {
        Order order = orderRepository.findByNumber(number);
        if (order == null) throw new NoOrderException(number);
        order.cancel();
    }
    ...
}
```

응용 서비스 구현에 대한 내용은 6장에서 다시 살펴볼 것이다.

2.6 인프라스트럭처 개요

인프라스트럭처Infrastructure는 표현 영역, 응용 영역, 도메인 영역을 지원한다. 도메인 객체의 영속성 처리, 트랜잭션, SMTP 클라이언트, REST 클라이언트 등 다른 영역에서 필요로 하는 프레임워크, 구현 기술, 보조 기능을 지원한다. DIP에서 언급한 것처럼 도메인 영역과 응용 영역에서 인프라스트럭처의 기능을 직접 사용하는 것보다 이 두 영역에 정의한 인터페이스를 인프라스트럭처 영역에서 구현하는 것이 시스템을 더 유연하고 테스트하기 쉽게 만들어준다.

하지만 무조건 인프라스트럭처에 대한 의존을 없앨 필요는 없다. 예를 들어 스프링을 사용할 경우 응용 서비스는 트랜잭션 처리를 위해 스프링이 제공하는 @Transactional을 사용하는 것이 편리하다. 영속성 처리를 위해 JPA를 사용할 경우 @Entity나 @Table과 같은 JPA 전용 애너테이션을 도메인 모델 클래스에 사용하는 것이 XML 매핑 설정을 이용하는 것보다 편리하다.

```
// 구현의 편리함을 위해 인프라스트럭처에 대한 의존을 일부 도메인에 넣은 코드.
// JPA의 @Table 애너테이션을 이용해서 엔티티를 저장할 테이블 이름을 지정했다.
// XML 설정을 사용하는 것보다 편리하게 테이블 이름을 지정할 수 있다.
@Entity
@Table(name = "TBL_ORDER")
public class Order {
    …
}
```

구현의 편리함은 DIP가 주는 다른 장점(변경의 유연함, 테스트가 쉬움)만큼 중요하기 때문에 DIP의 장점을 해치지 않는 범위에서 응용 영역과 도메인 영역에서 구현 기술에 대한 의존을 가져가는 것이 나쁘지 않다고 생각하다. 응용 영역과 도메인 영역이 인프라스트럭처에 대한 의존을 완전히 갖지 않도록 시도하는 것은 자칫 구현을 더 복잡하고 어렵게 만들 수 있다.

좋은 예가 스프링의 @Transactional 애너테이션이다. @Transactional을 사용하면 한 줄로 트랜잭션을 처리할 수 있는데 코드에서 스프링에 대한 의존을 없애려면 복잡한 스프링 설정을 사용해야 한다. 의존은 없앴지만 특별히 테스트를 더 쉽게 할 수 있다거나 유연함을 증가시켜 주지 못한다. 단지 설정만 복잡해지고 개발 시간만 늘어날 뿐이다.

표현 영역은 항상 인프라스트럭처 영역과 쌍을 이룬다. 스프링 MVC를 사용해서 웹 요청을 처리하면 스프링이 제공하는 MVC 프레임워크에 맞게 표현 영역을 구현해야 하고, Vert.x를 사용해서 REST API 서버를 구축하려면 Vert.x에 맞게 웹 요청 처리 부분을 구현해야 한다.

2.7 모듈 구성

아키텍처의 각 영역은 별도 패키지에 위치한다. 패키지 구성 규칙에 정답이 존재하는 것은 아니지만 [그림 2.21]과 같이 영역별로 모듈이 위치할 패키지를 구성할 수 있을 것이다. 여기서 com.myshop은 예시로 든 패키지이므로 알맞은 패키지로 대체하면 된다.

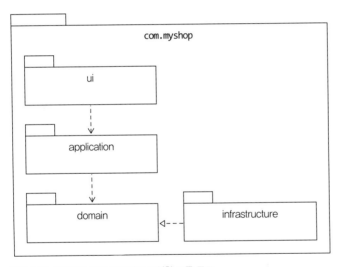

그림 2.21 영역별로 별도 패키지로 구성한 모듈 구조

도메인이 크면 [그림 2.22]와 같이 하위 도메인으로 나누고 각 하위 도메인마다 별도 패키지를 구성한다.

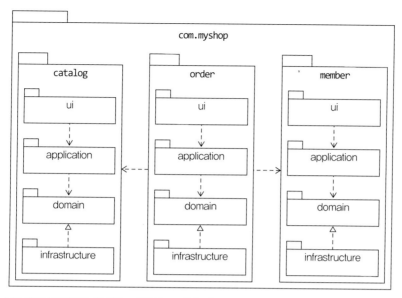

그림 2.22 도메인이 크면 하위 도메인 별로 모듈을 나눈다.

도메인 모듈은 도메인에 속한 애그리거트를 기준으로 다시 패키지를 구성한다. 예를 들어 카탈로그 하위 도메인이 상품 애그리거트와 카테고리 애그리거트로 구성될 경우 [그림 2.23]과 같이 도메인을 두 개의 하위 패키지로 구성할 수 있다.

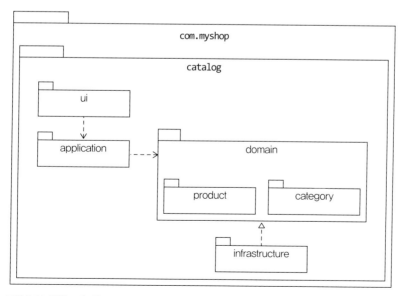

그림 2.23 하위 도메인을 하위 패키지로 구성한 모듈 구조

애그리거트, 모델, 리포지터리는 같은 패키지에 위치시킨다. 예를 들어 주문과 관련된 Order, OrderLine, Orderer, OrderRepository 등은 com.myshop.order.domain 패키지에 위치시킨다.

도메인이 복잡하면 도메인 모델과 도메인 서비스를 다음과 같이 별도 패키지에 위치시킬 수도 있다.

- com.myshop.order.domain.order: 애그리거트 위치
- com.myshop.order.domain.service: 도메인 서비스 위치

응용 서비스도 다음과 같이 도메인 별로 패키지를 구분할 수 있다.

- com.myshop.catalog.application.product
- com.myshop.catalog.application.category

모듈 구조를 얼마나 세분화해야 하는지에 대해 정해진 규칙은 없다. 한 패키지에 너무 많은 타입이 몰려서 코드를 찾을 때 불편한 정도만 아니면 된다. 개인적으로는 한 패키지에 가능하면 10~15개 미만으로 타입 개수를 유지하려고 노력한다. 이 개수가 넘어가면 패키지를 분리하는 시도를 해본다.

Chapter

3

애그리거트

- ☑ 애그리거트
- ☑ 애그리거트 루트와 역할
- ☑ 애그리거트와 리포지터리
- ☑ ID를 이용한 애그리거트 참조

온라인 쇼핑몰 시스템을 개발할 때 [그림 3.1]과 같이 상위 수준 개념을 이용해서 전체 모델을 정리하면 전반적인 관계를 이해하는 데 도움이 된다. 이 그림을 보면 주문은 회원, 상품, 결제와 관련이 있다는 것을 쉽게 파악할 수 있다.

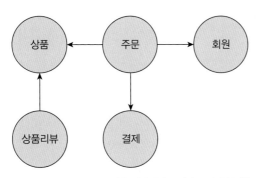

그림 3.1 상위 수준에서 모델을 정리하면 도메인 모델의 복잡한 관계를 이해하는 데 도움이 된다.

[그림 3.1]의 상위 수준 모델을 개별 객체 단위로 다시 그려보면 [그림 3.2]와 같다. [그림 3.1]과 같이 상위 모델에 대한 이해 없이 [그림 3.2]만 보고 상위 수준에서 개념을 파악하려면 더 오랜 시간이 걸린다. 더 많은 코드를 보고 도메인 전문가와 더 많은 대화를 나눠야 비로소 상위 수준에서 모델 간의 관계가 이해되기 시작한다.

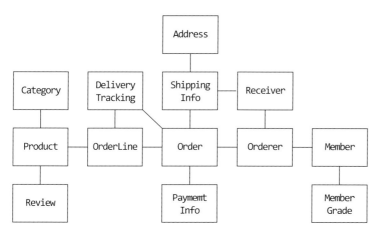

그림 3.2 개별 객체 수준에서 모델을 바라보면 상위 수준에서 관계를 파악하기 어렵다.

백 개 이상의 테이블을 한 장의 ERD^{Entity Relationship Diagram}에 모두 표시하면 개별 테이블 간의 관계를 파악하느라 큰 틀에서 데이터 구조를 이해하는 데 어려움을 겪게 되는 것처럼, 도메인 객체 모델이 복잡해지면 개별 구성요소 위주로 모델을 이해하게 되고 전반적인 구조나 큰 수준에서 도메인 간의 관계를 파악하기 어려워진다.

주요 도메인 요소 간의 관계를 파악하기 어렵다는 것은 코드를 변경하고 확장하는 것이 어려워진다는 것을 의미한다. 상위 수준에서 모델이 어떻게 엮여 있는지 알아야 전체 모델을 망가뜨리지 않으면서 추가 요구사항을 모델에 반영할 수 있는데, 세부적인 모델만 이해한 상태로는 코드를 수정하는 것이 꺼려지기 때문에 코드 변경을 최대한 회피하는 쪽으로 요구사항을 협의하게 된다. 꼼수를 부려 당장 돌아가는 코드를 추가할 수는 있지만 이런 방법은 장기적으로 코드를 더 수정하기 어렵게 만든다.

복잡한 도메인을 이해하고 관리하기 쉬운 단위로 만들려면 상위 수준에서 모델을 조망할 수 있는 방법이 필요한데, 그 방법이 바로 애그리거트다. 2장에서 설명한 것처럼 애그리거트는 관련된 객체를 하나의 군으로 묶어 준다. 수많은 객체를 애그리거트로 묶어서 바라보면 상위 수준에서 도메인 모델 간의 관계를 파악할 수 있다.

[그림 3.3]은 [그림 3.2]의 모델을 애그리거트 단위로 묶어서 다시 표현한 것이다. 동일한 모델이지만 애그리거트를 사용함으로써 모델 간의 관계를 개별 모델 수준과 상위 수준에서 모두 이해할 수 있다.

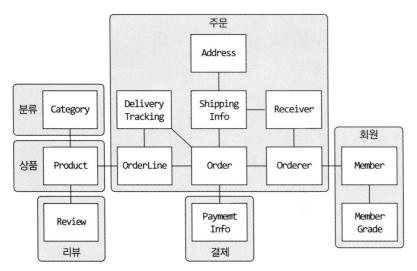

그림 3.3 애그리거트는 복잡한 모델을 관리하는 기준을 제공한다.

애그리거트는 모델을 이해하는 데 도움을 줄 뿐만 아니라 일관성을 관리하는 기준도 된다. 모델을 보다 잘 이해할 수 있고 애그리거트 단위로 일관성을 관리하기 때문에, 애그리거트는 복잡한 도메인을 단순한 구조로 만들어준다. 복잡도가 낮아지는 만큼 도메인 기능을 확장하고 변경하는 데 필요한 노력(개발 시간)도 줄어든다.

애그리거트는 관련된 모델을 하나로 모았기 때문에 한 애그리거트에 속한 객체는 유사하거나 동일한 라이프 사이클을 갖는다. 주문 애그리거트를 만들려면 Order, OrderLine, Orderer와 같은 관련 객체를 함께 생성해야 한다. Order는 생성했는데 ShippingInfo는 만들지 않거나 ShippingInfo를 생성하면서 Orderer를 생성하지 않는 경우는 없다. 도메인 규칙에 따라 최초 주문 시점에 일부 객체를 만들 필요가 없는 경우도 있지만 애그리거트에 속한 구성요소는 대부분 함께 생성하고 함께 제거한다.

[그림 3.3]에서 보는 것처럼 애그리거트는 경계를 갖는다. 한 애그리거트에 속한 객체는 다른 애그리거트에 속하지 않는다. 애그리거트는 독립된 객체 군이며 각 애그리거트는 자기 자신을 관리할 뿐 다른 애그리거트를 관리하지 않는다. 예를 들어 주문 애그리거트는 배송지를 변경하거나 주문 상품 개수를 변경하는 등 자기 자신은 관리하지만, 주문 애그리거트에서 회원의 비밀번호를 변경하거나 상품의 가격을 변경하지는 않는다.

경계를 설정할 때 기본이 되는 것은 도메인 규칙과 요구사항이다. 도메인 규칙에 따라 함께 생성되는 구성요소는 한 애그리거트에 속할 가능성이 높다. 예를 들어 주문할 상품 개수, 배송지 정보, 주문자 정보는 주문 시점에 함께 생성되므로 이들은 한 애그리거트에 속한다. 또한 OrderLine의 주문 상품 개수를 변경하면 도메인 규칙에 따라 Order의 총 주문 금액을 새로 계산해야 한다. 사용자 요구사항에 따라 주문 상품 개수와 배송지를 함께 변경하기도 한다. 이렇게 함께 변경되는 빈도가 높은 객체는 한 애그리거트에 속할 가능성이 높다.

흔히 'A가 B를 갖는다'로 설계할 수 있는 요구사항이 있다면 A와 B를 한 애그리거트로 묶어서 생각하기 쉽다. 주문의 경우 Order가 ShippingInfo와 Orderer를 가지므로 이는 어느 정도 타당해 보인다. 하지만 'A가 B를 갖는다'로 해석할 수 있는 요구사항이 있다고 하더라도 이것이 반드시 A와 B가 한 애그리거트에 속한다는 것을 의미하는 것은 아니다.

좋은 예가 상품과 리뷰다. 상품 상세 페이지에 들어가면 상품 상세 정보와 함께 리뷰 내용을 보여줘야 한다는 요구사항이 있을 때 Product 엔티티와 Review 엔티티가 한 애그리거트에 속한다고 생각할 수 있다. 하지만 Product와 Review는 함께 생성되지 않고, 함께 변경되지도 않는다. 게다가 Product를 변경하는 주체가 상품 담당자라면 Review를 생성하고 변경하는 주체는 고객이다.

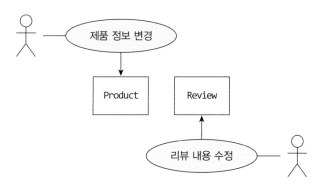

그림 3.4 Product가 Reivew를 갖는 것으로 생각할 수 있다. 하지만 상품과 리뷰는 함께 생성되거나 변경되지 않고 변경 주체도 다르기 때문에 서로 다른 애그리거트에 속한다.

Review의 변경이 Product에 영향을 주지 않고 반대로 Product의 변경이 Review에 영향을 주지 않기 때문에 이 둘은 한 애그리거트에 속하기 보다는 [그림 3.3]에 표시한 것처럼 서로 다른 애그리거트에 속한다.

처음 도메인 모델을 만들기 시작하면 큰 애그리거트로 보이는 것들이 많지만, 도메인에 대한 경험이 생기고 도메인 규칙을 제대로 이해할수록 애그리거트의 실제 크기는 줄어든다. 그동안 경험을 비추어 보면 다수의 애그리거트가 한 개의 엔티티 객체만 갖는 경우가 많았으며 두 개 이상의 엔티티로 구성되는 애그리거트는 드물었다.

3.2 애그리거트 루트

주문 애그리거트는 다음을 포함한다.

- 총 금액인 totalAmounts를 갖고 있는 Order 엔티티
- 개별 구매 상품의 개수인 quantity와 금액인 price를 갖고 있는 OrderLine 밸류

구매할 상품의 개수를 변경하면 한 OrderLine의 quantity를 변경하고 더불어 Order의 totalAmounts도 변경해야 한다. 그렇지 않으면 다음 도메인 규칙을 어기고 데이터 일관성이 깨진다.

- 주문 총 금액은 개별 상품의 주문 개수 X 가격의 합이다.

애그리거트는 여러 객체로 구성되기 때문에 한 객체만 상태가 정상이면 안 된다. 도메인 규칙을 지키려면 애그리거트에 속한 모든 객체가 정상 상태를 가져야 한다. 주문 애그리거트에서는 OrderLine을 변경하면 Order의 totalAmounts도 다시 계산해서 총 금액이 맞아야 한다.

애그리거트에 속한 모든 객체가 일관된 상태를 유지하려면 애그리거트 전체를 관리할 주체가 필요한데, 이 책임을 지는 것이 바로 애그리거트의 루트 엔티티이다. 애그리거트 루트 엔티티는 애그리거트의 대표 엔티티다. 애그리거트에 속한 객체는 애그리거트 루트 엔티티에 직접 또는 간접적으로 속하게 된다.

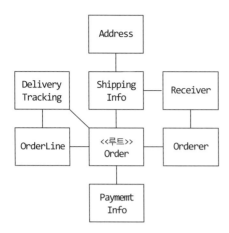

그림 3.5 주문 애그리거트의 루트는 Order이다.

주문 애그리거트에서 루트 역할을 하는 엔티티는 Order이다. OrderLine, ShippingInfo, Orderer 등 주문 애그리거트에 속한 모델은 Order에 직접 또는 간접적으로 속한다.

3.2.1 도메인 규칙과 일관성

애그리거트 루트가 단순히 애그리거트에 속한 객체를 포함하는 것으로 끝나는 것은 아니다. 애그리거트 루트의 핵심 역할은 애그리거트의 일관성이 깨지지 않도록 하는 것이다. 이를 위해 애그리거트 루트는 애그리거트가 제공해야 할 도메인 기능을 구현한다. 예를 들면 주문 애그리거트는 배송지 변경, 상품 변경과 같은 기능을 제공하고, 애그리거트 루트인 Order가 이 기능을 구현한 메서드를 제공한다.

애그리거트 루트가 제공하는 메서드는 도메인 규칙에 따라 애그리거트에 속한 객체의 일관성이 깨지지 않도록 구현해야 한다. 배송이 시작되기 전까지만 배송지 정보를 변경할 수 있다는 규칙이 있다면, 애그리거트 루트인 Order의 changeShippingInfo() 메서드는 이 규칙에 따라 배송 시작 여부를 확인하고 규칙을 충족할 때만 배송지 정보를 변경해야 한다.

```
public class Order {

    // 애그리거트 루트는 도메인 규칙을 구현한 기능을 제공한다.
    public void changeShippingInfo(ShippingInfo newShippingInfo) {
        verifyNotYetShipped();
        setShippingInfo(newShippingInfo);
    }

    private void verifyNotYetShipped() {
        if (state != OrderState.PAYMENT_WAITING && state != OrderState.PREPARING)
            throw new IllegalStateException("aleady shipped");
    }

    …
```

애그리거트 외부에서 애그리거트에 속한 객체를 직접 변경하면 안 된다. 이것은 애그리거트 루트가 강제하는 규칙을 적용할 수 없어 모델의 일관성을 깨는 원인이 된다. 다음 코드를 보자.

```
ShippingInfo si = order.getShippingInfo();
si.setAddress(newAddress);
```

이 코드는 애그리거트 루트인 Order에서 ShippingInfo를 가져와 직접 정보를 변경하고 있다. 주문 상태에 상관없이 배송지 주소를 변경하는데, 이는 업무 규칙을 무시하고 직접 DB 테이블의 데이터를 수정하는 것과 같은 결과를 만든다. 즉 논리적인 데이터 일관성이 깨지게 되는 것이다. 일관성을 지키기 위해 다음과 같이 상태 확인 로직을 응용 서비스에 구현할 수도 있다. 하지만 이렇게 되면 동일한 검사 로직을 여러 응용 서비스에서 중복으로 구현할 가능성이 높아져 유지 보수에 도움이 되지 않는다.

```
ShippingInfo si = order.getShippingInfo();

// 주요 도메인 로직이 중복되는 문제
if (state != OrderState.PAYMENT_WAITING && state != OrderState.PREPARING) {
    throw new IllegalArgumentException();
}
si.setAddress(newAddress);
```

불필요한 중복을 피하고 애그리거트 루트를 통해서만 도메인 로직을 구현하게 만들려면 도메인 모델에 대해 다음의 두 가지를 습관적으로 적용해야 한다.

- 단순히 필드를 변경하는 set 메서드를 공개(public) 범위로 만들지 않는다.
- 밸류 타입은 불변으로 구현한다.

먼저 습관적으로 작성하는 공개(public) set 메서드를 피해야 한다. 보통 공개 set 메서드는 다음과 같이 필드에 값을 할당하는 것으로 끝나는 경우가 많다. 잘해야 null을 검사하는 정도이다.

```
// 도메인 모델에서 공개 set 메서드는 가급적 피해야 한다.
public void setName(String name) {
    this.name = name;
}
```

공개 set 메서드는 도메인의 의미나 의도를 표현하지 못하고 도메인 로직을 도메인 객체가 아닌 응용 영역이나 표현 영역으로 분산시킨다. 도메인 로직이 한 곳에 응집되지 않으므로 코드를 유지 보수할 때에도 분석하고 수정하는 데 더 많은 시간이 필요하다.

도메인 모델의 엔티티나 밸류에 공개 set 메서드만 넣지 않아도 일관성이 깨질 가능성이 줄어든다. 공개 set 메서드를 사용하지 않으면 의미가 드러나는 메서드를 사용해서 구현할 가능성이 높아진다. 예를 들어 set 형식의 이름을 갖는 공개 메서드를 사용하지 않으면 자연스럽게 cancel이나 changePassword처럼 의미가 더 잘 드러나는 이름을 사용하는 빈도가 높아진다.

공개 set 메서드를 만들지 않는 것의 연장으로 밸류는 불변 타입으로 구현한다. 밸류 객체의 값을 변경할 수 없으면 애그리거트 루트에서 밸류 객체를 구해도 애그리거트 외부에서 밸류 객체의 상태를 변경할 수 없다.

```
ShippingInfo si = order.getShippingInfo();
si.setAddress(newAddress); // ShippingInfo가 불변이면, 이 코드는 컴파일 에러!
```

애그리거트 외부에서 내부 상태를 함부로 바꾸지 못하므로 애그리거트의 일관성이 깨질 가능성이 줄어든다. 밸류 객체가 불변이면 밸류 객체의 값을 변경하는 방법은 새로운 밸류 객체를 할당하는 것뿐이다. 즉 다음과 같이 애그리거트 루트가 제공하는 메서드에 새로운 밸류 객체를 전달해서 값을 변경하는 방법밖에 없다.

```
public class Order {
    private ShippingInfo shippingInfo;

    public void changeShippingInfo(ShippingInfo newShippingInfo) {
        verifyNotYetShipped();
        setShippingInfo(newShippingInfo);
    }

    // set 메서드의 접근 허용 범위는 private이다.
    private void setShippingInfo(ShippingInfo newShippingInfo) {
        // 밸류가 불변이면 새로운 객체를 할당해서 값을 변경해야 한다.
        // 불변이므로 this.shippingInfo.setAddress(newShippingInfo.getAddress())와 같은
        // 코드를 사용할 수 없다.
        this.shippingInfo = newShippingInfo;
    }
}
```

밸류 타입의 내부 상태를 변경하려면 애그리거트 루트를 통해서만 가능하다. 그러므로 애그리거트 루트가 도메인 규칙을 올바르게만 구현하면 애그리거트 전체의 일관성을 올바르게 유지할 수 있다.

3.2.2 애그리거트 루트의 기능 구현

애그리거트 루트는 애그리거트 내부의 다른 객체를 조합해서 기능을 완성한다. 예를 들어 Order는 총 주문 금액을 구하기 위해 OrderLine 목록을 사용한다.

```
public class Order {
    private Money totalAmounts;
    private List<OrderLine> orderLines;

    private void calculateTotalAmounts() {
        int sum = orderLines.stream()
                .mapToInt(ol -> ol.getPrice() * ol.getQuantity())
```

```
            .sum();
        this.totalAmounts = new Money(sum);
    }
```

또 다른 예로 회원을 표현하는 Member 애그리거트 루트는 암호를 변경하기 위해 Password 객체에 암호가 일치하는지를 확인할 것이다.

```
public class Member {
    private Password password;

    public void changePassword(String currentPassword, String newPassword) {
        if (!password.match(currentPassword)) {
            throw new PasswordNotMatchException();
        }
        this.password = new Password(newPassword);
    }
```

애그리거트 루트가 구성요소의 상태만 참조하는 것은 아니다. 기능 실행을 위임하기도 한다. 예를 들어 구현 기술의 제약이나 내부 모델링 규칙 때문에 OrderLine 목록을 별도 클래스로 분리했다고 해보자.

```
public class OrderLines {
    private List<OrderLine> lines;

    public Money getTotalAmounts() { ...구현; }
    public void changeOrderLines(List<OrderLine> newLines) {
        this.lines = newLines;
    }
}
```

이 경우 Order의 changeOrderLines() 메서드는 다음과 같이 내부의 orderLines 필드에 상태 변경을 위임하는 방식으로 기능을 구현한다.

```
public class Order {
    private OrderLines orderLines;

    public void changeOrderLines(List<OrderLine> newLines) {
        orderLines.changeOrderLines(newLines);
        this.totalAmounts = orderLines.getTotalAmounts();
    }
}
```

OrderLines는 changeOrderLines()와 getTotalAmounts() 같은 기능을 제공하고 있다. 만약 Order가 getOrderLines()와 같이 OrderLines를 구할 수 있는 메서드를 제공하면 애그리거트 외부에서 OrderLines의 기능을 실행할 수 있게 된다.

```
OrderLines lines = order.getOrderLines();

// 외부에서 애그리거트 내부 상태 변경!
// order의 totalAmounts가 값이 OrderLines가 일치하지 않게 됨
lines.changeOrderLines(newOrderLines);
```

이 코드는 주문의 OrderLine 목록이 바뀌는데 총합은 계산하지 않는 버그를 만든다. 이런 버그가 생기지 않도록 하려면 애초에 애그리거트 외부에서 OrderLine 목록을 변경할 수 없도록 OrderLines를 불변으로 구현하면 된다.

팀 표준이나 구현 기술의 제약으로 OrderLines를 불변으로 구현할 수 없다면 OrderLines의 변경 기능을 패키지나 protected 범위로 한정해서 외부에서 실행할 수 없도록 제한하는 방법도 있다. 보통 한 애그리거트에 속하는 모델은 한 패키지에 속하기 때문에 패키지나 protected 범위를 사용하면 애그리거트 외부에서 상태 변경 기능을 실행하는 것을 방지할 수 있다.

3.2.3 트랜잭션 범위

트랜잭션 범위는 작을수록 좋다. 한 트랜잭션이 한 개 테이블을 수정하는 것과 세 개의 테이블을 수정하는 것을 비교하면 성능에서 차이가 발생한다. 한 개 테이블을 수정하면 트랜잭션 충돌을 막기 위해 잠그는 대상이 한 개 테이블의 한 행으로 한정되지만, 세 개의 테이블을 수정하

면 잠금 대상이 더 많아진다. 잠금 대상이 많아진다는 것은 그만큼 동시에 처리할 수 있는 트랜 잭션 개수가 줄어든다는 것을 의미하고 이것은 전체적인 성능(처리량)을 떨어뜨린다.

동일하게 한 트랜잭션에서는 한 개의 애그리거트만 수정해야 한다. 한 트랜잭션에서 두 개 이 상의 애그리거트를 수정하면 트랜잭션 충돌이 발생할 가능성이 더 높아지기 때문에 한 번에 수 정하는 애그리거트 개수가 많아질수록 전체 처리량이 떨어지게 된다.

한 트랜잭션에서 한 애그리거트만 수정한다는 것은 애그리거트에서 다른 애그리거트를 변경하 지 않는다는 것을 의미한다. 한 애그리거트에서 다른 애그리거트를 수정하면 결과적으로 두 개 의 애그리거트를 한 트랜잭션에서 수정하게 되므로, 애그리거트 내부에서 다른 애그리거트의 상태를 변경하는 기능을 실행하면 안 된다. 예를 들어 배송지 정보를 변경하면서 동시에 배송 지 정보를 회원의 주소로 설정하는 기능이 있다고 해보자. 이때 주문 애그리거트는 다음과 같 이 회원 애그리거트의 정보를 변경하면 안 된다.

```java
public class Order {
    private Orderer orderer;

    public void shipTo(ShippingInfo newShippingInfo,
            boolean useNewShippingAddrAsMemberAddr) {
        verifyNotYetShipped();
        setShippingInfo(newShippingInfo);
        if (useNewShippingAddrAsMemberAddr) {
            // 다른 애그리거트의 상태를 변경하면 안 됨!
            orderer.getMember().changeAddress(newShippingInfo.getAddress());
        }
    }
    ...
```

이것은 애그리거트가 자신의 책임 범위를 넘어 다른 애그리거트의 상태까지 관리하는 꼴이 된 다. 애그리거트는 최대한 서로 독립적이어야 하는데 한 애그리거트가 다른 애그리거트의 기능 에 의존하기 시작하면 애그리거트 간 결합도가 높아진다. 결합도가 높아지면 높아질수록 향후 수정 비용이 증가하므로 애그리거트에서 다른 애그리거트의 상태를 변경하지 말아야 한다.

만약 부득이하게 한 트랜잭션으로 두 개 이상의 애그리거트를 수정해야 한다면 애그리거트에 서 다른 애그리거트를 직접 수정하지 말고 응용 서비스에서 두 애그리거트를 수정하도록 구현 한다.

```
public class ChangeOrderService {
    // 두 개 이상의 애그리거트를 변경해야 하면,
    // 응용 서비스에서 각 애그리거트의 상태를 변경한다.
    @Transactional
    public void changeShippingInfo(OrderId id, ShippingInfo newShippingInfo,
            boolean useNewShippingAddrAsMemberAddr) {
        Order order = orderRepository.findbyId(id);
        if (order == null) throw new OrderNotFoundException();
        order.shipTo(newShippingInfo);
        if (useNewShippingAsMemberAddr) {
            Member member = findMember(order.getOrderer());
            member.changeAddress(newShippingInfo.getAddress());
        }
    }
}
...
```

도메인 이벤트를 사용하면 한 트랜잭션에서 한 개의 애그리거트를 수정하면서도 동기나 비동기로 다른 애그리거트의 상태를 변경하는 코드를 작성할 수 있다. 이에 대한 내용은 10장에서 살펴보도록 하자.

한 트랜잭션에서 한 개의 애그리거트를 변경하는 것을 권장하지만, 다음 경우에는 한 트랜잭션에서 두 개 이상의 애그리거트를 변경하는 것을 고려할 수 있다.

- 팀 표준: 팀이나 조직의 표준에 따라 사용자 유스케이스와 관련된 응용 서비스의 기능을 한 트랜잭션으로 실행해야 하는 경우가 있다.
- 기술 제약: 기술적으로 이벤트 방식을 도입할 수 없는 경우 한 트랜잭션에서 다수의 애그리거트를 수정해서 일관성을 처리해야 한다.
- UI 구현의 편리: 운영자의 편리함을 위해 주문 목록 화면에서 여러 주문의 상태를 한 번에 변경하고 싶을 것이다. 이 경우 한 트랜잭션에서 여러 주문 애그리거트의 상태를 변경해야 한다.

3.3 리포지터리와 애그리거트

애그리거트는 개념상 완전한 한 개의 도메인 모델을 표현하므로 객체의 영속성을 처리하는 리포지터리는 애그리거트 단위로 존재한다. Order와 OrderLine을 물리적으로 각각 별도의 DB 테이블에 저장한다고 해서 Order와 OrderLine을 위한 리포지터리를 각각 만들지 않는다. Order가 애그리거트 루트고 OrderLine은 애그리거트에 속하는 구성요소이므로 Order를 위한 리포지터리만 존재한다.

새로운 애그리거트를 만들면 저장소에 애그리거트를 영속화하고 애그리거트를 사용하려면 저장소에서 애그리거트를 읽어야 하므로, 리포지터리는 보통 다음의 두 메서드를 기본으로 제공한다.

- save: 애그리거트 저장
- findById: ID로 애그리거트를 구함

이 두 메서드 외에 필요에 따라 다양한 조건으로 애그리거트를 검색하는 메서드나 애그리거트를 삭제하는 메서드를 추가할 수 있다.

어떤 기술을 이용해서 리포지터리를 구현하느냐에 따라 애그리거트의 구현도 영향을 받는다. ORM 기술 중 하나인 JPA를 사용하면 데이터베이스 관계형 모델에 객체 도메인 모델을 맞춰야 할 때도 있다. 특히 레거시 DB를 사용하거나 팀 내 DB 설계 표준을 따라야 한다면 DB 테이블 구조에 맞게 모델을 변경해야 한다. 이 경우 밸류 타입인 도메인 모델을 @Component(JPA에서 밸류 타입을 매핑할 때 사용하는)가 아닌 @Entity(엔티티를 매핑할 때 사용하는)를 이용해야 할 수도 있다.

애그리거트는 개념적으로 하나이므로 리포지터리는 애그리거트 전체를 저장소에 영속화해야 한다. 예를 들어 Order 애그리거트와 관련된 테이블이 세 개라면 Order 애그리거트를 저장할 때 애그리거트 루트와 매핑되는 테이블뿐만 아니라 애그리거트에 속한 모든 구성요소에 매핑된 테이블에 데이터를 저장해야 한다.

```
// 리포지터리에 애그리거트를 저장하면 애그리거트 전체를 영속화해야 한다.
orderRepository.save(order);
```

동일하게 애그리거트를 구하는 리포지터리 메서드는 완전한 애그리거트를 제공해야 한다. 즉 다음 코드를 실행하면 order 애그리거트는 OrderLine, Orderer 등 모든 구성요소를 포함하고 있어야 한다.

```
// 리포지터리는 완전한 order를 제공해야 한다.
Order order = orderRepository.findById(orderId);

// order가 온전한 애그리거트가 아니면
// 기능 실행 도중 NullPointerException과 같은 문제가 발생한다.
order.cancel();
```

리포지터리가 완전한 애그리거트를 제공하지 않으면 필드나 값이 올바르지 않아 애그리거트의 기능을 실행하는 도중에 NullPointerException과 같은 문제가 발생할 수 있다.

저장소로 마리아DB^{MariaDB}나 오라클^{Oracle}과 같은 RDBMS뿐만 아니라 몽고DB^{MongoDB}와 같은 NoSQL도 함께 사용하는 곳이 증가하고 있다. 애그리거트를 영속화할 저장소로 무엇을 사용하든지 간에 애그리거트의 상태가 변경되면 모든 변경을 원자적으로 저장소에 반영해야 한다. 애그리거트에서 두 개의 객체를 변경했는데 저장소에는 한 객체에 대한 변경만 반영되면 데이터 일관성이 깨지므로 문제가 된다.

RDBMS를 이용해서 리포지터리를 구현하면 트랜잭션을 이용해서 애그리거트의 변경이 저장소에 반영되는 것을 보장할 수 있다. 몽고DB를 사용하면 한 개 애그리거트를 한 개 문서에 저장함으로써 한 애그리거트의 변경을 손실 없이 저장소에 반영할 수 있다.

이 책에서는 4장에서 RDBMS와 JPA를 이용해서 리포지터리를 구현하는 방법을 살펴볼 것이다.

3.4 ID를 이용한 애그리거트 참조

한 객체가 다른 객체를 참조하는 것처럼 애그리거트도 다른 애그리거트를 참조한다. 애그리거트 관리 주체는 애그리거트 루트이므로 애그리거트에서 다른 애그리거트를 참조한다는 것은 다른 애그리거트의 루트를 참조한다는 것과 같다.

애그리거트 간의 참조는 필드를 통해 쉽게 구현할 수 있다. 예를 들어 주문 애그리거트에 속해 있는 Orderer는 [그림 3.6]처럼 주문한 회원을 참조하기 위해 회원 애그리거트 루트인 Member를 필드로 참조할 수 있다.

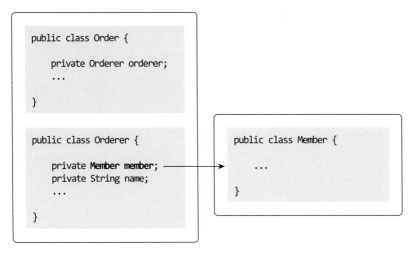

그림 3.6 애그리거트 루트에 대한 참조

필드를 이용해서 다른 애그리거트를 직접 참조하는 것은 개발자에게 구현의 편리함을 제공한다. 예를 들어 주문 정보 조회 화면에서 회원 ID를 이용해 링크를 제공해야 할 경우 다음과 같이 Order로부터 시작해서 회원 ID를 구할 수 있다.

```
order.getOrderer().getMember().getId()
```

JPA는 @ManyToOne, @OneToOne과 같은 애너테이션을 이용해서 연관된 객체를 로딩하는 기능을 제공하고 있으므로 필드를 이용해 다른 애그리거트를 쉽게 참조할 수 있다.

ORM 기술 덕에 애그리거트 루트에 대한 참조를 쉽게 구현할 수 있고 필드(또는 get 메서드)를 이용한 애그리거트 참조를 사용하면 다른 애그리거트의 데이터를 쉽게 조회할 수 있다. 하지만 필드를 이용한 애그리거트 참조는 다음 문제를 야기할 수 있다.

- 편한 탐색 오용
- 성능에 대한 고민
- 확장 어려움

애그리거트를 직접 참조할 때 발생할 수 있는 가장 큰 문제는 편리함을 오용할 수 있다는 것이다. 한 애그리거트 내부에서 다른 애그리거트 객체에 접근할 수 있으면 다른 애그리거트의 상태를 쉽게 변경할 수 있게 된다. 트랜잭션 범위에서 언급한 것처럼 한 애그리거트가 관리하는 범위는 자기 자신으로 한정해야 한다. 그런데 애그리거트 내부에서 다른 애그리거트 객체에 접근할 수 있으면 다음 코드처럼 구현의 편리함 때문에 다른 애그리거트를 수정하고자 하는 유혹에 빠지기 쉽다.

```
public class Order {
    private Orderer orderer;

    public void changeShippingInfo(ShippingInfo newShippingInfo,
            boolean useNewShippingAddrAsMemberAddr) {
        ...
        if (useNewShippingAddrAsMemberAddr) {
            // 한 애그리거트 내부에서 다른 애그리거트에 접근할 수 있으면,
            // 구현이 쉬워진다는 것 때문에 다른 애그리거트의 상태를 변경하는
            // 유혹에 빠지기 쉽다.
```

```
            orderer.getMember().changeAddress(newShippingInfo.getAddress());
        }
    }
    ...
```

한 애그리거트에서 다른 애그리거트의 상태를 변경하는 것은 애그리거트 간의 의존 결합도를 높여서 결과적으로 애그리거트의 변경을 어렵게 만든다.

두 번째 문제는 애그리거트를 직접 참조하면 성능과 관련된 여러 가지 고민을 해야 한다는 것이다. JPA를 사용하면 참조한 객체를 지연(lazy) 로딩과 즉시(eager) 로딩의 두 가지 방식으로 로딩할 수 있다. 두 로딩 방식 중 무엇을 사용할지는 애그리거트의 어떤 기능을 사용하느냐에 따라 달라진다. 단순히 연관된 객체의 데이터를 함께 화면에 보여줘야 하면 즉시 로딩이 조회 성능에 유리하지만 애그리거트의 상태를 변경하는 기능을 실행하는 경우에는 불필요한 객체를 함께 로딩할 필요가 없으므로 지연 로딩이 유리할 수 있다. 이런 다양한 경우의 수를 고려해서 연관 매핑과 JPQL/Criteria 쿼리의 로딩 전략을 결정해야 한다.

세 번째 문제는 확장이다. 초기에는 단일 서버에 단일 DBMS로 서비스를 제공하는 것이 가능하다. 문제는 사용자가 몰리기 시작하면서 발생한다. 사용자가 늘고 트래픽이 증가하면 자연스럽게 부하를 분산하기 위해 하위 도메인별로 시스템을 분리하기 시작한다. 이 과정에서 하위 도메인마다 서로 다른 DBMS를 사용할 때도 있다. 심지어 하위 도메인마다 다른 종류의 데이터 저장소를 사용하기도 한다. 한 하위 도메인은 마리아DB를 사용하고 다른 하위 도메인은 몽고DB를 사용하는 식으로 말이다. 이것은 더 이상 다른 애그리거트 루트를 참조하기 위해 JPA와 같은 단일 기술을 사용할 수 없음을 의미한다.

이런 세 가지 문제를 완화할 때 사용할 수 있는 것이 ID를 이용해서 다른 애그리거트를 참조하는 것이다. DB 테이블에서 외래키로 참조하는 것과 비슷하게 ID를 이용한 참조는 다른 애그리거트를 참조할 때 ID를 사용한다.

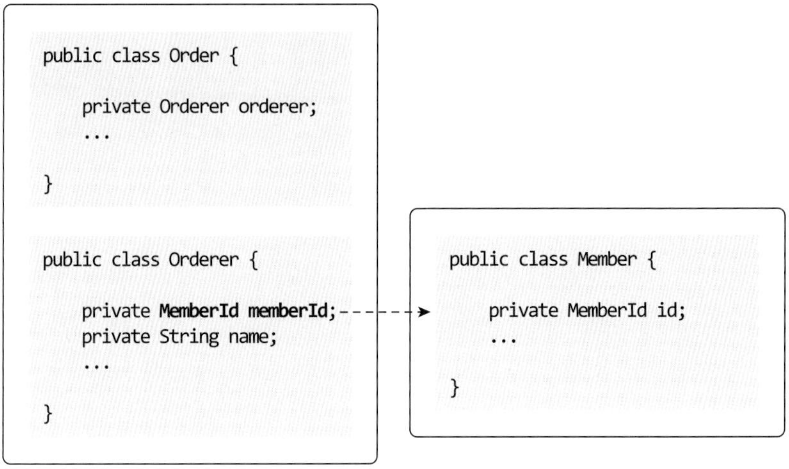

그림 3.7 ID를 이용한 간접 참조

ID 참조를 사용하면 모든 객체가 참조로 연결되지 않고 한 애그리거트에 속한 객체들만 참조로 연결된다. 이는 애그리거트의 경계를 명확히 하고 애그리거트 간 물리적인 연결을 제거하기 때문에 모델의 복잡도를 낮춰준다. 또한 애그리거트 간의 의존을 제거하므로 응집도를 높여주는 효과도 있다.

구현 복잡도도 낮아진다. 다른 애그리거트를 직접 참조하지 않으므로 애그리거트 간 참조를 지연 로딩으로 할지 즉시 로딩으로 할지 고민하지 않아도 된다. 참조하는 애그리거트가 필요하면 응용 서비스에서 ID를 이용해서 로딩하면 된다.

```
public class ChangeOrderService {

    @Transactional
    public void changeShippingInfo(OrderId id, ShippingInfo newShippingInfo,
            boolean useNewShippingAddrAsMemberAddr) {
        Order order = orderRepository.findbyId(id);
        if (order == null) throw new OrderNotFoundException();
        order.changeShippingInfo(newShippingInfo);
        if (useNewShippingAsMemberAddr) {
            // ID를 이용해서 참조하는 애그리거트를 구한다.
            Member member = memberRepository.findById(
                    order.getOrderer().getMemberId());
```

```
        member.changeAddress(newShippingInfo.getAddress());
    }
}
...
```

응용 서비스에서 필요한 애그리거트를 로딩하므로 애그리거트 수준에서 지연 로딩을 하는 것
과 동일한 결과를 만든다.

ID를 이용한 참조 방식을 사용하면 복잡도를 낮추는 것과 함께 한 애그리거트에서 다른 애그
리거트를 수정하는 문제를 근원적으로 방지할 수 있다. 외부 애그리거트를 직접 참조하지 않기
때문에 애초에 한 애그리거트에서 다른 애그리거트의 상태를 변경할 수 없는 것이다.

애그리거트별로 다른 구현 기술을 사용하는 것도 가능해진다. 중요한 데이터인 주문 애그리거
트는 RDBMS에 저장하고 조회 성능이 중요한 상품 애그리거트는 NoSQL에 저장할 수 있다.
또한 각 도메인을 별도 프로세스로 서비스하도록 구현할 수도 있다.

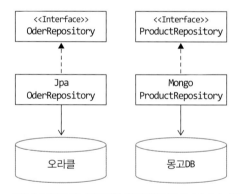

그림 3.8 ID로 애그리거트를 참조하면 리포지터리마다 다른 저장소를 사용하도록 구현할 때 확장이 용이하다.

3.4.1 ID를 이용한 참조와 조회 성능

다른 애그리거트를 ID로 참조하면 참조하는 여러 애그리거트를 읽을 때 조회 속도가 문제 될
수 있다. 예를 들어 주문 목록을 보여주려면 상품 애그리거트와 회원 애그리거트를 함께 읽어
야 하는데, 이를 처리할 때 다음과 같이 각 주문마다 상품과 회원 애그리거트를 읽어온다고 해

보자. 한 DBMS에 데이터가 있다면 조인을 이용해서 한 번에 모든 데이터를 가져올 수 있음에도 불구하고 주문마다 상품 정보를 읽어오는 쿼리를 실행하게 된다.

```
Member member = memberRepository.findById(ordererId)
List<Order> orders = orderRepository.findByOrderer(ordererId);
List<OrderView> dtos = orders.stream()
        .map(order -> {
            ProductId prodId = order.getOrderLines().get(0).getProductId();
            // 각 주문마다 첫 번째 주문 상품 정보 로딩 위한 쿼리 실행
            Product product = productRepository.findById(prodId);
            return new OrderView(order, member, product);
        } ).collect(toList());
```

위 코드는 주문 개수가 10개면 주문을 읽어오기 위한 1번의 쿼리와 주문별로 각 상품을 읽어오기 위한 10번의 쿼리를 실행한다. '조회 대상이 N개일 때 N개를 읽어오는 한 번의 쿼리와 연관된 데이터를 읽어오는 쿼리를 N번 실행한다'해서 이를 N+1 조회 문제라고 부른다. ID를 이용한 애그리거트 참조는 지연 로딩과 같은 효과를 만드는 데 지연 로딩과 관련된 대표적인 문제가 N+1 조회 문제이다.

N+1 조회 문제는 더 많은 쿼리를 실행하기 때문에 전체 조회 속도가 느려지는 원인이 된다. 이 문제가 발생하지 않도록 하려면 조인을 사용해야 한다. 조인을 사용하는 가장 쉬운 방법은 ID 참조 방식을 객체 참조 방식으로 바꾸고 즉시 로딩을 사용하도록 매핑 설정을 바꾸는 것이다. 하지만 이 방식은 애그리거트 간 참조를 ID 참조 방식에서 객체 참조 방식으로 다시 되돌리는 것이다.

ID 참조 방식을 사용하면서 N+1 조회와 같은 문제가 발생하지 않도록 하려면 조회 전용 쿼리를 사용하면 된다. 예를 들어 데이터 조회를 위한 별도 DAO를 만들고 DAO의 조회 메서드에서 조인을 이용해 한 번의 쿼리로 필요한 데이터를 로딩하면 된다.

```
@Repository
public class JpaOrderViewDao implements OrderViewDao {
    @PersistenceContext
    private EntityManager em;

    @Override
```

```
public List<OrderView> selectByOrderer(String ordererId) {
    String selectQuery =
            "select new com.myshop.order.application.dto.OrderView(o, m, p) "+
            "from Order o join o.orderLines ol, Member m, Product p " +
            "where o.orderer.memberId.id = :ordererId "+
            "and o.orderer.memberId = m.id "+
            "and index(ol) = 0 " +
            "and ol.productId = p.id "+
            "order by o.number.number desc";
    TypedQuery<OrderView> query =
            em.createQuery(selectQuery, OrderView.class);
    query.setParameter("ordererId", ordererId);
    return query.getResultList();
}
}
```

위 코드는 JPA를 이용해서 특정 사용자의 주문 내역을 보여주기 위한 코드이다. 이 코드는 JPQL을 사용하는데, 이 JPQL은 Order 애그리거트와 Member 애그리거트 그리고 Product 애그리거트를 조인으로 조회하여 한 번의 쿼리로 로딩한다. 즉시 로딩이나 지연 로딩과 같은 로딩 전략을 고민할 필요 없이 조회 화면에서 필요한 애그리거트 데이터를 한 번의 쿼리로 로딩할 수 있다. 쿼리가 복잡하거나 SQL에 특화된 기능을 사용해야 한다면 조회를 위한 부분만 마이바티스와 같은 기술을 이용해서 구현할 수도 있다.

> **잠깐** 처음 JPA를 사용하면 각 객체 간 모든 연관을 지연 로딩과 즉시 로딩으로 어떻게든 처리하고 싶은 욕구에 사로잡힌다. 하지만 이것은 실용적이지 않다. 앞의 코드에서 본 것처럼 ID를 이용해 애그리거트를 참조해도 한 번의 쿼리로 필요한 데이터를 로딩하는 것이 가능하다.

애그리거트마다 서로 다른 저장소를 사용하면 한 번의 쿼리로 관련 애그리거트를 조회할 수 없다. 이때는 조회 성능을 높이기 위해 캐시를 적용하거나 조회 전용 저장소를 따로 구성한다. 이 방법은 코드가 복잡해지는 단점이 있지만 시스템의 처리량을 높일 수 있다는 장점이 있다. 특히 한 대의 DB 장비로 대응할 수 없는 수준의 트래픽이 발생하는 경우 캐시나 조회 전용 저장소는 필수로 선택해야 하는 기법이다.

JPA에서 조회 전용 쿼리를 실행하는 방법은 5장에서 설명한다. 11장에서는 CQRS에 대해 다루는데 이 장에서는 명령 모델과 조회 전용 모델을 분리해서 구현하는 패턴에 대해 살펴본다.

이 절에서는 애그리거트 간 1-N과 M-N 연관에 대해 살펴보자. 이 두 연관은 컬렉션Collection 을 이용한 연관이다. 카테고리와 상품 간의 연관이 대표적이다. 카테고리 입장에서 한 카테고리에 한 개 이상의 상품이 속할 수 있으니 카테고리와 상품은 1-N 관계이다. 한 상품이 한 카테고리에만 속할 수 있다면 상품과 카테고리 관계는 N-1 관계이다.

애그리거트 간 1-N 관계는 Set과 같은 컬렉션을 이용해서 표현할 수 있다. 예를 들어 다음 코드처럼 Category가 연관된 Product를 값으로 갖는 컬렉션을 필드로 정의할 수 있다.

```
public class Category {

    private Set<Product> products; // 다른 애그리거트에 대한 1-N 연관

    ...
```

그런데 개념적으로 존재하는 애그리거트 간의 1-N 연관을 실제 구현에 반영하는 것이 요구사항을 충족하는 것과는 상관없을 때가 있다. 특정 카테고리에 속한 상품 목록을 보여주는 요구사항을 생각해 보자. 보통 목록 관련 요구사항은 한 번에 전체 상품을 보여주기보다는 페이징을 이용해 제품을 나눠서 보여준다. 이 기능을 카테고리 입장에서 1-N 연관을 이용해 구현하면 다음과 같은 방식으로 코드를 작성해야 한다.

```
public class Category {
    private Set<Product> products;

    public List<Product> getProducts(int page, int size) {
```

```
    List<Product> sortedProducts = sortById(products);
    return sortedProducts.subList((page - 1) * size, page * size);
  }
  ...
```

이 코드를 실제 DBMS와 연동해서 구현하면 Category에 속한 모든 Product를 조회하게 된다. Product 개수가 수만 개 정도로 많다면 이 코드를 실행할 때마다 실행 속도가 급격히 느려져 성능에 심각한 문제를 일으킬 것이다. 개념적으로는 애그리거트 간에 1-N 연관이 있더라도 이런 성능 문제 때문에 애그리거트 간의 1-N 연관을 실제 구현에 반영하지 않는다.

카테고리에 속한 상품을 구할 필요가 있다면 상품 입장에서 자신이 속한 카테고리를 N-1로 연관 지어 구하면 된다. 이를 구현 모델에 반영하면 Product에 다음과 같이 Category로의 연관을 추가하고 그 연관을 이용해서 특정 Category에 속한 Product 목록을 구하면 된다.

```
public class Product {
  ...
  private CategoryId categoryId;
  ...
}
```

카테고리에 속한 상품 목록을 제공하는 응용 서비스는 다음과 같이 ProductRepository를 이용해서 categoryId가 지정한 카테고리 식별자인 Product 목록을 구한다.

```
public class ProductListService {

  public Page<Product> getProductOfCategory(Long categoryId, int page, int size) {
    Category category = categoryRepository.findById(categoryId);
    checkCategory(category);
    List<Product> products =
        productRepository.findByCategoryId(category.getId(), page, size);
    int totalCount = productRepository.countsByCategoryId(category.getId());
    return new Page(page, size, totalCount, products);
  }
  ...
```

M-N 연관은 개념적으로 양쪽 애그리거트에 컬렉션으로 연관을 만든다. 상품이 여러 카테고리에 속할 수 있다고 가정하면 카테고리와 상품은 M-N 연관을 맺는다. 앞서 1-N 연관처럼 M-N 연관도 실제 요구사항을 고려하여 M-N 연관을 구현에 포함시킬지를 결정해야 한다.

보통 특정 카테고리에 속한 상품 목록을 보여줄 때 목록 화면에서 각 상품이 속한 모든 카테고리를 상품 정보에 표시하지는 않는다. 제품이 속한 모든 카테고리가 필요한 화면은 상품 상세 화면이다. 이러한 요구사항을 고려할 때 카테고리에서 상품으로의 집합 연관은 필요하지 않다. 다음과 같이 상품에서 카테고리로의 집합 연관만 존재하면 된다. 즉 개념적으로는 상품과 카테고리의 양방향 M-N 연관이 존재하지만 실제 구현에서는 상품에서 카테고리로의 단방향 M-N 연관만 적용하면 되는 것이다.

```
public class Product {

    private Set<CategoryId> categoryIds;
    …
```

RDBMS를 이용해서 M-N 연관을 구현하려면 조인 테이블을 사용한다. 상품과 카테고리의 M-N 연관은 [그림 3.9]와 같이 연관을 위한 조인 테이블을 이용해서 구현한다.

그림 3.9 조인 테이블을 이용한 M-N 연관 매핑

JPA를 이용하면 다음과 같은 매핑 설정을 사용해서 ID 참조를 이용한 M-N 단방향 연관을 구현할 수 있다.

```
@Entity
@Table(name = "product")
public class Product {
    @EmbeddedId
    private ProductId id;
```

```
@ElementCollection
@CollectionTable(name = "product_category",
        joinColumns = @JoinColumn(name = "product_id"))
private Set<CategoryId> categoryIds;
...
```

이 매핑은 카테고리 ID 목록을 보관하기 위해 밸류 타입에 대한 컬렉션 매핑을 이용했다. 이 매핑을 사용하면 다음과 같이 JPQL의 member of 연산자를 이용해서 특정 Category에 속한 Product 목록을 구하는 기능을 구현할 수 있다.

```
@Repository
public class JpaProductRepository implements ProductRepository {
    @PersistenceContext
    private EntityManager entityManager;

    @Override
    public List<Product> findByCategoryId(CategoryId catId, int page, int size) {
        TypedQuery<Product> query = entityManager.createQuery(
                "select p from Product p "+
                "where :catId member of p.categoryIds order by p.id.id desc",
                Product.class);
        query.setParameter("catId", catId);
        query.setFirstResult((page - 1) * size);
        query.setMaxResults(size);
        return query.getResultList();
    }
    ...
```

이 코드에서 ':catId member of p.categoryIds'는 categoryIds 컬렉션에 catId로 지정한 값이 존재하는지를 검사하기 위한 검색 조건이다. 응용 서비스는 이 기능을 사용해서 지정한 카테고리에 속한 Product 목록을 구할 수 있다.

JPA를 이용한 모델 매핑에 대한 내용과 컬렉션을 사용할 때의 성능 관련 문제에 대한 내용은 이어지는 4장에서 더 자세히 살펴볼 것이다.

> **잠깐** 다시 한번 말하지만 목록이나 상세 화면과 같은 조회 기능은 조회 전용 모델을 이용해서 구현하는 것이 좋다. 이에 대한 내용은 11장에서 살펴본다.

3.6 애그리거트를 팩토리로 사용하기

고객이 특정 상점을 여러 차례 신고해서 해당 상점이 더 이상 물건을 등록하지 못하도록 차단한 상태라고 해보자. 상품 등록 기능을 구현한 응용 서비스는 다음과 같이 상점 계정이 차단 상태가 아닌 경우에만 상품을 생성하도록 구현할 수 있을 것이다.

```java
public class RegisterProductService {

    public ProductId registerNewProduct(NewProductRequest req) {
        Store store = storeRepository.findById(req.getStoreId());
        checkNull(store);
        if (store.isBlocked()) {
            throw new StoreBlockedException();
        }
        ProductId id = productRepository.nextId()
        Product product = new Product(id, store.getId(), ...생략.);
        productRepository.save(product);
        return id;
    }
    ...
}
```

이 코드는 Product를 생성 가능한지 판단하는 코드와 Product를 생성하는 코드가 분리되어 있다. 코드가 나빠 보이지는 않지만 중요한 도메인 로직 처리가 응용 서비스에 노출되었다. Store가 Product를 생성할 수 있는지를 판단하고 Product를 생성하는 것은 논리적으로 하나의 도메인 기능인데 이 도메인 기능을 응용 서비스에서 구현하고 있는 것이다.

이 도메인 기능을 넣기 위한 별도의 도메인 서비스나 팩토리 클래스를 만들 수도 있지만 이 기능을 Store 애그리거트에 구현할 수도 있다. Product를 생성하는 기능을 Store 애그리거트에 다음과 같이 옮겨보자.

```
public class Store {

    public Product createProduct(ProductId newProductId, ...생략) {
        if (isBlocked()) throw new StoreBlockedException();
        return new Product(newProductId, getId(), ...생략);
    }
}
```

Store 애그리거트의 createProduct()는 Product 애그리거트를 생성하는 팩토리 역할을 한다. 팩토리 역할을 하면서도 중요한 도메인 로직을 구현하고 있다. 팩토리 기능을 구현했으므로 이제 응용 서비스는 팩토리 기능을 이용해서 Product를 생성하면 된다.

```
public class RegisterProductService {

    public ProductId registerNewProduct(NewProductRequest req) {
        Store store = storeRepository.findById(req.getStoreId());
        checkNull(store);
        ProductId id = productRepository.nextId()
        Product product = store.createProduct(id, ...생략);
        productRepository.save(product);
        return id;
    }
    ...
}
```

앞선 코드와 차이점이라면 응용 서비스에서 더 이상 Store의 상태를 확인하지 않는다는 것이다. Store가 Product를 생성할 수 있는지를 확인하는 도메인 로직은 Store에서 구현하고 있다. 이제 Product 생성 가능 여부를 확인하는 도메인 로직을 변경해도 도메인 영역의 Store만 변경하면 되고 응용 서비스는 영향을 받지 않는다. 도메인의 응집도도 높아졌다. 이것이 바로 애그리거트를 팩토리로 사용할 때 얻을 수 있는 장점이다.

애그리거트가 갖고 있는 데이터를 이용해서 다른 애그리거트를 생성해야 한다면 애그리거트에 팩토리 메서드를 구현하는 것을 고려해 보자. Product의 경우 제품을 생성한 Store의 식별자를 필요로 한다. 즉 Store의 데이터를 이용해서 Product를 생성한다. 게다가 Product를 생성할 수 있는 조건을 판단할 때 Store의 상태를 이용한다. 따라서 Store에 Product를 생성하는 팩토리 메서드를 추가하면 Product를 생성할 때 필요한 데이터의 일부를 직접 제공하면서 동시에 중요한 도메인 로직을 함께 구현할 수 있게 된다.

Store 애그리거트가 Product 애그리거트를 생성할 때 많은 정보를 알아야 한다면 Store 애그리거트에서 Product 애그리거트를 직접 생성하지 않고 다른 팩토리에 위임하는 방법도 있다.

```
public class Store {

    public Product createProduct(ProductId newProductId, ProductInfo pi) {
        if (isBlocked()) throw new StoreBlockedException();
        return ProductFactory.create(newProductId, getId(), pi);
    }
}
```

다른 팩토리에 위임하더라도 차단 상태의 상점은 상품을 만들 수 없다는 도메인 로직은 한곳에 계속 위치한다.

4

리포지터리와
모델 구현

- ☑ JPA를 이용한 리포지터리 구현
- ☑ 엔티티와 밸류 매핑
- ☑ 밸류 컬렉션 매핑
- ☑ 애그리거트 로딩 전략과 영속성 전파
- ☑ 식별자 생성 기능

JPA를 이용한 리포지터리 구현

이 장의 주제는 리포지터리 구현이다. 애그리거트를 어떤 저장소에 저장하느냐에 따라 리포지터리를 구현하는 방법이 다르기 때문에 모든 구현 기술에 대해 알아볼 수는 없다. 도메인 모델과 리포지터리를 구현할 때 선호하는 기술을 꼽자면 JPA를 들 수 있다. 데이터 보관소로 RDBMS를 사용할 때, 객체 기반의 도메인 모델과 관계형 데이터 모델 간의 매핑을 처리하는 기술로 ORM 만한 것이 없다. 이 절에서는 자바의 ORM 표준인 JPA를 이용해서 리포지터리와 애그리거트를 구현하는 방법에 대해 살펴본다.

> **잠깐** 이 책에서 JPA 자체에 대한 내용은 설명하지 않는다. JPA에 대한 내용 자체를 자세히 알고 싶은 독자는 관련 책을 읽어보기 바란다.

4.1.1 모듈 위치

2장에서 언급한 것처럼 리포지터리 인터페이스는 애그리거트와 같이 도메인 영역에 속하고, 리포지터리를 구현한 클래스는 인프라스트럭처 영역에 속한다. 각 타입의 패키지 구성은 [그림 4.1]과 같다.

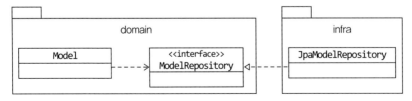

그림 4.1 DIP에 따라 리포지터리 구현 클래스는 인프라스트럭처 영역에 위치한다.

팀 표준에 따라 리포지터리 구현 클래스를 domain.impl과 같은 패키지에 위치시킬 수도 있는데 이것은 리포지터리 인터페이스와 구현체를 분리하기 위한 타협안 같은 것이지 좋은 설계 원칙을 따르는 것은 아니다. 가능하면 리포지터리 구현 클래스를 인프라스트럭처 영역에 위치시켜서 인프라스트럭처에 대한 의존을 낮춰야 한다.

4.1.2 리포지터리 기본 기능 구현

리포지터리가 제공하는 기본 기능은 다음 두 가지다.

- ID로 애그리거트 조회하기
- 애그리거트 저장하기

두 메서드를 위한 리포지터리 인터페이스는 다음과 같은 형식을 갖는다.

```java
public interface OrderRepository {
    Order findById(OrderNo no);
    void save(Order order);
}
```

인터페이스는 애그리거트 루트를 기준으로 작성한다. 주문 애그리거트는 Order 루트 엔티티를 비롯해 OrderLine, Orderer, ShippingInfo 등 다양한 객체를 포함하는데, 이 구성요소 중에서 루트 엔티티인 Order를 기준으로 리포지터리 인터페이스를 작성한다.

애그리거트를 조회하는 기능의 이름을 지을 때 특별한 규칙은 없지만, 널리 사용되는 규칙은 'findBy프로퍼티이름(프로퍼티 값)' 형식을 사용하는 것이다. 위 인터페이스는 ID로 애그리거트를 조회하는 메서드 이름을 findById()로 지정했다.

findById()는 ID에 해당하는 애그리거트가 존재하면 Order를 리턴하고 존재하지 않으면 null을 리턴한다. null을 사용하고 싶지 않다면 다음과 같이 Optional을 사용해도 된다.

```java
Optional<Order> findById(OrderNo no);
```

save() 메서드는 전달받은 애그리거트를 저장한다.

이 인터페이스를 구현한 클래스는 JPA의 EntityManager를 이용해서 기능을 구현한다. 스프링 프레임워크에 기반한 리포지터리 구현 클래스는 [리스트 4.1]과 같다.

리스트 4.1 JPA와 스프링을 이용한 리포지터리 구현

```
01  package shop.order.infra;
02
03  import org.springframework.stereotype.Repository;
04  import shop.order.domain.Order;
05  import shop.order.domain.OrderNo;
06  import shop.order.domain.OrderRepository;
07
08  import javax.persistence.EntityManager;
09  import javax.persistence.PersistenceContext;
10
11  @Repository
12  public class JpaOrderRepository implements OrderRepository {
13      @PersistenceContext
14      private EntityManager entityManager;
15
16      @Override
17      public Order findById(OrderNo id) {
18          return entityManager.find(Order.class, id);
19      }
20
21      @Override
22      public void save(Order order) {
23          entityManager.persist(order);
24      }
25  }
```

[코드 설명]

18행	EntityManager의 find 메서드를 이용해서 ID로 애그리거트를 검색한다.
23행	EntityManager의 persist 메서드를 이용해서 애그리거트를 저장한다.

> **잠깐 👉** 필자를 포함한 다수의 개발자는 스프링과 JPA로 구현할 때 스프링 데이터 JPA를 사용한다. 리포지터리 인터페이스만 정의하면 나머지 리포지터리 구현 객체는 스프링 데이터 JPA가 알아서 만들어준다. 그래서 실질적으로 리포지터리 인터페이스를 구현한 클래스를 직접 작성할 일은 거의 없다. 이 절은 구현의 예를 보여주기 위한 것이며 실제 구현은 스프링 데이터 JPA를 기준으로 설명할 것이다.

애그리거트를 수정한 결과를 저장소에 반영하는 메서드를 추가할 필요는 없다. JPA를 사용하면 트랜잭션 범위에서 변경한 데이터를 자동으로 DB에 반영하기 때문이다. 예를 들어 다음 코드를 보자.

```
public class ChangeOrderService {
    @Transactional
    public void changeShippingInfo(OrderNo no, ShippingInfo newShippingInfo) {
        Optional<Order> orderOpt = orderRepository.findById(no);
        Order order = orderOpt.orElseThrow(() -> new OrderNotFoundException());
        order.changeShippingInfo(newShippingInfo);
    }
    ...
```

changeShippingInfo() 메서드는 스프링 프레임워크의 트랜잭션 관리 기능을 통해 트랜잭션 범위에서 실행된다. 메서드 실행이 끝나면 트랜잭션을 커밋하는데 이때 JPA는 트랜잭션 범위에서 변경된 객체의 데이터를 DB에 반영하기 위해 UPDATE 쿼리를 실행한다. order.changeShippingInfo() 메서드를 실행한 결과로 애그리거트가 변경되면 JPA는 변경 데이터를 DB에 반영하기 위해 UPDATE 쿼리를 실행한다.

ID가 아닌 다른 조건으로 애그리거트를 조회할 때는 findBy 뒤에 조건 대상이 되는 프로퍼티 이름을 붙인다. 예를 들어 특정 ID가 주문한 Order 목록을 구하는 메서드는 다음과 같이 정의할 수 있다.

```
public interface OrderRepository {
    ...
    List<Order> findByOrdererId(String ordererId, int startRow, int size);
}
```

findByOrdererId 메서드는 한 개 이상의 Order 객체를 리턴할 수 있으므로 컬렉션 타입 중하나인 List를 리턴 타입으로 사용했다.

ID 외에 다른 조건으로 애그리거트를 조회할 때에는 JPA의 Criteria나 JPQL을 사용할 수 있다. [리스트 4.2]는 JPQL을 이용해서 findByOrdererId() 메서드를 구현한 코드이다.

리스트 4.2 JPQL을 이용한 findByOrdererId 메서드 구현

```
01    @Override
02    public List<Order> findByOrdererId(String ordererId, int startRow, int fetchSize) {
03        TypedQuery<Order> query = entityManager.createQuery(
04            "select o from Order o " +
05                    "where o.orderer.memberId.id = :ordererId " +
06                    "order by o.number.number desc",
07            Order.class);
08        query.setParameter("ordererId", ordererId);
09        query.setFirstResult(startRow);
10        query.setMaxResults(fetchSize);
11        return query.getResultList();
12    }
```

애그리거트를 삭제하는 기능이 필요할 수도 있다. 삭제 기능을 위한 메서드는 다음과 같이 삭제할 애그리거트 객체를 파라미터로 전달받는다.

```
public interface OrderRepository {
    ...
    public void delete(Order order);
}
```

구현 클래스는 EntityManager의 remove() 메서드를 이용해서 삭제 기능을 구현한다.

리스트 4.3 JPA를 이용한 리포지터리 삭제 기능 구현

```
01    public class JpaOrderRepository implements OrderRepository {
02        @PersistenceContext
03        private EntityManager entityManager;
04        ...
05        @Override
06        public void delete(Order order) {
07            entityManager.remove(order);
08        }
```

☼ NOTE 삭제 기능

삭제 요구사항이 있더라도 데이터를 실제로 삭제하는 경우는 많지 않다. 관리자 기능에서 삭제한 데이터까지 조회해야 하는 경우도 있고 데이터 원복을 위해 일정 기간 동안 보관해야 할 때도 있기 때문이다. 이런 이유로 사용자가 삭제 기능을 실행할 때 데이터를 바로 삭제하기보다는 삭제 플래그를 사용해서 데이터를 화면에 보여줄지 여부를 결정하는 방식으로 구현한다.

스프링 데이터 JPA를 이용한 리포지터리 구현

앞서 언급했듯이 스프링과 JPA를 함께 적용할 때는 스프링 데이터 JPA를 사용한다. 스프링 데이터 JPA는 지정한 규칙에 맞게 리포지터리 인터페이스를 정의하면 리포지터리를 구현한 객체를 알아서 만들어 스프링 빈Spring Bean으로 등록해 준다. 리포지터리 인터페이스를 직접 구현하지 않아도 되기 때문에 개발자는 리포지터리를 쉽게 정의할 수 있다. 스프링 부트와 함께 사용하면 더 쉽게 적용할 수 있어 JPA를 사용할 때 스프링 데이터 JPA를 기본으로 사용한다.

> **잠깐 ☞** 이 책에서는 스프링 부트에서 스프링 데이터 JPA를 어떻게 설정하는지에 대한 내용은 설명하지 않고 스프링 데이터 JPA를 사용했을 때 리포지터리 인터페이스를 어떻게 정의하는지에 대해서만 알아본다. 스프링 데이터 JPA 자체에 대해 궁금한 독자는 JPA 관련 책이나 스프링 데이터 JPA 레퍼런스 문서를 볼 것을 권하며, 동작하는 코드가 궁금한 독자는 예제로 제공한 코드를 참고하기 바란다.

스프링 데이터 JPA는 다음 규칙에 따라 작성한 인터페이스를 찾아서 인터페이스를 구현한 스프링 빈 객체를 자동으로 등록한다.

- org.springframework.data.repository.Repository〈T, ID〉 인터페이스 상속
- T는 엔티티 타입을 지정하고 ID는 식별자 타입을 지정

예를 들어 Order 엔티티 타입의 식별자가 OrderNo 타입이라고 하자.

```
@Entity
@Table(name = "purchase_order")
@Access(AccessType.FIELD)
public class Order {
    @EmbeddedId
    private OrderNo number; // OrderNo가 식별자 타입
```

Order를 위한 OrderRepository는 [리스트 4.4]와 같이 작성할 수 있다.

리스트 4.4 스프링 데이터 JPA를 이용해서 만든 OrderRepository 인터페이스

```
01  import org.springframework.data.repository.Repository;
02
03  import java.util.Optional;
04
05  public interface OrderRepository extends Repository<Order, OrderNo> {
06      Optional<Order> findById(OrderNo id);
07
08      void save(Order order);
09  }
```

스프링 데이터 JPA는 OrderRepository를 리포지터리로 인식해서 알맞게 구현한 객체를 스프링 빈으로 등록한다. OrderRepository가 필요하면 다음 코드처럼 주입받아 사용하면 된다.

```
@Service
public class CancelOrderService {
    private OrderRepository orderRepository;
    …생략

    public CancelOrderService(OrderRepository orderRepository, …생략) {
        this.orderRepository = orderRepository;
        …생략
    }

    @Transactional
    public void cancel(OrderNo orderNo, Canceller canceller) {
        Order order = orderRepository.findById(orderNo)
                .orElseThrow(() -> new NoOrderException());
        if (!cancelPolicy.hasCancellationPermission(order, canceller)) {
            throw new NoCancellablePermission();
        }
        order.cancel();
    }

}
```

스프링 데이터 JPA를 사용하려면 지정한 규칙에 맞게 메서드를 작성해야 한다. 이 장에서는 기본 규칙을 살펴보고 5장에서 추가로 더 알아볼 것이다.

OrderRepository를 기준으로 엔티티를 저장하는 메서드는 다음 중 하나를 사용한다.

- Order save(Order entity)
- void save(Order entity)

식별자를 이용해서 엔티티를 조회할 때는 findById() 메서드를 사용한다. 식별자에 해당하는 엔티티가 존재하지 않을 경우 다음 두 메서드 중 첫 번째는 null을 리턴하고 두 번째는 값이 없는 Optional을 리턴한다.

- Order findById(OrderNo id)
- Optional⟨Order⟩ findById(OrderNo id)

특정 프로퍼티를 이용해서 엔티티를 조회할 때는 findBy프로퍼티이름(프로퍼티 값) 형식의 메서드를 사용한다. 특정 Orderer 값을 갖는 Order 목록을 모두 조회하는 메서드는 다음과 같이 정의할 수 있다.

- List⟨Order⟩ findByOrderer(Orderer orderer)

다음처럼 중첩 프로퍼티도 가능하다. 이 메서드는 Orderer 객체의 memberId 프로퍼티가 파라미터와 같은 Order 목록을 조회한다.

- List⟨Order⟩ findByOrdererMemberId(MemberId memberId)

조회를 위한 다양한 기능이 있는데 이에 대한 내용은 5장에서 다시 살펴볼 것이다.

엔티티를 삭제하는 메서드는 다음 두 형태를 갖는다.

- void delete(Order order)
- void deleteById(OrderNo id)

첫 번째 delete() 메서드는 삭제할 엔티티를 전달하고, 두 번째 deleteById() 메서드는 식별자를 이용해서 해당하는 엔티티를 삭제한다.

4.3 매핑 구현

4.3.1 엔티티와 밸류 기본 매핑 구현

애그리거트와 JPA 매핑을 위한 기본 규칙은 다음과 같다.

- 애그리거트 루트는 엔티티이므로 @Entity로 매핑 설정한다.

한 테이블에 엔티티와 밸류 데이터가 같이 있다면

- 밸류는 @Embeddable로 매핑 설정한다.
- 밸류 타입 프로퍼티는 @Embedded로 매핑 설정한다.

주문 애그리거트를 예로 들어보자. 주문 애그리거트의 루트 엔티티는 Order이고 이 애그리거트에 속한 Orderer와 ShippingInfo는 밸류이다. 이 세 객체와 ShippingInfo에 포함된 Address 객체와 Receiver 객체는 [그림 4.2]처럼 한 테이블에 매핑할 수 있다. 루트 엔티티와 루트 엔티티에 속한 밸류는 [그림 4.2]처럼 한 테이블에 매핑할 때가 많다.

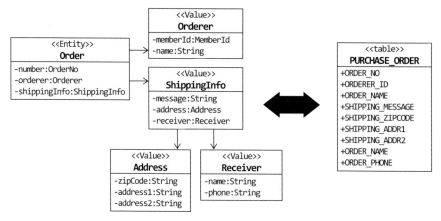

그림 4.2 엔티티와 밸류가 한 테이블로 매핑

주문 애그리거트에서 루트 엔티티인 Order는 JPA의 @Entity로 매핑한다.

```
import javax.persistence.Entity;

@Entity
@Table(name = "purchase_order")
public class Order {
    ...
}
```

Order에 속하는 Orderer는 밸류이므로 @Embeddable로 매핑한다.

```
import javax.persistence.Embeddable;

@Embeddable
public class Orderer {

    // MemberId에 정의된 칼럼 이름을 변경하기 위해
    // @AttributeOverride 애너테이션 사용
    @Embedded
    @AttributeOverrides(
        @AttributeOverride(name = "id", column = @Column(name = "orderer_id"))
    )
```

```
    private MemberId memberId;

    @Column(name = "orderer_name")
    private String name;
}
```

Orderer의 memberId는 Member 애그리거트를 ID로 참조한다. Member의 ID 타입으로 사용되는 MemberId는 다음과 같이 id 프로퍼티와 매핑되는 테이블 칼럼 이름으로 "member_id"를 지정하고 있다.

```
@Embeddable
public class MemberId implements Serializable {
    @Column(name="member_id")
    private String id;
```

[그림 4.2]에서 Orderer의 memberId 프로퍼티와 매핑되는 칼럼 이름은 'orderer_id'이므로 MemberId에 설정된 'member_id'와 이름이 다르다. @Embeddable 타입에 설정한 칼럼 이름과 실제 칼럼 이름이 다르므로 @AttributeOverrides 애너테이션을 이용해서 Orderer의 memberId 프로퍼티와 매핑할 칼럼 이름을 변경했다.

Orderer와 마찬가지로 ShippingInfo 밸류도 또 다른 밸류인 Address와 Receiver를 포함한다. Address의 매핑 설정과 다른 칼럼 이름을 사용하기 위해 @AttributeOverride 애너테이션을 사용한다.

```
@Embeddable
public class ShippingInfo {
    @Embedded
    @AttributeOverrides({
        @AttributeOverride(name = "zipCode",
                            column = @Column(name = "shipping_zipcode")),
        @AttributeOverride(name = "address1",
                            column = @Column(name = "shipping_addr1")),
        @AttributeOverride(name = "address2",
                            column = @Column(name = "shipping_addr2"))
    })
```

```
    private Address address;

    @Column(name = "shipping_message")
    private String message;

    @Embedded
    private Receiver receiver;
```

루트 엔티티인 Order 클래스는 @Embedded를 이용해서 밸류 타입 프로퍼티를 설정한다.

```
@Entity
public class Order {
    ...
    @Embedded
    private Orderer orderer;

    @Embedded
    private ShippingInfo shippingInfo;
    ...
}
```

4.3.2 기본 생성자

엔티티와 밸류의 생성자는 객체를 생성할 때 필요한 것을 전달받는다. 예를 들어 Receiver 밸류 타입은 생성 시점에 수취인 이름과 연락처를 생성자 파라미터로 전달받는다.

```
public class Receiver {
    private String name;
    private String phone;

    public Receiver(String name, String phone) {
        this.name = name;
        this.phone = phone;
    }
    ...
```

Receiver가 불변 타입이면 생성 시점에 필요한 값을 모두 전달받으므로 값을 변경하는 set 메서드를 제공하지 않는다. 이는 Receiver 클래스에 기본 생성자(파라미터가 없는)를 추가할 필요가 없다는 것을 의미한다.

하지만 JPA에서 @Entity와 @Embeddable로 클래스를 매핑하려면 기본 생성자를 제공해야 한다. DB에서 데이터를 읽어와 매핑된 객체를 생성할 때 기본 생성자를 사용해서 객체를 생성하기 때문이다. 이런 기술적인 제약으로 Receiver와 같은 불변 타입은 기본 생성자가 필요 없음에도 불구하고 다음과 같이 기본 생성자를 추가해야 한다.

```java
@Embeddable
public class Receiver {
    @Column(name = "receiver_name")
    private String name;
    @Column(name = "receiver_phone")
    private String phone;

    protected Receiver() {} // JPA를 적용하기 위해 기본 생성자 추가

    public Receiver(String name, String phone) {
        this.name = name;
        this.phone = phone;
    }

    ... // get 메서드 생략
```

기본 생성자는 JPA 프로바이더가 객체를 생성할 때만 사용한다. 기본 생성자를 다른 코드에서 사용하면 값이 없는 온전하지 못한 객체를 만들게 된다. 이런 이유로 다른 코드에서 기본 생성자를 사용하지 못하도록 protected로 선언한다.

4.3.3 필드 접근 방식 사용

JPA는 필드와 메서드의 두 가지 방식으로 매핑을 처리할 수 있다. 메서드 방식을 사용하려면 다음과 같이 프로퍼티를 위한 get/set 메서드를 구현해야 한다.

```
@Entity
@Access(AccessType.PROPERTY)
public class Order {

    @Column(name = "state")
    @Enumerated(EnumType.STRING)
    public OrderState getState() {
        return state;
    }

    public void setState(OrderState state) {
        this.state = state;
    }
    ...
```

엔티티에 프로퍼티를 위한 공개 get/set 메서드를 추가하면 도메인의 의도가 사라지고 객체가 아닌 데이터 기반으로 엔티티를 구현할 가능성이 높아진다. 특히 set 메서드는 내부 데이터를 외부에서 변경할 수 있는 수단이 되기 때문에 캡슐화를 깨는 원인이 될 수 있다.

엔티티가 객체로서 제 역할을 하려면 외부에 set 메서드 대신 의도가 잘 드러나는 기능을 제공해야 한다. 상태 변경을 위한 setState() 메서드보다 주문 취소를 위한 cancel() 메서드가 도메인을 더 잘 표현하고, setShippingInfo() 메서드보다 배송지를 변경한다는 의미를 갖는 changeShippingInfo()가 도메인을 더 잘 표현한다.

밸류 타입을 불변으로 구현하려면 set 메서드 자체가 필요 없는데 JPA의 구현 방식 때문에 공개 set 메서드를 추가하는 것도 좋지 않다.

객체가 제공할 기능 중심으로 엔티티를 구현하게끔 유도하려면 JPA 매핑 처리를 프로퍼티 방식이 아닌 필드 방식으로 선택해서 불필요한 get/set 메서드를 구현하지 말아야 한다.

```
@Entity
@Access(AccessType.FIELD)
public class Order {

    @EmbeddedId
    private OrderNo number;
```

```
@Column(name = "state")
@Enumerated(EnumType.STRING)
private OrderState state;

... // cancel(), changeShippingInfo() 등 도메인 기능 구현
... // 필요한 get 메서드 제공
```

> **잠깐 👆** JPA 구현체인 하이버네이트는 @Access를 이용해서 명시적으로 접근 방식을 지정하지 않으면 @Id나 @EmbeddedId가 어디에 위치했느냐에 따라 접근 방식을 결정한다. @Id나 @EmbeddedId가 필드에 위치하면 필드 접근 방식을 선택하고 get 메서드에 위치하면 메서드 접근 방식을 선택한다.

4.3.4 AttributeConverter를 이용한 밸류 매핑 처리

int, long, String, LocalDate와 같은 타입은 DB 테이블의 한 개 칼럼에 매핑된다. 이와 비슷하게 밸류 타입의 프로퍼티를 한 개 칼럼에 매핑해야 할 때도 있다. 예를 들어 Length가 길이 값과 단위의 두 프로퍼티를 갖고 있는데 DB 테이블에는 한 개 칼럼에 '1000mm'와 같은 형식으로 저장할 수 있다.

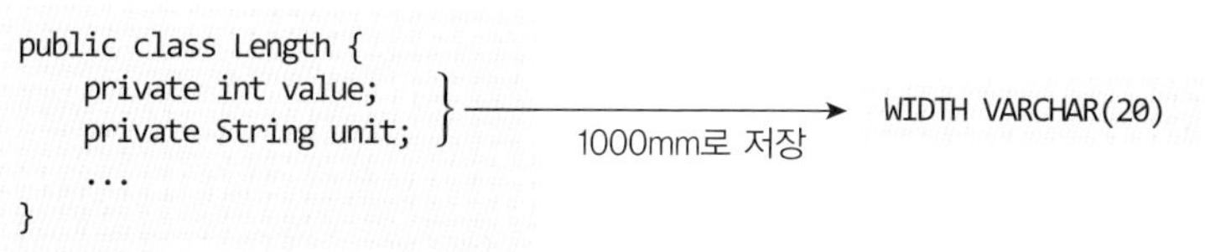

```
public class Length {
    private int value;    }
    private String unit;  }   ──────────→   WIDTH VARCHAR(20)
    ...                        1000mm로 저장
}
```

그림 4.3 두 개 프로퍼티를 한 개 칼럼에 매핑해야 할 때

두 개 이상의 프로퍼티를 가진 밸류 타입을 한 개 칼럼에 매핑하려면 @Embeddable 애너테이션으로는 처리할 수 없다. 이럴 때 사용할 수 있는 것이 AttributeConverter이다. AttributeConverter는 다음과 같이 밸류 타입과 칼럼 데이터 간의 변환을 처리하기 위한 기능을 정의하고 있다.

```
package javax.persistence;

public interface AttributeConverter<X, Y> {
    public Y convertToDatabaseColumn (X attribute);
```

```
    public X convertToEntityAttribute (Y dbData);
}
```

타입 파라미터 X는 밸류 타입이고 Y는 DB 타입이다. convertToDatabaseColumn() 메서드는 밸류 타입을 DB 칼럼 값으로 변환하는 기능을 구현하고 convertToEntityAttribute() 메서드는 DB 칼럼 값을 밸류로 변환하는 기능을 구현한다.

이 책에서 사용하는 Money 밸류 타입을 위한 AttributeConverter는 [리스트 4.5]와 같이 구현할 수 있다.

리스트 4.5 Money를 위한 AttributeConverter 구현

```
01  package com.myshop.common.jpa;
02
03  import com.myshop.common.model.Money;
04
05  import javax.persistence.AttributeConverter;
06  import javax.persistence.Converter;
07
08  @Converter(autoApply = true)
09  public class MoneyConverter implements AttributeConverter<Money, Integer> {
10
11      @Override
12      public Integer convertToDatabaseColumn(Money money) {
13          return money == null ? null : money.getValue();
14      }
15
16      @Override
17      public Money convertToEntityAttribute(Integer value) {
18          return value == null ? null : new Money(value);
19      }
20  }
```

AttributeConverter 인터페이스를 구현한 클래스는 @Converter 애너테이션을 적용한다. 08행에서 @Converter 애너테이션의 autoApply 속성값을 보자. 이 속성을 true로 지정하면 모델에 출현하는 모든 Money 타입의 프로퍼티에 대해 MoneyConverter를 자동으로 적

용한다. 예를 들어 Order의 totalAmounts 프로퍼티는 Money 타입인데 이 프로퍼티를 DB total_amounts 칼럼에 매핑할 때 MoneyConverter를 사용한다.

```java
@Entity
@Table(name = "purchase_order")
public class Order {
    ....

    @Column(name = "total_amounts")
    private Money totalAmounts; // MoneyConverter를 적용해서 값 변환

    ...
```

@Converter의 autoApply 속성을 false로 지정하면(이 속성의 기본값이 false이다) 프로퍼티 값을 변환할 때 사용할 컨버터를 직접 지정해야 한다.

```java
import javax.persistence.Convert;

public class Order {

    @Column(name = "total_amounts")
    @Convert(converter = MoneyConverter.class)
    private Money totalAmounts;
```

4.3.5 밸류 컬렉션: 별도 테이블 매핑

Order 엔티티는 한 개 이상의 OrderLine을 가질 수 있다. OrderLine에 순서가 있다면 다음과 같이 List 타입을 이용해서 컬렉션을 프로퍼티로 지정할 수 있다.

```java
public class Order {

    private List<OrderLine> orderLines;
    ...
```

Order와 OrderLine을 저장하기 위한 테이블은 [그림 4.4]와 같이 매핑 가능하다.

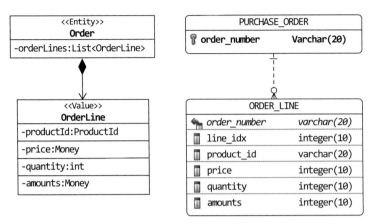

그림 4.4 밸류 컬렉션을 별도 테이블로 매핑

밸류 컬렉션을 저장하는 ORDER_LINE 테이블은 외부키를 이용해서 엔티티에 해당하는 PURCHASE_ORDER 테이블을 참조한다. 이 외부키는 컬렉션이 속할 엔티티를 의미한다. List 타입의 컬렉션은 인덱스 값이 필요하므로 ORDER_LINE 테이블에는 인덱스 값을 저장하기 위한 칼럼(line_idx)도 존재한다.

밸류 컬렉션을 별도 테이블로 매핑할 때는 @ElementCollection과 @CollectionTable을 함께 사용한다. 관련 매핑 코드는 다음과 같다.

```
@Entity
@Table(name = "purchase_order")
public class Order {
    @EmbeddedId
    private OrderNo number;
    ...
    @ElementCollection(fetch = FetchType.EAGER)
    @CollectionTable(name = "order_line",
                joinColumns = @JoinColumn(name = "order_number"))
    @OrderColumn(name = "line_idx")
    private List<OrderLine> orderLines;
    ...
```

```
    }

    @Embeddable
    public class OrderLine {
        @Embedded
        private ProductId productId;

        @Column(name = "price")
        private Money price;

        @Column(name = "quantity")
        private int quantity;

        @Column(name = "amounts")
        private Money amounts;
        ....
    }
```

OrderLine의 매핑을 함께 표시했는데 OrderLine에는 List의 인덱스 값을 저장하기 위한 프로퍼티가 존재하지 않는다. 그 이유는 List 타입 자체가 인덱스를 갖고 있기 때문이다. JPA는 @OrderColumn 애너테이션을 이용해서 지정한 칼럼에 리스트의 인덱스 값을 저장한다.

@CollectionTable은 밸류를 저장할 테이블을 지정한다. name 속성은 테이블 이름을 지정하고 joinColumns 속성은 외부키로 사용할 칼럼을 지정한다. 예제 코드에서는 외부키가 한 개인데, 두 개 이상인 경우 @JoinColumn의 배열을 이용해서 외부키 목록을 지정한다.

4.3.6 밸류 컬렉션: 한 개 칼럼 매핑

밸류 컬렉션을 별도 테이블이 아닌 한 개 칼럼에 저장해야 할 때가 있다. 예를 들어 도메인 모델에는 이메일 주소 목록을 Set으로 보관하고 DB에는 한 개 칼럼에 콤마로 구분해서 저장해야 할 때가 있다. 이때 AttributeConverter를 사용하면 밸류 컬렉션을 한 개 칼럼에 쉽게 매핑할 수 있다. 단 AttributeConverter를 사용하려면 밸류 컬렉션을 표현하는 새로운 밸류 타입을 추가해야 한다. 이메일의 경우 아래 코드처럼 이메일 집합을 위한 밸류 타입을 추가로 작성해야 한다.

```
public class EmailSet {
    private Set<Email> emails = new HashSet<>();

    public EmailSet(Set<Email> emails) {
        this.emails.addAll(emails);
    }

    public Set<Email> getEmails() {
        return Collections.unmodifiableSet(emails);
    }
}
```

밸류 컬렉션을 위한 타입을 추가했다면 AttributeConverter를 구현한다.

```
public class EmailSetConverter implements AttributeConverter<EmailSet, String> {
    @Override
    public String convertToDatabaseColumn(EmailSet attribute) {
        if (attribute == null) return null;
        return attribute.getEmails().stream()
                .map(email -> email.getAddress())
                .collect(Collectors.joining(","));
    }

    @Override
    public EmailSet convertToEntityAttribute(String dbData) {
        if (dbData == null) return null;
        String[] emails = dbData.split(",");
        Set<Email> emailSet = Arrays.stream(emails)
                .map(value -> new Email(value))
                .collect(toSet());
        return new EmailSet(emailSet);
    }
}
```

이제 남은 것은 EmailSet 타입 프로퍼티가 Converter로 EmailSetConverter를 사용하도록
지정하는 것이다

```
    @Column(name = "emails")
    @Convert(converter = EmailSetConverter.class)
    private EmailSet emailSet;
```

4.3.7 밸류를 이용한 ID 매핑

식별자라는 의미를 부각시키기 위해 식별자 자체를 밸류 타입으로 만들 수도 있다. 지금까지
살펴본 예제에서 OrderNo, MemberId 등이 식별자를 표현하기 위해 사용한 밸류 타입이다.
밸류 타입을 식별자로 매핑하면 @Id 대신 @EmbeddedId 애너테이션을 사용한다.

```
@Entity
@Table(name = "purchase_order")
public class Order {
    @EmbeddedId
    private OrderNo number;
    ...
}

@Embeddable
public class OrderNo implements Serializable {
    @Column(name="order_number")
    private String number;
    ...
}
```

JPA에서 식별자 타입은 Serializable 타입이어야 하므로 식별자로 사용할 밸류 타입은
Serializable 인터페이스를 상속받아야 한다.

밸류 타입으로 식별자를 구현할 때 얻을 수 있는 장점은 식별자에 기능을 추가할 수 있다는 점
이다. 예를 들어 1세대 시스템의 주문번호와 2세대 시스템의 주문번호를 구분할 때 주문번호
의 첫 글자를 이용할 경우, 다음과 같이 OrderNo 클래스에 시스템 세대를 구분할 수 있는 기
능을 구현할 수 있다.

```
@Embeddable
public class OrderNo implements Serializable {
    @Column(name = "order_number")
    private String number;

    public boolean is2ndGeneration() {
        return number.startsWith("N");
    }
    ...
```

시스템 세대 구분이 필요한 코드는 OrderNo가 제공하는 기능을 이용해서 구분하면 된다.

```
if (order.getNumber().is2ndGeneration()) {
    ...
}
```

JPA는 내부적으로 엔티티를 비교할 목적으로 equals() 메서드와 hashcode() 값을 사용하므로 식별자로 사용할 밸류 타입은 이 두 메서드를 알맞게 구현해야 한다.

4.3.8 별도 테이블에 저장하는 밸류 매핑

애그리거트에서 루트 엔티티를 뺀 나머지 구성요소는 대부분 밸류이다. 루트 엔티티 외에 또 다른 엔티티가 있다면 진짜 엔티티인지 의심해 봐야 한다. 단지 별도 테이블에 데이터를 저장한다고 해서 엔티티인 것은 아니다. 주문 애그리거트도 OrderLine을 별도 테이블에 저장하지만 OrderLine 자체는 엔티티가 아니라 밸류이다.

밸류가 아니라 엔티티가 확실하다면 해당 엔티티가 다른 애그리거트는 아닌지 확인해야 한다. 특히 자신만의 독자적인 라이프 사이클을 갖는다면 구분되는 애그리거트일 가능성이 높다. 예를 들어 상품 상세 화면을 보면 상품 자체에 대한 정보와 고객의 리뷰를 함께 보여주는데 이를 보고 상품 애그리거트에 고객 리뷰가 포함된다고 생각할 수 있다. 하지만 Product와 Review는 함께 생성되지 않고 함께 변경되지도 않는다. 게다가 변경 주체도 다르다. Review 변경이 Product에 영향을 주지 않고 반대로 Product 변경이 Review에 영향을 주지 않기 때문에

Review는 엔티티가 맞지만 리뷰 애그리거트에 속한 엔티티이지 상품 애그리거트에 속한 엔티티는 아니다.

애그리거트에 속한 객체가 밸류인지 엔티티인지 구분하는 방법은 고유 식별자를 갖는지를 확인하는 것이다. 하지만 식별자를 찾을 때 매핑되는 테이블의 식별자를 애그리거트 구성요소의 식별자와 동일한 것으로 착각하면 안 된다. 별도 테이블로 저장하고 테이블에 PK가 있다고 해서 테이블과 매핑되는 애그리거트 구성요소가 항상 고유 식별자를 갖는 것은 아니기 때문이다.

예를 들어 게시글 데이터를 ARTICLE 테이블과 ARTICLE_CONTENT 테이블로 나눠서 저장한다고 하자. 이 경우 [그림 4.5]와 같이 Article과 ArticleContent 클래스를 두 테이블에 매핑할 수 있다.

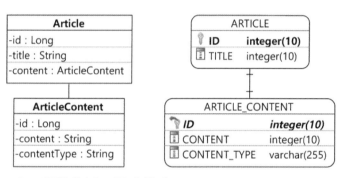

그림 4.5 밸류를 엔티티로 잘못 매핑한 예

[그림 4.5]만 보면 ARTICLE_CONTENT 테이블의 ID 칼럼이 식별자이므로 ARTICLE_CONTENT와 매핑되는 ArticleContent를 엔티티로 생각해서 Article과 ArticleContent를 두 엔티티 간의 1-1 연관으로 매핑할 수 있다.

ArticleContent를 엔티티로 생각할 수 있지만 ArticleContent는 Article의 내용을 담고 있는 밸류로 생각하는 것이 맞다. ARTICLE_CONTENT의 ID는 식별자이긴 하지만 이 식별자를 사용하는 이유는 ARTICLE 테이블의 데이터와 연결하기 위함이지 ARTICLE_CONTENT를 위한 별도 식별자가 필요하기 때문은 아니다. 즉 이것은 게시글의 특정 프로퍼티를 별도 테이블에 보관한 것으로 접근해야 한다. ArticleContent를 밸류로 보고 접근하면 모델은 [그림 4.6]과 같이 바뀐다.

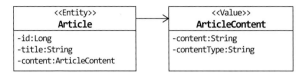

<<Entity>> **Article**	→	<<Value>> **ArticleContent**

<<Entity>>
Article

-id:Long
-title:String
-content:ArticleContent

<<Value>>
ArticleContent

-content:String
-contentType:String

그림 4.6 별도 테이블로 밸류를 매핑 한 모델

ArticleContent는 밸류이므로 @Embeddable로 매핑한다. ArticleContent와 매핑되는 테이블은 Article과 매핑되는 테이블과 다르다. 이때 밸류를 매핑 한 테이블을 지정하기 위해 @SecondaryTable과 @AttributeOverride을 사용한다.

리스트 4.6 @SecondaryTable을 이용한 밸류 매핑 설정

```
01  @Entity
02  @Table(name = "article")
03  @SecondaryTable(
04        name = "article_content",
05        pkJoinColumns = @PrimaryKeyJoinColumn(name = "id")
06  )
07  public class Article {
08      @Id
09      @GeneratedValue(strategy = GenerationType.IDENTITY)
10      private Long id;
11
12      private String title;
13
14      @AttributeOverrides({
15        @AttributeOverride(
16          name = "content",
17          column = @Column(table = "article_content", name = "content")),
18        @AttributeOverride(
19          name = "contentType",
20          column = @Column(table = "article_content", name = "content_type"))
21      })
22      @Embedded
23      private ArticleContent content;
```

@SecondaryTable의 name 속성은 밸류를 저장할 테이블을 지정한다. pkJoinColumns 속성은 밸류 테이블에서 엔티티 테이블로 조인할 때 사용할 칼럼을 지정한다. content 필드에

@AttributeOverride를 적용했는데 이 애너테이션을 사용해서 해당 밸류 데이터가 저장된 테이블 이름을 지정한다.

@SecondaryTable을 이용하면 아래 코드를 실행할 때 두 테이블을 조인해서 데이터를 조회한다.

```
// @SecondaryTable로 매핑된 article_content 테이블을 조인
Article article = entityManager.find(Article.class, 1L);
```

게시글 목록을 보여주는 화면은 article 테이블의 데이터만 필요하지 article_content 테이블의 데이터는 필요하지 않다. 그런데 @SecondaryTable을 사용하면 목록 화면에 보여줄 Article을 조회할 때 article_content 테이블까지 조인해서 데이터를 읽어오는데 이것은 원하는 결과가 아니다.

이 문제를 해소하고자 ArticleContent를 엔티티로 매핑하고 Article에서 ArticleContent로의 로딩을 지연 로딩 방식으로 설정할 수도 있다. 하지만 이 방식은 밸류인 모델을 엔티티로 만드는 것이므로 좋은 방법은 아니다. 대신 조회 전용 기능을 구현하는 방법을 사용하는 것이 좋다. JPA에서 조회 전용 쿼리를 실행하는 방법은 5장에서 살펴본다. 또한 11장에서 추가로 명령 모델과 조회 전용 모델을 구분하는 것에 대해 알아볼 것이다.

4.3.9 밸류 컬렉션을 @Entity로 매핑하기

개념적으로 밸류인데 구현 기술의 한계나 팀 표준 때문에 @Entity를 사용해야 할 때도 있다. 예를 들어 제품의 이미지 업로드 방식에 따라 이미지 경로와 섬네일 이미지 제공 여부가 달라진다고 해보자. 이를 위해 Image를 [그림 4.7]과 같이 계층 구조로 설계할 수 있다.

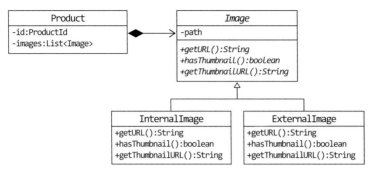

그림 4.7 계층 구조를 갖는 밸류 타입

JPA는 @Embeddable 타입의 클래스 상속 매핑을 지원하지 않는다. 상속 구조를 갖는 밸류 타입을 사용하려면 @Embeddable 대신 @Entity를 이용해서 상속 매핑으로 처리해야 한다. 밸류 타입을 @Entity로 매핑하므로 식별자 매핑을 위한 필드도 추가해야 한다. 또한 구현 클래스를 구분하기 위한 타입 식별(discriminator) 칼럼을 추가해야 한다. 이를 위한 테이블 설계는 [그림 4.8]과 같다.

PRODUCT		IMAGE	
🔑 PRODUCT_ID	varchar(20)	🔑 IMAGE_ID <<auto inc>>	integer(10)
		🔑 PRODUCT_ID	varchar(20)
		LIST_IDX	integer(10)
		IMAGE_TYPE	varchar(10)
		IMAGE_PATH	varchar(255)
		UPLOAD_TIME	timestamp

그림 4.8 Image 계층 구조를 저장하기 위한 IMAGE 테이블

한 테이블에 Image와 그 하위 클래스를 매핑하므로 Image 클래스에 다음 설정을 사용한다.

- @Inheritance 애너테이션 적용
- strategy 값으로 SINGLE_TABLE 사용
- @DiscriminatorColumn 애너테이션을 이용하여 타입 구분용으로 사용할 칼럼 지정

Image를 @Entity로 매핑했지만 모델에서 Image는 밸류이므로 [리스트 4.7]과 같이 상태를 변경하는 기능은 추가하지 않는다.

리스트 4.7 밸류를 @Entity로 매핑했으므로 상태 변경 메서드를 제공하지 않는다.

```
01  import javax.persistence.*;
02  import java.util.Date;
03
04  @Entity
05  @Inheritance(strategy = InheritanceType.SINGLE_TABLE)
06  @DiscriminatorColumn(name = "image_type")
07  @Table(name = "image")
08  public abstract class Image {
09      @Id
10      @GeneratedValue(strategy = GenerationType.IDENTITY)
11      @Column(name = "image_id")
12      private Long id;
13      @Column(name = "image_path")
14      private String path;
15
16      @Temporal(TemporalType.TIMESTAMP)
17      @Column(name = "upload_time")
18      private Date uploadTime;
19
20      protected Image() {}
21      public Image(String path) {
22          this.path = path;
23          this.uploadTime = new Date();
24      }
25
26      protected String getPath() {
27          return path;
28      }
29
30      public Date getUploadTime() {
31          return uploadTime;
32      }
33
34      public abstract String getURL();
35      public abstract boolean hasThumbnail();
36      public abstract String getThumbnailURL();
37
38  }
39
```

Image를 상속받은 클래스는 @Entity와 @Discriminator를 사용해서 매핑을 설정한다.

```
@Entity
@DiscriminatorValue("II")
public class InternalImage extends Image {
    ...
}
@Entity
@DiscriminatorValue("EI")
public class ExternalImage extends Image {
    ...
}
```

Image가 @Entity이므로 목록을 담고 있는 Product는 [리스트 4.8]과 같이 @OneToMany를 이용해서 매핑을 처리한다. Image는 밸류이므로 독자적인 라이프 사이클을 갖지 않고 Product에 완전히 의존한다. 따라서 Product를 저장할 때 함께 저장되고 Product를 삭제할 때 함께 삭제되도록 12행처럼 cascade 속성을 지정한다. 리스트에서 Image 객체를 제거하면 DB에서 함께 삭제되도록 orphanRemoval도 true로 설정한다.

리스트 4.8 @Entity로 매핑 한 밸류를 컬렉션으로 매핑하기 위해 @ManyToOne 사용

```
01  @Entity
02  @Table(name = "product")
03  public class Product {
04      @EmbeddedId
05      private ProductId id;
06      private String name;
07
08      @Convert(converter = MoneyConverter.class)
09      private Money price;
10      private String detail;
11
12      @OneToMany(
13              cascade = {CascadeType.PERSIST, CascadeType.REMOVE},
14              orphanRemoval = true)
15      @JoinColumn(name = "product_id")
16      @OrderColumn(name = "list_idx")
17      private List<Image> images = new ArrayList<>();
```

```
18        ...
19        public void changeImages(List<Image> newImages) {
20            images.clear();
21            images.addAll(newImages);
22        }
23    }
```

19행의 changeImages() 메서드를 보면 이미지 교체를 위해 clear() 메서드를 사용하고 있
다. @Entity에 대한 @OneToMany 매핑에서 컬렉션의 clear() 메서드를 호출하면 삭제 과
정이 효율적이지는 않다. 하이버네이트의 경우 @Entity를 위한 컬렉션 객체의 clear() 메
서드를 호출하면 select 쿼리로 대상 엔티티를 로딩하고, 각 개별 엔티티에 대해 delete 쿼
리를 실행한다. 즉 images에 보관되어 있던 Image 개수가 4개면 18행의 코드를 실행할 때
Image 목록을 가져오기 위한 한 번의 select * from image where product_id=? 쿼리와
각 Image를 삭제하기 위한 네 번의 delete from image where image_id = ? 쿼리를 실행
한다. 변경 빈도가 낮으면 괜찮지만 빈도가 높으면 전체 서비스 성능에 문제가 될 수 있다.

하이버네이트는 @Embeddable 타입에 대한 컬렉션의 clear() 메서드를 호출하면 컬렉션에
속한 객체를 로딩하지 않고 한 번의 delete 쿼리로 삭제 처리를 수행한다. 따라서 애그리거트
의 특성을 유지하면서 이 문제를 해소하려면 결국 상속을 포기하고 @Embeddable로 매핑된
단일 클래스로 구현해야 한다. 물론 타입에 따라 다른 기능을 구현하려면 다음과 같이 if-else
를 써야 한다.

```
@Embeddable
public class Image {
    @Column(name = "image_type")
    private String imageType;
    @Column(name = "image_path")
    private String path;

    @Temporal(TemporalType.TIMESTAMP)
    @Column(name = "upload_time")
    private Date uploadTime;
    ...

    public boolean hasThumbnail() {
```

```
        // 성능을 위해 다형을 포기하고 if-else로 구현
        if (imageType.equals("II") {
            return true;
        } else {
            return false;
        }
    }
}
```

코드 유지 보수와 성능의 두 가지 측면을 고려해서 구현 방식을 선택해야 한다.

4.3.10 ID 참조와 조인 테이블을 이용한 단방향 M-N 매핑

3장에서 애그리거트 간 집합 연관은 성능 상의 이유로 피해야 한다고 했다. 그럼에도 불구하고 요구사항을 구현하는 데 집합 연관을 사용하는 것이 유리하다면 ID 참조를 이용한 단방향 집합 연관을 적용해 볼 수 있다. 이미 3장에서 이와 관련된 매핑 예를 보여준 바 있다. 관련 코드를 다시 보자.

```
@Entity
@Table(name = "product")
public class Product {
    @EmbeddedId
    private ProductId id;

    @ElementCollection
    @CollectionTable(name = "product_category",
            joinColumns = @JoinColumn(name = "product_id"))
    private Set<CategoryId> categoryIds;
    ...
```

이 코드는 Product에서 Category로의 단방향 M-N 연관을 ID 참조 방식으로 구현한 것이다. ID 참조를 이용한 애그리거트 간 단방향 M-N 연관은 밸류 컬렉션 매핑과 동일한 방식으로 설정한 것을 알 수 있다. 차이점이 있다면 집합의 값에 밸류 대신 연관을 맺는 식별자가 온다는 점이다.

@ElementCollection을 이용하기 때문에 Product를 삭제할 때 매핑에 사용한 조인 테이블의 데이터도 함께 삭제된다. 애그리거트를 직접 참조하는 방식을 사용했다면 영속성 전파나 로딩 전략을 고민해야 하는 데 ID 참조 방식을 사용함으로써 이런 고민을 없앨 수 있다.

4.4 애그리거트 로딩 전략

JPA 매핑을 설정할 때 항상 기억해야 할 점은 애그리거트에 속한 객체가 모두 모여야 완전한 하나가 된다는 것이다. 즉 다음과 같이 애그리거트 루트를 로딩하면 루트에 속한 모든 객체가 완전한 상태여야 함을 의미한다.

```
// product는 완전한 하나여야 한다.
Product product = productRepository.findById(id);
```

조회 시점에서 애그리거트를 완전한 상태가 되도록 하려면 애그리거트 루트에서 연관 매핑의 조회 방식을 즉시 로딩(FetchType.EAGER)으로 설정하면 된다. 다음과 같이 컬렉션이나 @Entity에 대한 매핑의 fetch 속성을 즉시 로딩(FetchType.EAGER)으로 설정하면 EntityManager#find() 메서드로 애그리거트 루트를 구할 때 연관된 구성요소를 DB에서 함께 읽어온다.

```
// @Entity 컬렉션에 대한 즉시 로딩 설정
@OneToMany(cascade = {CascadeType.PERSIST, CascadeType.REMOVE},
        orphanRemoval = true, fetch = FetchType.EAGER)
@JoinColumn(name = "product_id")
@OrderColumn(name = "list_idx")
private List<Image> images = new ArrayList<>();

// @Embeddable 컬렉션에 대한 즉시 로딩 설정
@ElementCollection(fetch = FetchType.EAGER)
@CollectionTable(name = "order_line",
        joinColumns = @JoinColumn(name = "order_number"))
```

```
@OrderColumn(name = "line_idx")
private List<OrderLine> orderLines;
```

즉시 로딩 방식으로 설정하면 애그리거트 루트를 로딩하는 시점에 애그리거트에 속한 모든 객체를 함께 로딩할 수 있는 장점이 있지만 이것이 항상 좋은 것은 아니다. 특히 컬렉션에 대해 로딩 전략을 FetchType.EAGER로 설정하면 오히려 즉시 로딩 방식이 문제가 될 수 있다. 예를 들어 Product 애그리거트 루트가 @Entity로 구현한 Image와 @Embeddable로 구현한 Option 목록을 갖고 있다고 해보자.

```
@Entity
@Table(name = "product")
public class Product {
    ...
    @OneToMany(
            cascade = {CascadeType.PERSIST, CascadeType.REMOVE},
            orphanRemoval = true,
            fetch = FetchType.EAGER)
    @JoinColumn(name = "product_id")
    @OrderColumn(name = "list_idx")
    private List<Image> images = new ArrayList<>();

    @ElementCollection(fetch = FetchType.EAGER)
    @CollectionTable(name = "product_option",
            joinColumns = @JoinColumn(name = "product_id"))
    @OrderColumn(name = "list_idx")
    private List<Option> options = new ArrayList<>();
    ...
```

이 매핑을 사용할 때 EntityManager#find() 메서드로 Product를 조회하면 하이버네이트는 다음과 같이 Product를 위한 테이블, Image를 위한 테이블, Option을 위한 테이블을 조인한 쿼리를 실행한다.

```
select
    p.product_id , ..., img.product_id, img.image_id, img.list_idx, img.image_id, ...,
```

```
    opt.product_id, opt.option_title, opt.option_value, opt.list_idx
from
    product p
    left outer join image img on p.product_id=img.product_id
    left outer join product_option opt on p.product_id=opt.product_id
where p.product_id=?
```

이 쿼리는 카타시안Cartesian 조인을 사용하고 이는 쿼리 결과에 중복을 발생시킨다. 조회하는 Product의 image가 2개고 option이 2개면 위 쿼리 결과로 구해지는 행 개수는 4개가 된다. product 테이블의 정보는 4번 중복되고 image와 product_option 테이블의 정보는 2번 중복된다.

물론 하이버네이트가 중복된 데이터를 알맞게 제거해서 실제 메모리에는 1개의 Product 객체, 2개의 Image 객체, 2개의 Option 객체로 변환해 주지만 애그리거트가 커지면 문제가 될 수 있다. 만약 한 개 제품에 대한 이미지가 20개고 Option이 15개면 EntityManager#find() 메서드가 실행하는 쿼리는 300행을 리턴한다. 실제 필요한 행 개수가 36(1+20+15)개인 것에 비하면 300개는 과도하게 많다. 보통 조회 성능 문제 때문에 즉시 로딩 방식을 사용하지만 이렇게 조회되는 데이터 개수가 많아지면 즉시 로딩 방식을 사용할 때 성능(실행 빈도, 트래픽, 지연 로딩 시 실행 속도 등)을 검토해 봐야 한다.

애그리거트는 개념적으로 하나여야 한다. 하지만 루트 엔티티를 로딩하는 시점에 애그리거트에 속한 객체를 모두 로딩해야 하는 것은 아니다. 애그리거트가 완전해야 하는 이유는 두 가지 정도로 생각해 볼 수 있다. 첫 번째 이유는 상태를 변경하는 기능을 실행할 때 애그리거트 상태가 완전해야 하기 때문이고, 두 번째 이유는 표현 영역에서 애그리거트의 상태 정보를 보여줄 때 필요하기 때문이다.

이 중 두 번째는 별도의 조회 전용 기능과 모델을 구현하는 방식을 사용하는 것이 더 유리하기 때문에 애그리거트의 완전한 로딩과 관련된 문제는 상태 변경과 더 관련이 있다. 상태 변경 기능을 실행하기 위해 조회 시점에 즉시 로딩을 이용해서 애그리거트를 완전한 상태로 로딩할 필요는 없다. JPA는 트랜잭션 범위 내에서 지연 로딩을 허용하기 때문에 다음 코드처럼 실제로 상태를 변경하는 시점에 필요한 구성요소만 로딩해도 문제가 되지 않는다.

```
@Transactional
public void removeOptions(ProductId id, int optIdxToBeDeleted) {
    // Product를 로딩. 컬렉션은 지연 로딩으로 설정했다면, Option은 로딩하지 않음
    Product product = productRepository.findById(id);
    // 트랜잭션 범위이므로 지연 로딩으로 설정한 연관 로딩 가능
    product.removeOption(optIdxToBeDeleted);
}


@Entity
public class Product {

    @ElementCollection(fetch = FetchType.LAZY)
    @CollectionTable(name = "product_option",
            joinColumns = @JoinColumn(name = "product_id"))
    @OrderColumn(name = "list_idx")
    private List<Option> options = new ArrayList<>();

    public void removeOption(int optIdx) {
        // 실제 컬렉션에 접근할 때 로딩
        this.options.remove(optIdx);
    }
}
```

게다가 일반적인 애플리케이션은 상태 변경 기능을 실행하는 빈도보다 조회 기능을 실행하는 빈도가 훨씬 높다. 그러므로 상태 변경을 위해 지연 로딩을 사용할 때 발생하는 추가 쿼리로 인한 실행 속도 저하는 보통 문제가 되지 않는다.

이런 이유로 애그리거트 내의 모든 연관을 즉시 로딩으로 설정할 필요는 없다. 지연 로딩은 동작 방식이 항상 동일하기 때문에 즉시 로딩처럼 경우의 수를 따질 필요가 없는 장점이 있다(즉시 로딩 설정은 @Entity나 @Embeddable에 대해 다르게 동작하고, JPA 프로바이더에 따라 구현 방식이 다를 수도 있다). 물론 지연 로딩은 즉시 로딩보다 쿼리 실행 횟수가 많아질 가능성이 더 높다. 따라서 무조건 즉시 로딩이나 지연 로딩으로만 설정하기보다는 애그리거트에 맞게 즉시 로딩과 지연 로딩을 선택해야 한다.

4.5 애그리거트의 영속성 전파

애그리거트가 완전한 상태여야 한다는 것은 애그리거트 루트를 조회할 때뿐만 아니라 저장하고 삭제할 때도 하나로 처리해야 함을 의미한다.

- 저장 메서드는 애그리거트 루트만 저장하면 안 되고 애그리거트에 속한 모든 객체를 저장해야 한다.
- 삭제 메서드는 애그리거트 루트뿐만 아니라 애그리거트에 속한 모든 객체를 삭제해야 한다.

@Embeddable 매핑 타입은 함께 저장되고 삭제되므로 cascade 속성을 추가로 설정하지 않아도 된다. 반면에 애그리거트에 속한 @Entity 타입에 대한 매핑은 cascade 속성을 사용해서 저장과 삭제 시에 함께 처리되도록 설정해야 한다. @OneToOne, @OneToMany는 cascade 속성의 기본값이 없으므로 다음 코드처럼 cascade 속성값으로 CascadeType.PERSIST, CascadeType.REMOVE를 설정한다.

```
@OneToMany(cascade = {CascadeType.PERSIST, CascadeType.REMOVE},
        orphanRemoval = true)
@JoinColumn(name = "product_id")
@OrderColumn(name = "list_idx")
private List<Image> images = new ArrayList<>();
```

4.6 식별자 생성 기능

식별자는 크게 세 가지 방식 중 하나로 생성한다.

- 사용자가 직접 생성
- 도메인 로직으로 생성
- DB를 이용한 일련번호 사용

이메일 주소처럼 사용자가 직접 식별자를 입력하는 경우는 식별자 생성 주체가 사용자이기 때문에 도메인 영역에 식별자 생성 기능을 구현할 필요가 없다.

식별자 생성 규칙이 있다면 엔티티를 생성할 때 식별자를 엔티티가 별도 서비스로 식별자 생성 기능을 분리해야 한다. 식별자 생성 규칙은 도메인 규칙이므로 도메인 영역에 식별자 생성 기능을 위치시켜야 한다. 예를 들어 다음과 같은 도메인 서비스를 도메인 영역에 위치시킬 수 있다.

```java
public class ProductIdService {
    public ProductId nextId() {
        ... // 정해진 규칙으로 식별자 생성
    }
}
```

응용 서비스는 이 도메인 서비스를 이용해서 식별자를 구하고 엔티티를 생성한다.

```java
public class CreateProductService {
    @Autowired private ProductIdService idService;
    @Autowired private ProductRepository productRepository;
```

```
    @Transactional
    public ProductId createProduct(ProductCreationCommand cmd) {
        // 응용 서비스는 도메인 서비스를 이용해서 식별자를 생성
        ProductId id = productIdService.nextId();
        Product product = new Product(id, cmd.getDetail(), cmd.getPrice(), .... );
        productRepository.save(product);
        return id;
    }
}
```

특정 값의 조합으로 식별자가 생성되는 것 역시 규칙이므로 도메인 서비스를 이용해서 식별자를 생성할 수 있다. 예를 들어 주문번호가 고객 ID와 타임스탬프로 구성된다면 다음과 같은 도메인 서비스를 구현할 수 있다.

```
public class OrderIdService {
    public OrderId createId(UserId userId) {
        if (userId == null)
            throw new IllegalArgumentException("invalid userid: " + userId);
        return new OrderId(userId.toString() + "-" + timestamp());
    }

    private String timestamp() {
        return Long.toString(System.currentTimeMillis());
    }
}
```

식별자 생성 규칙을 구현하기에 적합한 또 다른 장소는 리포지터리다. 다음과 같이 리포지터리 인터페이스에 식별자를 생성하는 메서드를 추가하고 리포지터리 구현 클래스에서 알맞게 구현하면 된다.

```
public interface ProductRepository {
    ...// save() 등 다른 메서드

    // 식별자를 생성하는 메서드
    ProductId nextId();
}
```

DB 자동 증가 칼럼을 식별자로 사용하면 식별자 매핑에서 @GeneratedValue를 사용한다.

```
@Entity
@Table(name = "article")
public class Article {
    @Id
    @GeneratedValue(strategy = GenerationType.IDENTITY)
    private Long id;

    public Long getId() {
        return id;
    }
}
```

자동 증가 칼럼은 DB의 insert 쿼리를 실행해야 식별자가 생성되므로 도메인 객체를 리포지터리에 저장할 때 식별자가 생성된다. 이 말은 도메인 객체를 생성하는 시점에는 식별자를 알 수 없고 도메인 객체를 저장한 뒤에 식별자를 구할 수 있음을 의미한다.

```
public class WriteArticleService {
    private ArticleRepository articleRepository;

    public Long write(NewArticleRequest req) {
        Article article = new Article("제목", new ArticleContent("content", "type"));
        articleRepository.save(article); // EntityManager#save() 실행 시 식별자 생성
        return article.getId(); // 저장 이후 식별자 사용 가능
    }
    ...
```

JPA는 저장 시점에 생성한 식별자를 @Id로 매핑 한 프로퍼티/필드에 할당하므로 위 코드처럼 저장 이후에 엔티티의 식별자를 사용할 수 있다.

자동 증가 칼럼 외에 JPA의 식별자 생성 기능을 사용하는 경우에도 마찬가지로 저장 시점에 식별자를 생성한다.

4.7 도메인 구현과 DIP

2장에서 DIP에 대해 알아봤는데, 이 장에서 구현한 리포지터리는 DIP 원칙을 어기고 있다. 먼저 엔티티는 아래 코드처럼 구현 기술인 JPA에 특화된 @Entity, @Table, @Id, @Column 등의 애너테이션을 사용하고 있다.

```
@Entity
@Table(name = "article")
@SecondaryTable(
        name = "article_content",
        pkJoinColumns = @PrimaryKeyJoinColumn(name = "id")
)
public class Article {
    @Id
    @GeneratedValue(strategy = GenerationType.IDENTITY)
    private Long id;
```

DIP에 따르면 @Entity, @Table은 구현 기술에 속하므로 Article과 같은 도메인 모델은 구현 기술인 JPA에 의존하지 말아야 하는데 이 코드는 도메인 모델인 Article이 영속성 구현 기술인 JPA에 의존하고 있다.

리포지터리 인터페이스도 마찬가지다. 아래 코드에서 ArticleRepository 인터페이스는 도메인 패키지에 위치하는데 구현 기술인 스프링 데이터 JPA의 Repository 인터페이스를 상속하고 있다. 즉 도메인이 인프라에 의존하는 것이다.

```
import org.springframework.data.repository.Repository;

public interface ArticleRepository extends Repository<Article, Long> {
    void save(Article article);
    Optional<Article> findById(Long id);
}
```

구현 기술에 대한 의존 없이 도메인을 순수하게 유지하려면 스프링 데이터 JPA의 Repository 인터페이스를 상속받지 않도록 수정하고 [그림 4.9]와 같이 ArticleRepository 인터페이스를 구현한 클래스를 인프라에 위치시켜야 한다. 또한 Article 클래스에서 @Entity나 @Table과 같이 JPA에 특화된 애너테이션을 모두 지우고 인프라에 JPA를 연동하기 위한 클래스를 추가해야 한다.

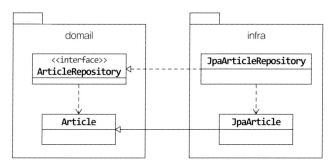

그림 4.9 도메인에서 구현 기술에 대한 의존을 없애려면 구현 클래스를 인프라에 위치시켜야 한다.

특정 기술에 의존하지 않는 순수한 도메인 모델을 추구하는 개발자는 [그림 4.9]와 같은 구조로 구현한다. 이 구조를 가지면 구현 기술을 변경하더라도 도메인이 받는 영향을 최소화할 수 있다.

DIP를 적용하는 주된 이유는 저수준 구현이 변경되더라도 고수준이 영향을 받지 않도록 하기 위함이다. 하지만 리포지터리와 도메인 모델의 구현 기술은 거의 바뀌지 않는다. 필자는 JPA로 구현한 리포지터리 구현 기술을 마이바티스나 다른 기술로 변경한 적이 없고, RDBMS를 사용하다 몽고DB로 변경한 적도 없다. 이렇게 변경이 거의 없는 상황에서 변경을 미리 대비하는 것은 과하다고 생각한다. 그래서 필자는 애그리거트, 리포지터리 등 도메인 모델을 구현할 때 타협을 했다.

JPA 전용 애너테이션을 사용하긴 했지만 도메인 모델을 단위 테스트하는 데 문제는 없다. 물론 JPA에 맞춰 도메인 모델을 구현해야 할 때도 있지만 이런 상황은 드물다. 리포지터리도 마찬가지다. 스프링 데이터 JPA가 제공하는 Repository 인터페이스를 상속하고 있지만 리포지터리 자체는 인터페이스이고 테스트 가능성을 해치지 않는다.

DIP를 완벽하게 지키면 좋겠지만 개발 편의성과 실용성을 가져가면서 구조적인 유연함은 어느 정도 유지했다. 복잡도를 높이지 않으면서(즉 JPA 애너테이션을 도메인 모델에 사용하면서) 기술에 따른 구현 제약이 낮다면 합리적인 선택이라고 생각한다.

Chapter

5

스프링 데이터 JPA를 이용한 조회 기능

- ☑ 스펙
- ☑ JPA 스펙 구현
- ☑ 정렬과 페이징
- ☑ 동적 인스턴스와 @Subselect

5.1 시작에 앞서

시작에 앞서 언급할 것이 하나 있다. 바로 CQRS다. CQRS는 명령^{Command} 모델과 조회^{Query} 모델을 분리하는 패턴이다. 명령 모델은 상태를 변경하는 기능을 구현할 때 사용하고 조회 모델은 데이터를 조회하는 기능을 구현할 때 사용한다. 예를 들어 회원 가입, 암호 변경, 주문 취소처럼 상태(데이터)를 변경하는 기능을 구현할 때 명령 모델을 사용한다. 주문 목록, 주문 상세처럼 데이터를 보여주는 기능을 구현할 때는 조회 모델을 사용한다.

엔티티, 애그리거트, 리포지터리 등 앞에서 살펴봤던 모델은 주문 취소, 배송지 변경과 같이 상태를 변경할 때 주로 사용된다. 즉 도메인 모델은 명령 모델로 주로 사용된다. 반면에 이 장에서 설명할 정렬, 페이징, 검색 조건 지정과 같은 기능은 주문 목록, 상품 상세와 같은 조회 기능에 사용된다. 즉 이 장에서 살펴볼 구현 방법은 조회 모델을 구현할 때 주로 사용한다.

이러한 이유로 이 장에서 사용하는 예제 코드는 리포지터리(도메인 모델에 속한)와 DAO(데이터 접근을 의미하는)라는 이름을 혼용해서 사용한다.

> **잠깐** ☛ 필자는 조회 모델을 구현할 때 다양한 기술을 사용한다. JPA를 사용할 때도 있고 마이바티스를 사용할 때도 있고 JdbcTemplate을 사용할 때도 있다. 그러니 모든 DB 연동 코드를 JPA만 사용해서 구현해야 한다고 생각하지는 말자.

검색 조건이 고정되어 있고 단순하면 다음과 같이 특정 조건으로 조회하는 기능을 만들면 된다.

```java
public interface OrderDataDao {
    Optional<OrderData> findById(OrderNo id);
    List<OrderData> findByOrderer(String ordererId, Date fromDate, Date toDate);
    ...
}
```

그런데 목록 조회와 같은 기능은 다양한 검색 조건을 조합해야 할 때가 있다. 필요한 조합마다 find 메서드를 정의할 수도 있지만 이것은 좋은 방법이 아니다. 조합이 증가할수록 정의해야 할 find 메서드도 함께 증가하기 때문이다.

이렇게 검색 조건을 다양하게 조합해야 할 때 사용할 수 있는 것이 스펙Specification이다. 스펙은 애그리거트가 특정 조건을 충족하는지를 검사할 때 사용하는 인터페이스다. 스펙 인터페이스는 다음과 같이 정의한다.

```java
public interface Speficiation<T> {
    public boolean isSatisfiedBy(T agg);
}
```

isSatisfiedBy() 메서드의 agg 파라미터는 검사 대상이 되는 객체다. 스펙을 리포지터리에 사용하면 agg는 애그리거트 루트가 되고, 스펙을 DAO에 사용하면 agg는 검색 결과로 리턴할 데이터 객체가 된다.

isSatisfiedBy() 메서드는 검사 대상 객체가 조건을 충족하면 true를 리턴하고, 그렇지 않으면 false를 리턴한다. 예를 들어 Order 애그리거트 객체가 특정 고객의 주문인지 확인하는 스펙은 다음과 같이 구현할 수 있다.

```
public class OrdererSpec implements Specification<Order> {
    private String ordererId;

    public OrdererSpec(String ordererId) {
        this.ordererId = ordererId;
    }

    public boolean isSatisfiedBy(Order agg) {
        return agg.getOrdererId().getMemberId().getId().equals(ordererId);
    }
}
```

리포지터리나 DAO는 검색 대상을 걸러내는 용도로 스펙을 사용한다. 만약 리포지터리가 메모리에 모든 애그리거트를 보관하고 있다면 다음과 같이 스펙을 사용할 수 있다.

```
public class MemoryOrderRepository implements OrderRepository {

    public List<Order> findAll(Specification<Order> spec) {
        List<Order> allOrders = findAll();
        return allOrders.stream()
                        .filter(order -> spec.isSatisfiedBy(order))
                        .toList();
    }
    ...
```

리포지터리가 스펙을 이용해서 검색 대상을 걸러주므로 특정 조건을 충족하는 애그리거트를 찾고 싶으면 원하는 스펙을 생성해서 리포지터리에 전달해 주기만 하면 된다.

```
// 검색 조건을 표현하는 스펙을 생성해서
Specification<Order> ordererSpec = new OrdererSpec("madvirus");
```

```
// 리포지터리에 전달
List<Order> orders = orderRepository.findAll(ordererSpec);
```

하지만 실제 스펙은 이렇게 구현하지 않는다. 모든 애그리거트 객체를 메모리에 보관하기도 어렵고 설사 메모리에 다 보관할 수 있다 하더라도 조회 성능에 심각한 문제가 발생하기 때문이다. 실제 스펙은 사용하는 기술에 맞춰 구현하게 된다. 이 장에서는 스프링 데이터 JPA를 이용한 스펙 구현에 대해 알아볼 것이다.

> **잠깐 👉** 스프링 데이터 JPA는 버전에 따라 사용법이 조금씩 다르다. 독자가 책을 읽는 시점에 따라 일부 코드는 다르게 동작할 수 있으니 스프링 데이터 JPA 레퍼런스 문서를 함께 보면서 학습할 것을 권한다.

5.3 스프링 데이터 JPA를 이용한 스펙 구현

스프링 데이터 JPA는 검색 조건을 표현하기 위한 인터페이스인 Specification(이후 '스펙 인터페이스'라고 부르겠다)을 제공하며 [리스트 5.1]과 같이 정의되어 있다.

리스트 5.1 스프링 데이터 JPA가 제공하는 Specification 인터페이스

```
01  package org.springframework.data.jpa.domain;
02
03  import java.io.Serializable;
04  import javax.persistence.criteria.CriteriaBuilder;
05  import javax.persistence.criteria.CriteriaQuery;
06  import javax.persistence.criteria.Predicate;
07  import javax.persistence.criteria.Root;
08  import org.springframework.lang.Nullable;
09
10  public interface Specification<T> extends Serializable {
11      // not, where, and, or 메서드 생략
12
13      @Nullable
14      Predicate toPredicate(Root<T> root,
15                      CriteriaQuery<?> query,
16                      CriteriaBuilder cb);
17  }
```

스펙 인터페이스에서 지네릭 타입 파라미터 T는 JPA 엔티티 타입을 의미한다. toPredicate()
메서드는 JPA 크리테리아^{Criteria} API에서 조건을 표현하는 Predicate을 생성한다. 예를 들어
다음에 해당하는 스펙은 [리스트 5.2]와 같이 구현할 수 있다.

- 엔티티 타입이 OrderSummary다.
- ordererId 프로터티 값이 지정한 값과 동일하다.

리스트 5.2 스펙 인터페이스를 구현한 클래스 예시

```
01  package com.myshop.order.query.dao;
02
03  import com.myshop.order.query.dto.OrderSummary;
04  import com.myshop.order.query.dto.OrderSummary_;
05  import org.springframework.data.jpa.domain.Specification;
06
07  import javax.persistence.criteria.CriteriaBuilder;
08  import javax.persistence.criteria.CriteriaQuery;
09  import javax.persistence.criteria.Predicate;
10  import javax.persistence.criteria.Root;
11
12  public class OrdererIdSpec implements Specification<OrderSummary> {
13
14      private String ordererId;
15
16      public OrdererIdSpec(String ordererId) {
17          this.ordererId = ordererId;
18      }
19
20      @Override
21      public Predicate toPredicate(Root<OrderSummary> root,
22                                   CriteriaQuery<?> query,
23                                   CriteriaBuilder cb) {
24          return cb.equal(root.get(OrderSummary_.ordererId), ordererId);
25      }
26  }
```

12행에서 OrdererIdSpec 클래스는 Specification<OrderSummary> 타입을 구현하므로 OrderSummary에 대한 검색 조건을 표현한다. 24행 코드는 toPredicate() 메서드를 구현한 코드인데 이 코드는 "ordererId" 프로퍼티 값이 생성자로 전달받은 ordererId와 동일한지 비교하는 Predicate을 생성한다.

스펙 구현 클래스를 개별적으로 만들지 않고 별도 클래스에 스펙 생성 기능을 모아도 된다. 예
를 들어 OrderSummary와 관련된 스펙 생성 기능을 [리스트 5.3]과 같이 한 클래스에 모을
수 있다.

```
01    package com.myshop.order.query.dao;
02
03    import com.myshop.order.query.dto.OrderSummary;
04    import com.myshop.order.query.dto.OrderSummary_;
05    import org.springframework.data.jpa.domain.Specification;
06
07    import javax.persistence.criteria.CriteriaBuilder;
08    import javax.persistence.criteria.CriteriaQuery;
09    import javax.persistence.criteria.Order;
10    import javax.persistence.criteria.Root;
11    import java.time.LocalDateTime;
12
13    public class OrderSummarySpecs {
14        public static Specification<OrderSummary> ordererId(String ordererId) {
15            return (Root<OrderSummary> root, CriteriaQuery<?> query,
16                CriteriaBuilder cb) ->
17                    cb.equal(root.<String>get("ordererId"), ordererId);
18        }
19
20        public static Specification<OrderSummary> orderDateBetween(
21                LocalDateTime from, LocalDateTime to) {
22            return (Root<OrderSummary> root, CriteriaQuery<?> query,
23                CriteriaBuilder cb) ->
24                    cb.between(root.get(OrderSummary_.orderDate), from, to);
25        }
26    }
```

스펙 인터페이스는 함수형 인터페이스이므로 15-17행, 22-24행처럼 람다식을 이용해서 객체를 생성할 수 있다. 스펙 생성이 필요한 코드는 스펙 생성 기능을 제공하는 클래스를 이용해서 조금 더 간결하게 스펙을 생성할 수 있다.

```
Specification<OrderSummary> betweenSpec =
        OrderSummarySpecs.orderDateBetween(from, to);
```

5.4 리포지터리/DAO에서 스펙 사용하기

스펙을 충족하는 엔티티를 검색하고 싶다면 findAll() 메서드를 사용하면 된다. findAll() 메서드는 스펙 인터페이스를 파라미터로 갖는다. [리스트 5.4]는 작성 예를 보여준다.

리스트 5.4 스펙 인터페이스를 파라미터로 갖는 findAll() 메서드

```
01  public interface OrderSummaryDao
02      extends Repository<OrderSummary, String> {
03    List<OrderSummary> findAll(Specification<OrderSummary> spec);
04  }
```

03행의 findAll() 메서드는 OrderSummary에 대한 검색 조건을 표현하는 스펙 인터페이스를 파라미터로 갖는다. 이 메서드와 앞서 작성한 스펙 구현체를 사용하면 특정 조건을 충족하는 엔티티를 검색할 수 있다.

```
// 스펙 객체를 생성하고
Specification<OrderSummary> spec = new OrdererIdSpec("user1");
// findAll() 메서드를 이용해서 검색
List<OrderSummary> results = orderSummaryDao.findAll(spec);
```

5.5 스펙 조합

스프링 데이터 JPA가 제공하는 스펙 인터페이스는 스펙을 조합할 수 있는 두 메서드를 제공하고 있다. 이 두 메서드는 and와 or다.

리스트 5.5 스펙 인터페이스는 and와 or 메서드를 제공한다

```
01  public interface Specification<T> extends Serializable {
02      ...생략
03
04      default Specification<T> and(@Nullable Specification<T> other) { ... }
05      default Specification<T> or(@Nullable Specification<T> other) { ... }
06
07      @Nullable
08      Predicate toPredicate(Root<T> root,
09                            CriteriaQuery<?> query,
10                            CriteriaBuilder criteriaBuilder);
11  }
```

and()와 or() 메서드는 기본 구현을 가진 디폴트 메서드이다. and() 메서드는 두 스펙을 모두 충족하는 조건을 표현하는 스펙을 생성하고 or() 메서드는 두 스펙 중 하나 이상 충족하는 조건을 표현하는 스펙을 생성한다. 다음 코드에서 spec1.and(spec2)는 spec1과 spec2를 모두 충족하는 조건을 표현하는 spec3을 생성한다.

```
Specification<OrderSummary> spec1 = OrderSummarySpecs.ordererId("user1");
Specification<OrderSummary> spec2 = OrderSummarySpecs.orderDateBetween(
        LocalDateTime.of(2022, 1, 1, 0, 0, 0),
        LocalDateTime.of(2022, 1, 2, 0, 0, 0));
Specification<OrderSummary> spec3 = spec1.and(spec2);
```

개별 스펙 조건마다 변수를 선언하지 않아도 된다. 다음 코드처럼 바로 and() 메서드를 사용하면 불필요한 변수 사용을 줄일 수 있다.

```
Specification<OrderSummary> spec = OrderSummarySpecs.ordererId("user1")
        .and(OrderSummarySpecs.orderDateBetween(from, to));
```

스펙 인터페이스는 not() 메서드도 제공한다. not()은 정적 메서드로 조건을 반대로 적용할 때 사용한다.

```
Specification<OrderSummary> spec =
        Specification.not(OrderSummarySpecs.ordererId("user1"));
```

null 가능성이 있는 스펙 객체와 다른 스펙을 조합해야 할 때가 있다. 이 경우 다음 코드처럼 null 여부를 판단해서 NullPointerException이 발생하는 것을 방지해야 하는데 null 여부를 매번 검사하려면 다소 귀찮다.

```
Specification<OrderSummary> nullableSpec = createNullableSpec(); // null일 수 있음
Specification<OrderSummary> otherSpec = createOtherSpec();

Specification<OrderSummary> spec =
        nullableSpec == null ? otherSpec : nullableSpec.and(otherSpec);
```

where() 메서드를 사용하면 이런 귀찮음을 줄일 수 있다. where() 메서드는 스펙 인터페이스의 정적 메서드로 null을 전달하면 아무 조건도 생성하지 않는 스펙 객체를 리턴하고 null이 아니면 인자로 받은 스펙 객체를 그대로 리턴한다. 이 메서드를 사용하면 위 코드를 다음과 같이 간단하게 변경할 수 있다.

```
Specification<OrderSummary> spec =
    Specification.where(createNullableSpec()).and(createOtherSpec());
```

5.6 정렬 지정하기

스프링 데이터 JPA는 두 가지 방법을 사용해서 정렬을 지정할 수 있다.

- 메서드 이름에 OrderBy를 사용해서 정렬 기준 지정
- Sort를 인자로 전달

특정 프로퍼티로 조회하는 find 메서드는 이름 뒤에 OrderBy를 사용해서 정렬 순서를 지정할 수 있다. 다음 코드를 보자.

```java
public interface OrderSummaryDao extends Repository<OrderSummary, String> {

    List<OrderSummary> findByOrdererIdOrderByNumberDesc(String ordererId);
```

findByOrdererIdOrderByNumberDesc 메서드는 다음 조회 쿼리를 생성한다.

- ordererId 프로퍼티 값을 기준으로 검색 조건 지정
- number 프로퍼티 값 역순으로 정렬

두 개 이상의 프로퍼티에 대한 정렬 순서를 지정할 수도 있다. 예를 들어 다음 메서드는 먼저 OrderDate 프로퍼티를 기준으로 내림차순으로 정렬하고 다음에 Number 프로퍼티를 기준으로 오름차순으로 정렬하는 쿼리를 생성한다.

```java
findByOrdererIdOrderByOrderDateDescNumberAsc
```

메서드 이름에 OrderBy를 사용하는 방법은 간단하지만 정렬 기준 프로퍼티가 두 개 이상이면 메서드 이름이 길어지는 단점이 있다. 또한 메서드 이름으로 정렬 순서가 정해지기 때문에 상황에 따라 정렬 순서를 변경할 수도 없다. 이럴 때는 Sort 타입을 사용하면 된다.

스프링 데이터 JPA는 정렬 순서를 지정할 때 사용할 수 있는 Sort 타입을 제공한다. 다음은 정렬 순서를 지정하기 위해 Sort 타입을 파라미터로 갖는 메서드 예를 보여준다.

```
import org.springframework.data.domain.Sort;

public interface OrderSummaryDao extends Repository<OrderSummary, String> {

    List<OrderSummary> findByOrdererId(String ordererId, Sort sort);
    List<OrderSummary> findAll(Specification<OrderSummary> spec, Sort sort);
```

find 메서드에 마지막 파라미터로 Sort를 추가했다. 스프링 데이터 JPA는 파라미터로 전달받은 Sort를 사용해서 알맞게 정렬 쿼리를 생성한다. find 메서드를 사용하는 코드는 알맞은 Sort 객체를 생성해서 전달하면 된다. 다음 코드는 Sort의 사용법을 보여준다.

```
Sort sort = Sort.by("number").ascending();
List<OrderSummary> results = orderSummaryDao.findByOrdererId("user1", sort);
```

이 코드는 "number" 프로퍼티 기준 오름차순 정렬을 표현하는 sort 객체를 생성한다. 만약 두 개 이상의 정렬 순서를 지정하고 싶다면 Sort#and() 메서드를 사용해서 두 Sort 객체를 연결하면 된다.

```
Sort sort1 = Sort.by("number").ascending();
Sort sort2 = Sort.by("orderDate").descending();
Sort sort = sort1.and(sort2);
```

위 코드는 다음과 같이 짧게 표현할 수도 있다.

```
Sort sort = Sort.by("number").ascending().and(Sort.by("orderDate").descending());
```

5.7 페이징 처리하기

목록을 보여줄 때 전체 데이터 중 일부만 보여주는 페이징 처리는 기본이다. 스프링 데이터 JPA는 페이징 처리를 위해 Pageable 타입을 이용한다. Sort 타입과 마찬가지로 find 메서드에 Pageable 타입 파라미터를 사용하면 페이징을 자동으로 처리해 준다.

```java
import org.springframework.data.domain.Pageable;

public interface MemberDataDao extends Repository<MemberData, String> {

    List<MemberData> findByNameLike(String name, Pageable pageable);

}
```

위 코드에서 findByNameLike() 메서드는 마지막 파라미터로 Pageable 타입을 갖는다. Pageable 타입은 인터페이스로 실제 Pageable 타입 객체는 PageRequest 클래스를 이용해서 생성한다. 다음 코드는 findByNameLike() 메서드를 호출하는 예를 보여준다.

```java
import org.springframework.data.domain.PageRequest

PageRequest pageReq = PageRequest.of(1, 10);
List<MemberData> user = memberDataDao.findByNameLike("사용자%", pageReq);
```

PageRequest.of() 메서드의 첫 번째 인자는 페이지 번호를, 두 번째 인자는 한 페이지의 개수를 의미한다. 페이지 번호는 0번부터 시작하므로 위 코드는 한 페이지에 10개씩 표시한다고 했을 때 두 번째 페이지를 조회한다. 즉 11번째부터 20번째까지 데이터를 조회한다.

PageRequest와 Sort를 사용하면 정렬 순서를 지정할 수 있다.

```
Sort sort = Sort.by("name").descending();
PageRequest pageReq = PageRequest.of(1, 2, sort);
List<MemberData> user = memberDataDao.findByNameLike("사용자%", pageReq);
```

Page 타입을 사용하면 데이터 목록뿐만 아니라 조건에 해당하는 전체 개수도 구할 수 있다.

```
import org.springframework.data.domain.Page;
import org.springframework.data.domain.Pageable;

public interface MemberDataDao extends Repository<MemberData, String> {

    Page<MemberData> findByBlocked(boolean blocked, Pageable pageable);

}
```

Pageable을 사용하는 메서드의 리턴 타입이 Page일 경우 스프링 데이터 JPA는 목록 조회 쿼리와 함께 COUNT 쿼리도 실행해서 조건에 해당하는 데이터 개수를 구한다. Page는 전체 개수, 페이지 개수 등 페이징 처리에 필요한 데이터도 함께 제공한다. 다음은 Page가 제공하는 메서드의 일부를 보여준다.

```
Pageable pageReq = PageRequest.of(2, 3);
Page<MemberData> page = memberDataDao.findByBlocked(false, pageReq);
List<MemberData> content = page.getContent(); // 조회 결과 목록
long totalElements = page.getTotalElements(); // 조건에 해당하는 전체 개수
int totalPages = page.getTotalPages(); // 전체 페이지 번호
int number = page.getNumber(); // 현재 페이지 번호
int numberOfElements = page.getNumberOfElements(); // 조회 결과 개수
int size = page.getSize(); // 페이지 크기
```

스펙을 사용하는 findAll() 메서드도 Pageable을 사용할 수 있다.

```
public interface MemberDataDao extends Repository<MemberData, String> {
```

```
    Page<MemberData> findAll(Specification<MemberData> spec, Pageable pageable);

}
```

잠깐 👉 프로퍼티를 비교하는 findBy프로퍼티 형식의 메서드는 Pageable 타입을 사용하더라도 리턴 타입이 List면 COUNT 쿼리를 실행하지 않는다. 즉, 다음 두 메서드 중에서 두 번째 findByNameLike 메서드는 전체 개수를 구하기 위한 COUNT 쿼리를 실행하지 않는다.

```
    Page<MemberData> findByBlocked(boolean blocked, Pageable pageable);
    List<MemberData> findByNameLike(String name, Pageable pageable);
```

페이징 처리와 관련된 정보가 필요 없다면 Page 리턴 타입이 아닌 List를 사용해서 불필요한 COUNT 쿼리를 실행하지 않도록 한다.

반면에 스펙을 사용하는 findAll 메서드에 Pageable 타입을 사용하면 리턴 타입이 Page가 아니어도 COUNT 쿼리를 실행한다. 즉, 다음 메서드를 실행하면 페이지 관련 정보가 필요 없더라도 COUNT 쿼리를 실행한다.

```
    List<MemberData> findAll(Specification<MemberData> spec, Pageable pageable);
```

스펙을 사용하고 페이징 처리를 하면서 COUNT 쿼리는 실행하고 싶지 않다면 스프링 데이터 JPA가 제공하는 커스텀 리포지터리 기능을 이용해서 직접 구현해야 한다. 구현하는 방법이 궁금한 독자는 https://javacan. tistory.com/entry/spring-data-jpa-range-query 문서를 읽어보기 바란다.

처음부터 N개의 데이터가 필요하다면 Pageable을 사용하지 않고 findFirstN 형식의 메서드를 사용할 수도 있다. 예를 들어 다음 메서드는 name 프로퍼티 기준으로 like를 검색한 결과를 name 프로퍼티를 기준으로 오른차순으로 정렬해서 처음 3개를 조회한다.

```
List<MemberData> find**First3**ByNameLikeOrderByName(String name)
```

First 대신 Top을 사용해도 된다. First나 Top 뒤에 숫자가 없으면 한 개 결과만 리턴한다.

```
MemberData find**First**ByBlockedOrderById(boolean blocked)
```

5.8 스펙 조합을 위한 스펙 빌더 클래스

스펙을 생성하다 보면 다음 코드처럼 조건에 따라 스펙을 조합해야 할 때가 있다.

```java
Specification<MemberData> spec = Specification.where(null);
if (searchRequest.isOnlyNotBlocked()) {
    spec = spec.and(MemberDataSpecs.nonBlocked());
}
if (StringUtils.hasText(searchRequest.getName())) {
    spec = spec.and(MemberDataSpecs.nameLike(searchRequest.getName()));
}
List<MemberData> results = memberDataDao.findAll(spec, PageRequest.of(0, 5));
```

이 코드는 if와 각 스펙을 조합하는 코드가 섞여 있어 실수하기 좋고 복잡한 구조를 갖는다. 이 점을 보완하기 위해 필자는 스펙 빌더를 만들어 사용한다. 다음은 스펙 빌더를 사용해서 작성한 코드 예를 보여준다.

```java
Specification<MemberData> spec = SpecBuilder.builder(MemberData.class)
        .ifTrue(searchRequest.isOnlyNotBlocked(),
                () -> MemberDataSpecs.nonBlocked())
        .ifHasText(searchRequest.getName(),
                name -> MemberDataSpecs.nameLike(searchRequest.getName()))
        .toSpec();
List<MemberData> result = memberDataDao.findAll(spec, PageRequest.of(0, 5));
```

if 블록을 사용할 때와 비교하면 코드 양은 비슷한데 메서드를 사용해서 조건을 표현하고 메서드 호출 체인으로 연속된 변수 할당을 줄여 코드 가독성을 높이고 구조가 단순해졌다.

스펙 빌더 코드는 [리스트 5.6]과 같다. and(), ifHasText(), ifTrue() 메서드가 있는데 이 외에 필요한 메서드를 추가해서 사용하면 된다.

리스트 5.6 스펙 빌더 클래스

```
01  import org.springframework.data.jpa.domain.Specification;
02  import org.springframework.util.StringUtils;
03
04  import java.util.ArrayList;
05  import java.util.List;
06  import java.util.function.Function;
07  import java.util.function.Supplier;
08
09  public class SpecBuilder {
10      public static <T> Builder<T> builder(Class<T> type) {
11          return new Builder<T>();
12      }
13
14      public static class Builder<T> {
15          private List<Specification<T>> specs = new ArrayList<>();
16
17          public Builder<T> and(Specification<T> spec) {
18              specs.add(spec);
19              return this;
20          }
21
22          public Builder<T> ifHasText(String str,
23                  Function<String, Specification<T>> specSupplier) {
24              if (StringUtils.hasText(str)) {
25                  specs.add(specSupplier.apply(str));
26              }
27              return this;
28          }
29
30          public Builder<T> ifTrue(Boolean cond,
31                  Supplier<Specification<T>> specSupplier) {
32              if (cond != null && cond.booleanValue()) {
33                  specs.add(specSupplier.get());
34              }
35              return this;
36          }
```

```
37
38        public Specification<T> toSpec() {
39            Specification<T> spec = Specification.where(null);
40            for (Specification<T> s : specs) {
41                spec = spec.and(s);
42            }
43            return spec;
44        }
45    }
46 }
```

5.9 동적 인스턴스 생성

JPA는 쿼리 결과에서 임의의 객체를 동적으로 생성할 수 있는 기능을 제공하고 있다. [리스트 5.7]을 보자.

리스트 5.7 JPQL에서 동적 인스턴스를 사용한 코드

```
01  public interface OrderSummaryDao
02      extends Repository<OrderSummary, String> {
03
04      @Query("""
05          select new com.myshop.order.query.dto.OrderView(
06              o.number, o.state, m.name, m.id, p.name
07          )
08          from Order o join o.orderLines ol, Member m, Product p
09          where o.orderer.memberId.id = :ordererId
10          and o.orderer.memberId.id = m.id
11          and index(ol) = 0
12          and ol.productId.id = p.id
13          order by o.number.number desc
14          """)
15      List<OrderView> findOrderView(String ordererId);
16  }
```

이 코드에서 JPQL의 select 절을 보면 new 키워드가 있다. new 키워드 뒤에 생성할 인스턴스의 완전한 클래스 이름을 지정하고 괄호 안에 생성자에 인자로 전달할 값을 지정한다. 이 코드는 OrderView 생성자에 인자로 각각 Order의 number, Member의 name 등 필요한 값을 전달한다. OrderView 생성자는 생성자로 전달받은 데이터를 저장한다.

```
public class OrderView {

    private final String number;
    private final OrderState state;
    private final String memberName;
    private final String memberId;
    private final String productName;

    public OrderView(OrderNo number, OrderState state,
                     String memberName, MemberId memberId,
                     String productName) {
        this.number = number.getNumber();
        this.state = state;
        this.memberName = memberName;
        this.memberId = memberId.getId();
        this.productName = productName;
    }

    ... // get 메서드
}
```

조회 전용 모델을 만드는 이유는 표현 영역을 통해 사용자에게 데이터를 보여주기 위함이다. 많은 웹 프레임워크는 새로 추가한 밸류 타입을 알맞은 형식으로 출력하지 못하므로 위 코드처럼 값을 기본 타입으로 변환하면 편리하다. 물론 사용하는 웹 프레임워크에 익숙하다면 Money와 같은 밸류 타입을 원하는 형식으로 출력하도록 프레임워크를 확장해서 조회 전용 모델에서 밸류 타입의 의미가 사라지지 않도록 할 수 있다.

동적 인스턴스의 장점은 JPQL을 그대로 사용하므로 객체 기준으로 쿼리를 작성하면서도 동시에 지연/즉시 로딩과 같은 고민 없이 원하는 모습으로 데이터를 조회할 수 있다는 점이다.

5.10 하이버네이트 @Subselect 사용

하이버네이트는 JPA 확장 기능으로 @Subselect를 제공한다. @Subselect는 쿼리 결과를 @Entity로 매핑할 수 있는 유용한 기능으로 [리스트 5.8]은 사용 예를 보여주고 있다.

리스트 5.8 @Subselect를 이용해서 @Entity를 매핑한 예

```
01   import org.hibernate.annotations.Immutable;
02   import org.hibernate.annotations.Subselect;
03   import org.hibernate.annotations.Synchronize;
04
05   import javax.persistence.Column;
06   import javax.persistence.Entity;
07   import javax.persistence.Id;
08   import java.time.LocalDateTime;
09
10   @Entity
11   @Immutable
12   @Subselect(
13       """
14       select o.order_number as number,
15       o.version, o.orderer_id, o.orderer_name,
16       o.total_amounts, o.receiver_name, o.state, o.order_date,
17       p.product_id, p.name as product_name
18       from purchase_order o inner join order_line ol
19           on o.order_number = ol.order_number
20           cross join product p
21       where
22       ol.line_idx = 0
23       and ol.product_id = p.product_id"""
24   )
```

```
25    @Synchronize({"purchase_order", "order_line", "product"})
26    public class OrderSummary {
27        @Id
28        private String number;
29        private long version;
30        @Column(name = "orderer_id")
31        private String ordererId;
32        @Column(name = "orderer_name")
33        private String ordererName;
34        …생략
35
36        protected OrderSummary() {
37        }
```

@Immutable, @Subselect, @Synchronize는 하이버네이트 전용 애너테이션인데 이 태그를 사용하면 테이블이 아닌 쿼리 결과를 @Entity로 매핑할 수 있다.

@Subselect는 조회select 쿼리를 값으로 갖는다. 하이버네이트는 이 select 쿼리의 결과를 매핑할 테이블처럼 사용한다. DBMS가 여러 테이블을 조인해서 조회한 결과를 한 테이블처럼 보여주기 위한 용도로 뷰를 사용하는 것처럼 @Subselect를 사용하면 쿼리 실행 결과를 매핑할 테이블처럼 사용한다.

뷰를 수정할 수 없듯이 @Subselect로 조회한 @Entity 역시 수정할 수 없다. 실수로 @Subselect를 이용한 @Entity의 매핑 필드를 수정하면 하이버네이트는 변경 내역을 반영하는 update 쿼리를 실행할 것이다. 그런데 매핑 한 테이블이 없으므로 에러가 발생한다. 이런 문제를 방지하기 위해 @Immutable을 사용한다. @Immutable을 사용하면 하이버네이트는 해당 엔티티의 매핑 필드/프로퍼티가 변경되도 DB에 반영하지 않고 무시한다.

다음 코드를 보자.

```
// purchase_order 테이블에서 조회
Order order = orderRepository.findById(orderNumber);
order.changeShippingInfo(newInfo); // 상태 변경

// 변경 내역이 DB에 반영되지 않았는데 purchase_order 테이블에서 조회
List<OrderSummary> summaries = orderSummaryRepository.findByOrdererId(userId);
```

위 코드는 Order의 상태를 변경한 뒤에 OrderSummary를 조회하고 있다. 특별한 이유가 없으면 하이버네이트는 트랜잭션을 커밋하는 시점에 변경사항을 DB에 반영하므로, Order의 변경 내역을 아직 purchase_order 테이블에 반영하지 않은 상태에서 purchase_order 테이블을 사용하는 OrderSummary를 조회하게 된다. 즉, OrderSummary에는 최신 값이 아닌 이전 값이 담기게 된다.

이런 문제를 해소하기 위한 용도로 사용한 것이 @Synchronize이다. @Synchronize는 해당 엔티티와 관련된 테이블 목록을 명시한다. 하이버네이트는 엔티티를 로딩하기 전에 지정한 테이블과 관련된 변경이 발생하면 플러시flush를 먼저 한다. OrderSummary의 @Synchronize는 'purchase_order' 테이블을 지정하고 있으므로 OrderSummary를 로딩하기 전에 purchase_order 테이블에 변경이 발생하면 관련 내역을 먼저 플러시 한다. 따라서 Order Summary를 로딩하는 시점에서는 변경 내역이 반영된다.

@Subselect를 사용해도 일반 @Entity와 같기 때문에 EntityManager#find(), JPQL, Criteria를 사용해서 조회할 수 있다는 것이 @Subselect의 장점이다. 이것은 초반에 설명한 스펙을 사용할 수 있다는 것도 포함한다.

```
// @Subselect를 적용한 @Entity는 일반 @Entity와 동일한 방법으로 조회할 수 있다.
Specification<OrderSummary> spec = orderDateBetween(from, to);
Pageable pageable = PageRequest.of(1, 10);
List<OrderSummary> results = orderSummaryDao.findAll(spec, pageable);
```

@Subselect는 이름처럼 @Subselect의 값으로 지정한 쿼리를 from 절의 서브 쿼리로 사용한다. 즉, 실행하는 쿼리는 다음과 같은 형식을 갖는다.

```
select osm.number as number1_0_, ...생략
from (
    select o.order_number as number,
    o.version,
    ...생략
    p.name as product_name
    from purchase_order o inner join order_line ol
        on o.order_number = ol.order_number
        cross join product p
```

```
    where
    ol.line_idx = 0
    and ol.product_id = p.product_id
 ) osm
 where osm.orderer_id=? order by osm.number desc
```

@Subselect를 사용할 때는 쿼리가 이러한 형태를 갖는다는 점을 유념해야 한다. 서브 쿼리를
사용하고 싶지 않다면 네이티브 SQL 쿼리를 사용하거나 마이바티스와 같은 별도 매퍼^{Mapper}를
사용해서 조회 기능을 구현해야 한다.

Chapter

6

응용 서비스와
표현 영역

- ☑ 응용 서비스 구현
- ☑ 표현 영역의 역할
- ☑ 값 검증과 권한 검사

1장부터 5장까지는 도메인의 구성요소와 JPA를 이용한 리포지터리 구현 방법에 대한 내용을 주로 다뤘다. 도메인 영역을 잘 구현하지 않으면 사용자의 요구를 충족하는 제대로 된 소프트웨어를 만들지 못한다.

하지만 도메인 영역만 잘 만든다고 끝나는 것은 아니다. 도메인이 제 기능을 하려면 사용자와 도메인을 연결해 주는 매개체가 필요하다. 2장 아키텍처에서 설명한 응용 영역과 표현 영역이 사용자와 도메인을 연결해 주는 매개체 역할을 한다.

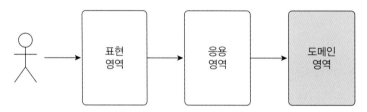

그림 6.1 사용자에게 기능을 제공하려면 도메인과 사용자를 연결해 줄 표현 영역과 응용 영역이 필요하다.

표현 영역은 사용자의 요청을 해석한다. 사용자가 웹 브라우저에서 폼에 ID와 암호를 입력한 뒤에 전송 버튼을 클릭하면 요청 파라미터를 포함한 HTTP 요청을 표현 영역에 전달한다. 요청을 받은 표현 영역은 URL, 요청 파라미터, 쿠키, 헤더 등을 이용해서 사용자가 실행하고 싶은 기능을 판별하고 그 기능을 제공하는 응용 서비스를 실행한다.

실제 사용자가 원하는 기능을 제공하는 것은 응용 영역에 위치한 서비스다. 사용자가 회원 가입을 요청했다면 실제 그 요청을 위한 기능을 제공하는 주체는 응용 서비스에 위치한다. 응용 서비스는 기능을 실행하는 데 필요한 입력 값을 메서드 인자로 받고 실행 결과를 리턴한다.

응용 서비스의 메서드가 요구하는 파라미터와 표현 영역이 사용자로부터 전달받은 데이터는 형식이 일치하지 않기 때문에 표현 영역은 응용 서비스가 요구하는 형식으로 사용자 요청을 변환한다. 예를 들어 표현 영역의 코드는 다음과 같이 폼에 입력한 요청 파라미터 값을 사용해서 응용 서비스가 요구하는 객체를 생성한 뒤, 응용 서비스의 메서드를 호출한다.

```java
@PostMapping("/member/join")
public ModelAndView join(HttpServletRequest request) {
    String email = request.getParameter("email");
    String password = request.getParameter("password");
    // 사용자 요청을 응용 서비스에 맞게 변환
    JoinRequest joinReq = new JoinRequest(email, password);
    // 변환한 객체(데이터)를 이용해서 응용 서비스 실행
    joinService.join(joinReq);
    ...
}
```

응용 서비스를 실행한 뒤에 표현 영역은 실행 결과를 사용자에게 알맞은 형식으로 응답한다. 사용자 요청에 맞게 HTML이나 JSON 형식으로 응답할 것이다.

사용자와 상호작용은 표현 영역이 처리하기 때문에, 응용 서비스는 표현 영역에 의존하지 않는다. 응용 영역은 사용자가 웹 브라우저를 사용하는지 REST API를 호출하는지, TCP 소켓을 사용하는지를 알 필요가 없다. 단지 기능 실행에 필요한 입력 값을 받고 실행 결과만 리턴하면 될 뿐이다.

6.2 응용 서비스의 역할

응용 서비스는 사용자(클라이언트)가 요청한 기능을 실행한다. 응용 서비스는 사용자의 요청을 처리하기 위해 리포지터리에서 도메인 객체를 가져와 사용한다.

응용 서비스의 주요 역할은 도메인 객체를 사용해서 사용자의 요청을 처리하는 것이므로 표현(사용자) 영역 입장에서 보았을 때 응용 서비스는 도메인 영역과 표현 영역을 연결해 주는 창구 역할을 한다.

응용 서비스는 주로 도메인 객체 간의 흐름을 제어하기 때문에 다음과 같이 단순한 형태를 갖는다.

```java
public Result doSomeFunc(SomeReq req) {
    // 1. 리포지터리에서 애그리거트를 구한다.
    SomeAgg agg = someAggRepository.findById(req.getId());
    checkNull(agg);

    // 2. 애그리거트의 도메인 기능을 실행한다.
    agg.doFunc(req.getValue());

    // 3. 결과를 리턴한다.
    return createSuccessResult(agg);
}
```

새로운 애그리거트를 생성하는 응용 서비스 역시 간단하다.

```java
public Result doSomeCreation(CreateSomeReq req) {
    // 1. 데이터 중복 등 데이터가 유효한지 검사한다.
```

```
    validate(req);

    // 2. 애그리거트를 생성한다.
    SomeAgg newAgg = createSome(req);

    // 3. 리포지터리에 애그리거트를 저장한다.
    someAggRepository.save(newAgg);

    // 4. 결과를 리턴한다.
    return createSuccessResult(newAgg);
}
```

응용 서비스가 복잡하다면 응용 서비스에서 도메인 로직의 일부를 구현하고 있을 가능성이 높다. 응용 서비스가 도메인 로직을 일부 구현하면 코드 중복, 로직 분산 등 코드 품질에 안 좋은 영향을 줄 수 있다.

응용 서비스는 트랜잭션 처리도 담당한다. 응용 서비스는 도메인의 상태 변경을 트랜잭션으로 처리해야 한다. 한 번에 다수 회원을 차단 상태로 변경하는 응용 서비스를 생각해 보자. 이 서비스는 차단 대상이 되는 Member 애그리거트 목록을 구하고 차례대로 차단 기능을 실행할 것이다.

```
public void blockMembers(String[] blockingIds) {
    if (blockingIds == null || blockingIds.length == 0) return;
    List<Member> members = memberRepository.findByIdIn(blockingIds);
    for (Member mem : members) {
        mem.block();
    }
}
```

blockMembers() 메서드가 트랜잭션 범위에서 실행되지 않는다고 가정해 보자. Member 객체의 block() 메서드를 실행해서 상태를 변경했는데 DB에 반영하는 도중 문제가 발생하면 일부 Member만 차단 상태가 되어 데이터 일관성이 깨지게 된다. 이런 상황이 발생하지 않으려면 트랜잭션 범위에서 응용 서비스를 실행해야 한다.

트랜잭션 외에 응용 서비스의 주요 역할로 접근 제어와 이벤트 처리가 있는데 이에 대한 내용은 뒤에서 살펴본다.

6.2.1 도메인 로직 넣지 않기

도메인 로직은 도메인 영역에 위치하고 응용 서비스는 도메인 로직을 구현하지 않는다고 했다. 암호 변경 기능을 예로 들어보자. 암호 변경 기능을 위한 응용 서비스는 Member 애그리거트와 관련 리포지터리를 이용해서 다음 코드처럼 도메인 객체 간의 실행 흐름을 제어한다.

```
public class ChangePasswordService {

    public void changePassword(String memberId, String oldPw, String newPw) {
        Member member = memberRepository.findById(memberId);
        checkMemberExists(member);
        member.changePassword(oldPw, newPw);
    }
    ...
```

Member 애그리거트는 암호를 변경하기 전에 기존 암호를 올바르게 입력했는지 확인하는 로직을 구현한다.

```
public class Member {

    public void changePassword(String oldPw, String newPw) {
        if (!matchPassword(oldPw)) throw new BadPasswordException();
        setPassword(newPw);
    }

    // 현재 암호와 일치하는지 검사하는 도메인 로직
    public boolean matchPassword(String pwd) {
        return passwordEncoder.matches(pwd);
    }

    private void setPassword(String newPw) {
        if (isEmpty(newPw)) throw new IllegalArgumentException("no new password");
```

```
        this.password = newPw;
    }
```

기존 암호를 올바르게 입력했는지를 확인하는 것은 도메인의 핵심 로직이기 때문에 다음 코드
처럼 응용 서비스에서 이 로직을 구현하면 안 된다.

```
public class ChangePasswordService {

    public void changePassword(String memberId, String oldPw, String newPw) {
        Member member = memberRepository.findById(memberId);
        checkMemberExists(member);

        if (!passwordEncoder.matches(oldPw, member.getPassword())) {
            throw new BadPasswordException();
        }
        member.setPassword(newPw);
    }
    ...
```

도메인 로직을 도메인 영역과 응용 서비스에 분산해서 구현하면 코드 품질에 문제가 발생한다.
첫 번째 문제는 코드의 응집성이 떨어진다는 것이다. 도메인 데이터와 그 데이터를 조작하는
도메인 로직이 한 영역에 위치하지 않고 서로 다른 영역에 위치한다는 것은 도메인 로직을 파
악하기 위해 여러 영역을 분석해야 한다는 것을 의미한다.

두 번째 문제는 여러 응용 서비스에서 동일한 도메인 로직을 구현할 가능성이 높아진다는 것이
다. 예를 들어 비정상적인 계정 정지를 막기 위해 암호를 확인한다고 해보자. 이 경우 계정 정
지 기능을 구현하는 응용 서비스는 다음과 같이 암호를 확인하는 코드를 구현해야 한다.

```
public class DeactivationService {

    public void deactivate(String memberId, String pwd) {
        Member member = memberRepository.findById(memberId);
        checkMemberExists(member);

        if (!passwordEncoder.matches(oldPw, member.getPassword()) {
```

```
            throw new BadPasswordException();
        }
        member.deactivate();
    }
    ...
```

코드 중복을 막기 위해 응용 서비스 영역에 별도의 보조 클래스를 만들 수 있지만, 애초에 도메인 영역에 암호 확인 기능을 구현했으면 응용 서비스는 그 기능을 사용하기만 하면 된다. 다음과 같이 암호 데이터를 가진 Member 객체에 암호 확인 기능을 구현하고 응용 서비스에서는 도메인이 제공하는 기능을 사용하면 응용 서비스가 도메인 로직을 구현하면서 발생하는 코드 중복 문제는 발생하지 않는다.

```
public class DeactivationService {

    public void deactivate(String memberId, String pwd) {
        Member member = memberRepository.findById(memberId);
        checkMemberExists(member);
        if (!member.matchPassword(pwd)) {
            throw new BadPasswordException();
        }
        member.deactivate();
    }
    ...
```

일부 도메인 로직이 응용 서비스에 출현하면서 발생하는 두 가지 문제(응집도가 떨어지고 코드 중복이 발생)는 결과적으로 코드 변경을 어렵게 만든다. 소프트웨어가 가져야 할 중요한 경쟁 요소 중 하나는 변경 용이성인데, 변경이 어렵다는 것은 그만큼 소프트웨어의 가치가 떨어진다는 것을 의미한다. 소프트웨어의 가치를 높이려면 도메인 로직을 도메인 영역에 모아서 코드 중복을 줄이고 응집도를 높여야 한다.

6.3 응용 서비스의 구현

응용 서비스는 표현 영역과 도메인 영역을 연결하는 매개체 역할을 하는데 이는 디자인 패턴에서 파사드^{facade}와 같은 역할을 한다. 응용 서비스 자체는 복잡한 로직을 수행하지 않기 때문에 응용 서비스의 구현은 어렵지 않다. 이 절에서는 응용 서비스를 구현할 때 몇 가지 고려할 사항과 트랜잭션과 같은 구현 기술의 연동에 대해 살펴본다.

6.3.1 응용 서비스의 크기

응용 서비스 자체의 구현은 어렵지 않지만 몇 가지 생각할 거리가 있다. 그중 하나가 응용 서비스의 크기다. 회원 도메인을 생각해 보자. 응용 서비스는 회원 가입하기, 회원 탈퇴하기, 회원 암호 변경하기, 비밀번호 초기화하기와 같은 기능을 구현하기 위해 도메인 모델을 사용하게 된다. 이 경우 응용 서비스는 보통 다음의 두 가지 방법 중 한 가지 방식으로 구현한다.

- 한 응용 서비스 클래스에 회원 도메인의 모든 기능 구현하기
- 구분되는 기능별로 응용 서비스 클래스를 따로 구현하기

회원과 관련된 기능을 한 클래스에서 모두 구현하면 다음과 같은 모습을 갖는다. 각 메서드를 구현하는 데 필요한 리포지터리나 도메인 서비스는 필드로 추가한다.

```
public class MemberService {
    // 각 기능을 구현하는 데 필요한 리포지터리, 도메인 서비스 필드 추가
    private MemberRepository memberRepository;

    public void join(MemberJoinRequest joinRequest) { ... }
```

```
    public void changePassword(String memberId, String curPw, String newPw) { ... }
    public void initializePassword(String memberId) { ... }
    public void leave(String memberId, String curPw) { ... }
    ...
}
```

한 도메인과 관련된 기능을 구현한 코드가 한 클래스에 위치하므로 각 기능에서 동일 로직에 대한 코드 중복을 제거할 수 있다는 장점이 있다. 예를 들어 changePassword(), initializePassword(), leave()는 회원이 존재하지 않으면 NoMemberException을 발생시켜야 한다고 해보자. 이 경우 다음과 같이 중복된 로직을 구현한 private 메서드를 구현하고 이를 호출하는 방법으로 중복 로직을 쉽게 제거할 수 있다.

```
public class MemberService {
    private MemberRepository memberRepository;
    private Notifier notifier;

    public void changePassword(String memberId, String currentPw, String newPw) {
        Member member = findExistingMember(memberId);
        member.changePassword(currentPw, newPw);
    }

    public void initializePassword(String memberId) {
        Member member = findExistingMember(memberId);
        String newPassword = member.initializePassword();
        notifier.notifyNewPassword(member, newPassword);
    }

    public void leave(String memberId, String curPw) { ...
        Member member = findExistingMember(memberId);
        member.leave();
    }

    // 각 기능의 동일 로직에 대한 구현 코드 중복을 쉽게 제거
    private Member findExistingMember(String memberId) {
        Member member = memberRepository.findById(memberId);
        if (member == null)
            throw new NoMemberException(memberId);
```

```
        return member;
    }
    ...
```

각 기능에서 동일한 로직을 위한 코드 중복을 제거하기 쉽다는 것이 장점이라면 한 서비스 클래스의 크기(코드 줄 수)가 커진다는 것은 이 방식의 단점이다. 코드 크기가 커지면 연관성이 적은 코드가 한 클래스에 함께 위치할 가능성이 높아지게 되는데 결과적으로 관련 없는 코드가 뒤섞여 코드를 이해하는 데 방해가 된다.

예를 들어 위 코드에서 암호 초기화 기능을 구현한 initializePassword() 메서드는 암호 초기화 후에 신규 암호를 사용자에게 통지하기 위해 Notifier를 사용하는데, 이 Notifier는 암호 변경 기능을 구현한 changePassword()에서는 필요하지 않은 기능이다. 하지만 Notifier가 필드로 존재하기 때문에 이 Notifier가 어떤 기능 때문에 필요한지 확인하려면 각 기능을 구현한 코드를 뒤져야 한다.

게다가 한 클래스에 코드가 모이기 시작하면 엄연히 분리하는 것이 좋은 상황임에도 습관적으로 기존에 존재하는 클래스에 억지로 끼워 넣게 된다. 이것은 코드를 점점 얽히게 만들어 코드 품질을 낮추는 결과를 초래한다.

구분되는 기능별로 서비스 클래스를 구현하는 방식은 한 응용 서비스 클래스에서 한 개 내지 2~3개의 기능을 구현한다. 다음과 같이 암호 변경 기능만을 위한 응용 서비스 클래스를 별도로 구현하는 식이다.

```
public class ChangePasswordService {
    private MemberRepository memberRepository;

    public void changePassword(String memberId, String curPw, String newPw) {
        Member member = memberRepository.findById(memberId);
        if (member == null) throw new NoMemberException(memberId);
        member.changePassword(curPw, newPw);
    }
    ...
}
```

이 방식을 사용하면 클래스 개수는 많아지지만 한 클래스에 관련 기능을 모두 구현하는 것과 비교해서 코드 품질을 일정 수준으로 유지하는 데 도움이 된다. 또한 각 클래스별로 필요한 의존 객체만 포함하므로 다른 기능을 구현한 코드에 영향을 받지 않는다.

각 기능마다 동일한 로직을 구현할 경우 여러 클래스에 중복해서 동일한 코드를 구현할 가능성이 있다. 이 경우 다음과 같이 별도 클래스에 로직을 구현해서 코드가 중복되는 것을 방지할 수 있다.

```java
// 각 응용 서비스에서 공통되는 로직을 별도 클래스로 구현
public final class MemberServiceHelper {
    public static Member findExistingMember(MemberRepository repo, String memberId) {
        Member member = memberRepository.findById(memberId);
        if (member == null)
            throw new NoMemberException(memberId);
        return member;
    }
}

// 공통 로직을 제공하는 메서드를 응용 서비스에서 사용
import static com.myshop.member.application.MemberServiceHelper.*;

public class ChangePasswordService {
    private MemberRepository memberRepository;

    public void changePassword(String memberId, String curPw, String newPw) {
        Member member = findExistingMember(memberRepository, memberId);
        member.changePassword(curPw, newPw);
    }
    ...
}
```

필자는 한 클래스가 여러 역할을 갖는 것보다 각 클래스마다 구분되는 역할을 갖는 것을 선호한다. 한 도메인과 관련된 기능을 하나의 응용 서비스 클래스에서 모두 구현하는 방식보다 구분되는 기능을 별도의 서비스 클래스로 구현하는 방식을 사용한다.

6.3.2 응용 서비스의 인터페이스와 클래스

응용 서비스를 구현할 때 논쟁이 될 만한 것이 인터페이스가 필요한 지이다. 다음과 같이 인터페이스를 만들고 이를 상속한 클래스를 만드는 것이 필요할까?

```java
public interface ChangePasswordService {
    public void changePassword(String memberId, String curPw, String newPw);
}

public class ChangePasswordServiceImpl implements ChangePasswordService {
    ...구현
}
```

인터페이스가 필요한 몇 가지 상황이 있는데 그중 하나는 구현 클래스가 여러 개인 경우다. 구현 클래스가 다수 존재하거나 런타임에 구현 객체를 교체해야 할 때 인터페이스를 유용하게 사용할 수 있다. 그런데 응용 서비스는 런타임에 교체하는 경우가 거의 없고 한 응용 서비스의 구현 클래스가 두 개인 경우도 드물다.

이런 이유로 인터페이스와 클래스를 따로 구현하면 소스 파일만 많아지고 구현 클래스에 대한 간접 참조가 증가해서 전체 구조가 복잡해진다. 따라서 인터페이스가 명확하게 필요하기 전까지는 응용 서비스에 대한 인터페이스를 작성하는 것이 좋은 선택이라고 볼 수는 없다.

테스트 주도 개발Test Driven Development, TDD을 즐겨 하고 표현 영역부터 개발을 시작한다면, 미리 응용 서비스를 구현할 수 없으므로 응용 서비스의 인터페이스부터 작성하게 될 것이다. 예를 들어 스프링 MVC의 컨트롤러를 TDD로 먼저 개발한다면, 컨트롤러에서 사용할 응용 서비스 클래스의 구현은 존재하지 않으므로 응용 서비스의 인터페이스를 이용해서 컨트롤러의 구현을 완성해 나갈 수 있다.

표현 영역이 아닌 도메인 영역이나 응용 영역의 개발을 먼저 시작하면 응용 서비스 클래스가 먼저 만들어진다. 이렇게 되면 표현 영역의 단위 테스트를 위해 응용 서비스 클래스의 가짜 객체가 필요한데 이를 위해 인터페이스를 추가할 수도 있다. 하지만 Mockito와 같은 테스트 도구는 클래스에 대해서도 테스트용 대역 객체를 만들 수 있기 때문에 응용 서비스에 대한 인터페이스가 없어도 표현 영역을 테스트할 수 있다. 이는 결과적으로 응용 서비스에 대한 인터페이스 필요성을 약화시킨다.

6.3.3 메서드 파라미터와 값 리턴

응용 서비스가 제공하는 메서드는 도메인을 이용해서 사용자가 요구한 기능을 실행하는 데 필요한 값을 파라미터로 전달받아야 한다. 예를 들어 암호 변경 응용 서비스는 암호 변경 기능을 구현하는 데 필요한 회원 ID, 현재 암호, 변경할 암호를 파라미터로 전달받는다.

```
public class ChangePasswordService {
    // 암호 변경 기능 구현에 필요한 값을 파라미터로 전달받음
    public void changePassword(String memberId, String curPw, String newPw) {
        ...
    }
}
```

위 코드처럼 필요한 각 값을 개별 파라미터로 전달받을 수도 있고 다음 코드처럼 값 전달을 위해 별도 데이터 클래스를 만들어 전달받을 수도 있다.

```
public class ChangePasswordRequest {
    private String memberId;
    private String currentPassword;
    private String newPassword;

    ... get 메서드 등 생략
}
```

응용 서비스는 파라미터로 전달받은 데이터를 사용해서 필요한 기능을 구현하면 된다.

```
public class ChangePasswordService {
    public void changePassword(ChangePasswordRequest req) {
        Member member = findExistingMember(req.getMemberId());
        member.changePassword(req.getCurrentPassword(), req.getNewPassword());
    }
    ...
```

스프링 MVC와 같은 웹 프레임워크는 웹 요청 파라미터를 자바 객체로 변환하는 기능을 제공하므로 응용 서비스에 데이터로 전달할 요청 파라미터가 두 개 이상 존재하면 데이터 전달을

위한 별도 클래스를 사용하는 것이 편리하다.

```java
@Controller
@RequestMapping("/member/changePassword")
public class MemberPasswordController {

    // 클래스를 이용해서 응용 서비스에 데이터를 전달하면
    // 프레임워크가 제공하는 기능을 활용하기에 좋음
    @PostMapping()
    public String submit(ChangePasswordRequest changePwdReq) {
        Authentication auth = SecurityContext.getAuthentication();
        changePwdReq.setMemberId(auth.getId());
        try {
            changePasswordService.changePassword(changePwdReq);
        } catch(NoMemberException ex) {
            // 알맞은 익셉션 처리 및 응답
        }
    }
    ...
```

응용 서비스의 결과를 표현 영역에서 사용해야 하면 응용 서비스 메서드의 결과로 필요한 데이터를 리턴한다. 결과 데이터가 필요한 대표적인 예가 식별자다. 온라인 쇼핑몰은 주문 후 주문 상세 내역을 볼 수 있는 링크를 바로 보여준다. 이 링크를 제공하려면 방금 요청한 주문의 번호를 알아야 한다. 이 요구를 충족하려면 주문 응용 서비스는 주문 요청 처리 후에 주문번호를 결과로 리턴해야 한다.

```java
public class OrderService {

    @Transactional
    public OrderNo placeOrder(OrderRequest orderRequest) {
        OrderNo orderNo = orderRepository.nextId();
        Order order = createOrder(orderNo, orderRequest);
        orderRepository.save(order);
        // 응용 서비스 실행 후 표현 영역에서 필요한 값 리턴
        return orderNo;
    }
    ...
```

위 코드를 사용하는 표현 영역 코드는 응용 서비스가 리턴한 값을 사용해서 사용자에게 알맞은 결과를 보여줄 수 있게 된다. 예를 들어 스프링 MVC의 컨트롤러를 사용한다면 다음과 같이 결과를 모델에 담아 뷰 코드에서 링크를 생성하는 데 사용할 것이다.

```
@Controller
public class OrderController {

    @PostMapping("/order/place")
    public String order(OrderRequest orderReq, ModelMap model) {
        setOrderer(orderReq);
        OrderNo orderNo = orderService.placeOrder(orderReq);
        modelMap.setAttribute("orderNo", orderNo.toString());
        return "order/success";
    }
    ...
```

다음 코드처럼 응용 서비스에서 애그리거트 객체를 그대로 리턴할 수도 있을 것이다.

```
public Order placeOrder(OrderRequest req) {
    ...
    return order;
}
```

표현 영역 코드는 응용 서비스가 리턴한 주문 애그리거트 객체에서 주문번호를 구해 사용자에게 보여줄 응답 화면을 생성하면 된다.

```
@Controller
public class OrderController {

    @RequestMapping(value="/order/place", method=RequestMethod.POST)
    public String order(OrderRequest orderReq, ModelMap model) {
        setOrderer(orderReq);
        Order order = orderService.placeOrder(orderReq);
        modelMap.setAttribute("order", order);
        return "order/success";
    }
```

```
...

// 뷰 코드
<a th:href="@{/orders/my/{ordNo}(ordNo=${order.number})}">주문 내용 보기</a>
```

응용 서비스에서 애그리거트 자체를 리턴하면 코딩은 편할 수 있지만 도메인의 로직 실행을 응용 서비스와 표현 영역 두 곳에서 할 수 있게 된다. 이것은 기능 실행 로직을 응용 서비스와 표현 영역에 분산시켜 코드의 응집도를 낮추는 원인이 된다. 애그리거트의 상태를 변경하는 응용 서비스가 애그리거트를 리턴해도 애그리거트가 제공하는 기능을 컨트롤러나 뷰 코드에서 실행하면 안 된다는 규칙을 정할 수 있겠지만, 그보다는 응용 서비스는 표현 영역에서 필요한 데이터만 리턴하는 것이 기능 실행 로직의 응집도를 높이는 확실한 방법이다.

6.3.4 표현 영역에 의존하지 않기

응용 서비스의 파라미터 타입을 결정할 때 주의할 점은 표현 영역과 관련된 타입을 사용하면 안 된다는 점이다. 예를 들어 다음과 같이 표현 영역에 해당하는 HttpServletRequest나 HttpSession을 응용 서비스에 파라미터로 전달하면 안 된다.

```
@Controller
@RequestMapping("/member/changePassword")
public class MemberPasswordController {

    @PostMapping
    public String submit(HttpServletRequest request) {
        try {
            // 응용 서비스가 표현 영역을 의존하면 안 됨!
            changePasswordService.changePassword(request);
        } catch(NoMemberException ex) {
            // 알맞은 익셉션 처리 및 응답
        }
    }
    ...
```

응용 서비스에서 표현 영역에 대한 의존이 발생하면 응용 서비스만 단독으로 테스트하기가 어려워진다. 게다가 표현 영역의 구현이 변경되면 응용 서비스의 구현도 함께 변경해야 하는 문제도 발생한다.

이 두 문제보다 더 심각한 것은 응용 서비스가 표현 영역의 역할까지 대신하는 상황이 벌어질 수도 있다는 것이다. 예를 들어 응용 서비스에 파라미터로 HttpServletRequest를 전달했는데 응용 서비스에서 HttpSession을 생성하고 세션에 인증과 관련된 정보를 담는다고 해보자.

```java
public class AuthenticationService {
    pubic void authenticate(HttpServletRequest request) {
        String id = request.getParameter("id");
        String password = request.getParameter("password");
        if (checkIdPasswordMatching(id, password)) {
            // 응용 서비스에서 표현 영역의 상태 처리
            HttpSession session = request.getSession()
            session.setAttribute("auth", new Authentication(id));;
        }.
    }
    ...
```

HttpSession이나 쿠키는 표현 영역의 상태에 해당하는데 이 상태를 응용 서비스에서 변경해 버리면 표현 영역의 코드만으로 표현 영역의 상태가 어떻게 변경되는지 추적하기 어려워진다. 즉, 표현 영역의 응집도가 깨지는 것이다. 이것은 결과적으로 코드 유지 보수 비용을 증가시키는 원인이 된다.

앞서 언급한 문제가 발생하지 않도록 하려면 철저하게 응용 서비스가 표현 영역의 기술을 사용하지 않도록 해야 한다. 이를 지키기 위한 가장 쉬운 방법이 서비스 메서드의 파라미터와 리턴 타입으로 표현 영역의 구현 기술을 사용하지 않는 것이다.

6.3.5 트랜잭션 처리

회원 가입에 성공했다고 하면서 실제로 회원 정보를 DB에 삽입하지 않으면 고객은 로그인을 할 수 없다. 비슷하게 배송지 주소를 변경하는 데 실패했다는 안내 화면을 보여줬는데 실제로는 DB에 변경된 배송지 주소가 반영되어 있다면 고객은 물건을 제대로 받지 못하게 된다. 이 두 가지는 트랜잭션과 관련된 문제로 트랜잭션을 관리하는 것은 응용 서비스의 중요한 역할이다.

스프링과 같은 프레임워크가 제공하는 트랜잭션 관리 기능을 이용하면 쉽게 트랜잭션을 처리할 수 있다.

```java
public class ChangePasswordService {

    @Transactional
    public void changePassword(ChangePasswordRequest req) {
        Member member = findExistingMember(req.getMemberId());
        member.changePassword(req.getCurrentPassword(), req.getNewPassword());
    }
    ...
```

프레임워크가 제공하는 트랜잭션 기능을 적극 사용하는 것이 좋다. 프레임워크가 제공하는 규칙을 따르면 간단한 설정만으로 트랜잭션을 시작하여 커밋하고 익셉션이 발생하면 롤백 Rollback할 수 있다. 스프링은 @Transactional이 적용된 메서드가 RuntimeException을 발생시키면 트랜잭션을 롤백하고 그렇지 않으면 커밋하므로 이 규칙에 따라 코드를 작성하면 트랜잭션 처리 코드를 간결하게 유지할 수 있다.

6.4 표현 영역

표현 영역의 책임은 크게 다음과 같다.

- 사용자가 시스템을 사용할 수 있는 흐름(화면)을 제공하고 제어한다.
- 사용자의 요청을 알맞은 응용 서비스에 전달하고 결과를 사용자에게 제공한다.
- 사용자의 세션을 관리한다.

표현 영역의 첫 번째 책임은 사용자가 시스템을 사용할 수 있도록 알맞은 흐름을 제공하는 것이다. 웹 서비스의 표현 영역은 사용자가 요청한 내용을 응답으로 제공한다. 응답에는 다음 화면으로 이동할 수 있는 링크나 데이터를 입력하는 데 필요한 폼 등이 포함된다. 예를 들어 웹 애플리케이션에서 사용자가 게시글 쓰기를 표현 영역에 요청하면 표현 영역은 [그림 6.2]와 같이 게시글을 작성할 수 있는 폼 화면을 응답으로 제공한다.

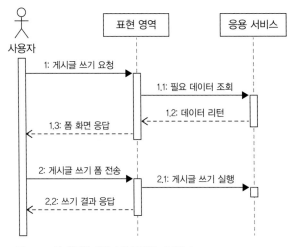

그림 6.2 표현 영역은 사용자의 흐름을 제어한다.

사용자는 표현 영역이 제공한 폼에 알맞은 값을 입력하고 다시 폼을 표현 영역에 전송한다. 표현 영역은 응용 서비스를 이용해서 표현 영역의 요청을 처리하고 그 결과를 응답으로 전송한다.

표현 영역의 두 번째 책임은 사용자의 요청에 맞게 응용 서비스에 기능 실행을 요청하는 것이다. 화면을 보여주는데 필요한 데이터를 읽거나 도메인의 상태를 변경해야 할 때 응용 서비스를 사용한다. 이 과정에서 표현 영역은 사용자의 요청 데이터를 응용 서비스가 요구하는 형식으로 변환하고 응용 서비스의 결과를 사용자에게 응답할 수 있는 형식으로 변환한다.

예를 들어 암호 변경을 처리하는 표현 영역은 다음과 같이 HTTP 요청 파라미터로부터 필요한 값을 읽어와 응용 서비스의 메서드가 요구하는 객체로 변환해서 요청을 전달한다.

```java
@PostMapping()
public String changePassword(HttpServletRequest request, Errors errors) {
    // 표현 영역은 사용자 요청을 응용 서비스가 요구하는 형식으로 변환한다.
    String curPw = request.getParameter("curPw");
    String newPw = request.getParameter("newPw");
    String memberId = SecurityContext.getAuthentication().getId();
    ChangePasswordRequest chPwdReq =
            new ChangePasswordRequest(memberId, curPw, newPw);

    try {
        // 응용 서비스를 실행
        changePasswordService.changePassword(chPwdReq);
        return successView;
    } catch(BadPasswordException | NoMemberException ex) {
        // 응용 서비스의 처리 결과를 알맞은 응답으로 변환
        errors.reject("idPasswordNotMatch");
        return formView;
    }
}
```

MVC 프레임워크는 HTTP 요청 파라미터로부터 자바 객체를 생성하는 기능을 지원하므로 이 기능을 사용하면 다음 코드처럼 응용 서비스에 전달할 자바 객체를 보다 손쉽게 생성할 수 있다.

```
// 프레임워크가 제공하는 기능을 사용해서
// HTTP 요청을 응용 서비스의 입력으로 쉽게 변경 처리
@PostMapping
public String changePassword(ChangePasswordRequest chPwdReq, Errors errors) {
    String memberId = SecurityContext.getAuthentication().getId();
    chPwdReq.setMemberId(memberId);
    try {
        changePasswordService.changePassword(chPwdReq);
        return successView;
    } catch(BadPasswordException | NoMemberException ex) {
        // 응용 서비스의 처리 결과를 알맞은 응답으로 변환
        errors.reject("idPasswordNotMatch");
        return formView;
    }
}
```

응용 서비스의 실행 결과를 사용자에게 알맞은 형식으로 제공하는 것도 표현 영역의 몫이다.
이 코드는 응용 서비스에서 익셉션이 발생하면 에러 코드를 설정하는데 표현 영역의 뷰는 이
에러 코드에 알맞은 처리(해당하는 메시지 출력과 같은)를 하게 된다.

표현 영역의 다른 주된 역할은 사용자의 연결 상태인 세션을 관리하는 것이다. 웹은 쿠키나 서
버 세션을 이용해서 사용자의 연결 상태를 관리한다. 세션 관리는 권한 검사와도 연결되는데
이에 대한 내용은 뒤에서 다시 다룬다.

6.5 값 검증

값 검증은 표현 영역과 응용 서비스 두 곳에서 모두 수행할 수 있다. 원칙적으로 모든 값에 대한 검증은 응용 서비스에서 처리한다. 예를 들어 회원 가입을 처리하는 응용 서비스는 파라미터로 전달받은 값이 올바른지 검사해야 한다.

```
public class JoinService {
    @Transactional
    public void join(JoinRequest joinReq) {
        // 값의 형식 검사
        checkEmpty(joinReq.getId(), "id");
        checkEmpty(joinReq.getName(), "name")
        checkEmpty(joinReq.getPassword(), "password");
        if (joinReq.getPassword().equals(joinReq.getConfirmPassword()))
            throw new InvalidPropertyException("confirmPassword");

        // 로직 검사
        checkDuplicateId(joinReq.getId());
        ...
    }

    private void checkEmpty(String value, String propertyName) {
        if (value == null ¦¦ value.isEmpty())
            throw new EmptyPropertyException(propertyName);
    }

    private void checkDuplicateId(String id) {
        int count = memberRepository.countsById(id);
        if (count > 0) throw new DuplicateIdException();
    }
```

그런데 표현 영역은 잘못된 값이 존재하면 이를 사용자에게 알려주고 값을 다시 입력받아야 한다. 스프링 MVC는 폼에 입력한 값이 잘못된 경우 에러 메시지를 보여주기 위한 용도로 Errors나 BindingResult를 사용하는데, 컨트롤러에서 위와 같은 응용 서비스를 사용하면 폼에 에러 메시지를 보여주기 위해 다음과 같이 다소 번잡한 코드를 작성해야 한다.

```
@Controller
public class Controller {
    @PostMapping("/member/join")
    public String join(JoinRequest joinRequest, Errors errors) {
        try {
            joinService.join(joinRequest);
            return successView;
        } catch(EmptyPropertyException ex) {
            // 표현 영역은 잘못 입력한 값이 존재하면 이를 사용자에게 알려주고
            // 폼을 다시 입력할 수 있도록 하기 위해 관련 기능 사용
            errors.rejectValue(ex.getPropertyName(), "empty");
            return formView;
        } catch(InvalidPropertyException ex) {
            errors.rejectValue(ex.getPropertyName(), "invalid");
            return formView;
        } catch(DuplicateIdException ex) {
            errors.rejectValue(ex.getPropertyName(), "duplicate");
            return formView;
        }
    }
}
```

응용 서비스에서 각 값이 유효한지 확인할 목적으로 익셉션을 사용할 때의 문제점은 사용자에게 좋지 않은 경험을 제공한다는 것이다. 사용자는 폼에 값을 입력하고 전송했는데 입력한 값이 잘못되어 다시 폼에 입력해야 할 때 한 개 항목이 아닌 입력한 모든 항목에 대해 잘못된 값이 존재하는지 알고 싶을 것이다. 그래야 한 번에 잘못된 값을 제대로 입력할 수 있기 때문이다.

그런데 응용 서비스에서 값을 검사하는 시점에 첫 번째 값이 올바르지 않아 익셉션을 발생시키면 나머지 항목에 대해서는 값을 검사하지 않게 된다. 이러면 사용자는 첫 번째 값에 대한 에러메시지만 보게 되고 나머지 항목에 대해서는 값이 올바른지를 알 수 없게 된다. 이는 사용자가 같은 폼에 값을 여러 번 입력하게 만든다.

이런 사용자 불편을 해소하기 위해 응용 서비스에서 에러 코드를 모아 하나의 익셉션으로 발생시키는 방법도 있다. 아래 코드는 그 예다. 이 코드는 잘못된 값이 존재하면 잘못된 값을 표현하는 ValidationErorr를 생성해서 errors 목록에 추가한다. 값 검증이 끝난 뒤에 errors에 값이 존재하면 errors 목록을 갖는 ValidationErrorException을 발생시켜 입력 파라미터 값이 유효하지 않다는 사실을 알린다.

```java
@Transactional
public OrderNo placeOrder(OrderRequest orderRequest) {
    List<ValidationError> errors = new ArrayList<>();
    if (orderRequest == null) {
        errors.add(ValidationError.of("empty"));
    } else {
        if (orderRequest.getOrdererMemberId() == null)
            errors.add(ValidationError.of("ordererMemberId", "empty"));
        if (orderRequest.getOrderProducts() == null)
            errors.add(ValidationError.of("orderProducts", "empty"));
        if (orderRequest.getOrderProducts().isEmpty())
            errors.add(ValidationError.of("orderProducts", "empty"));
    }
    // 응용 서비스가 입력 오류를 하나의 익셉션으로 모아서 발생
    if (!errors.isEmpty()) throw new ValidationErrorException(errors);
    …
}
```

표현 영역은 응용 서비스가 ValidationErrorException을 발생시키면 다음 코드처럼 익셉션에서 에러 목록을 가져와 표현 영역에서 사용할 형태로 변환 처리한다.

```java
@PostMapping("/orders/order")
public String order(@ModelAttribute("orderReq") OrderRequest orderRequest,
                    BindingResult bindingResult,
                    ModelMap modelMap) {
    User user = (User) SecurityContextHolder.getContext()
                .getAuthentication().getPrincipal();
    orderRequest.setOrdererMemberId(MemberId.of(user.getUsername()));
    try {
        OrderNo orderNo = placeOrderService.placeOrder(orderRequest);
```

```
        modelMap.addAttribute("orderNo", orderNo.getNumber());
    } catch (ValidationErrorException e) {
        // 응용 서비스가 발생시킨 검증 에러 목록을
        // 뷰에서 사용할 형태로 변환
        e.getErrors().forEach(err -> {
            if (err.hasName()) {
                bindingResult.rejectValue(err.getName(), err.getCode());
            } else {
                bindingResult.reject(err.getCode());
            }
        });
        populateProductsModel(orderRequest, modelMap);
        return "order/confirm";
    }
}
```

다음 코드처럼 표현 영역에서 필수 값을 검증하는 방법도 있다.

```
@Controller
public class Controller {
    @PostMapping("/member/join")
    public String join(JoinRequest joinRequest, Errors errors) {
        checkEmpty(joinRequest.getId(), "id", errors);
        checkEmpty(joinRequest.getName(), "name", errors);
        ...// 나머지 값 검증

        // 모든 값의 형식을 검증한 뒤, 에러 존재하면 다시 폼을 보여줌
        if (errors.hasErrors()) return formView;

        try {
            joinService.join(joinRequest);
            return successView;
        } catch(DuplicateIdException ex) {
            errors.rejectValue(ex.getPropertyName(), "duplicate");
            return formView;
        }
    }

    private void checkEmpty(String value, String property, Errors errors) {
```

```
        if (isEmpty(value)) errors.rejectValue(property, "empty");
    }
```

스프링과 같은 프레임워크는 값 검증을 위한 Validator 인터페이스를 별도로 제공하므로 이
인터페이스를 구현한 검증기를 따로 구현하면 위 코드를 다음과 같이 간결하게 줄일 수 있다.

```
@Controller
public class Controller {
    @PostMapping("/member/join");
    public String join(JoinRequest joinRequest, Errors errors) {
        new JoinRequestValidator().validate(joinRequest, errors);
        if (errors.hasErrors()) return formView;

        try {
            joinService.join(joinRequest);
            return successView;
        } catch(DuplicateIdException ex) {
            errors.rejectValue(ex.getPropertyName(), "duplicate");
            return formView;
        }
    }
}
```

이렇게 표현 영역에서 필수 값과 값의 형식을 검사하면 실질적으로 응용 서비스는 ID 중복 여
부와 같은 논리적 오류만 검사하면 된다. 즉 표현 영역과 응용 서비스가 값 검사를 나눠서 수행
하는 것이다. 응용 서비스를 사용하는 표현 영역 코드가 한 곳이면 구현의 편리함을 위해 다음
과 같이 역할을 나누어 검증을 수행할 수도 있다.

- 표현 영역: 필수 값, 값의 형식, 범위 등을 검증한다.
- 응용 서비스: 데이터의 존재 유무와 같은 논리적 오류를 검증한다.

응용 서비스에서 얼마나 엄격하게 값을 검증해야 하는지에 대해서는 의견이 갈릴 수 있다. 필
자만 해도 예전에는 표현 영역에서 필수 값을 검증하고 응용 서비스에서는 논리적 오류 검증을
해도 괜찮다고 생각했는데, 요즘은 가능하면 응용 서비스에서 필수 값 검증과 논리적인 검증을
모두 하는 편이다. 응용 서비스에서 필요한 값 검증을 모두 처리하면 프레임워크가 제공하는

검증 기능을 사용할 때보다 작성할 코드가 늘어나는 불편함이 있지만 반대로 응용 서비스의 완
성도가 높아지는 이점이 있다. 필자는 이런 이점이 더 크게 느껴져 응용 서비스에서 값 오류를
검증하는 편이다.

6.6 권한 검사

새로운 프로젝트를 할 때마다 항상 고민하는 것이 있는데 그중 하나가 권한 검사다. '사용자 U가 기능 F를 실행할 수 있는지' 확인하는 것이 권한 검사이므로 권한 검사 자체는 복잡한 개념이 아니다.

그런데 개발하는 시스템마다 권한의 복잡도가 다르다. 단순한 시스템은 인증 여부만 검사하면 되는데 반해, 어떤 시스템은 관리자인지에 따라 사용할 수 있는 기능이 달라지기도 한다. 또 실행할 수 있는 기능이 역할마다 달라지는 경우도 있다. 이런 다양한 상황을 충족하기 위해 스프링 시큐리티Spring Security 같은 프레임워크는 유연하고 확장 가능한 구조를 갖고 있다. 이는 유연한 만큼 복잡하다는 것을 의미하기도 한다. 이러한 보안 프레임워크에 대한 이해가 부족하면 프레임워크를 무턱대고 도입하는 것보다 개발할 시스템에 맞는 권한 검사 기능을 구현하는 것이 시스템 유지 보수에 유리할 수 있다.

보안 프레임워크의 복잡도를 떠나 보통 다음 세 곳에서 권한 검사를 수행할 수 있다.

- 표현 영역
- 응용 서비스
- 도메인

표현 영역에서 할 수 있는 기본적인 검사는 인증된 사용자인지 아닌지 검사하는 것이다. 대표적인 예가 회원 정보 변경 기능이다. 회원 정보 변경과 관련된 URL은 인증된 사용자만 접근해야 한다. 회원 정보 변경을 처리하는 URL에 대해 표현 영역은 다음과 같이 접근 제어를 할 수 있다.

- URL을 처리하는 컨트롤러에 웹 요청을 전달하기 전에 인증 여부를 검사해서 인증된 사용자의 웹 요청만 컨트롤러에 전달한다.
- 인증된 사용자가 아닐 경우 로그인 화면으로 리다이렉트Redirect시킨다.

이런 접근 제어를 하기에 좋은 위치가 서블릿 필터Servlet Filter이다. 서블릿 필터에서 사용자의 인증 정보를 생성하고 인증 여부를 검사한다. 인증된 사용자면 다음 과정을 진행하고 그렇지 않으면 로그인 화면이나 에러 화면을 보여주면 된다.

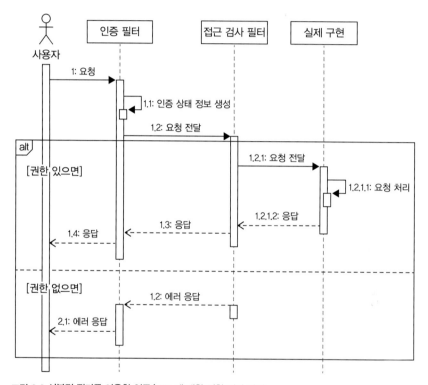

그림 6.3 서블릿 필터를 이용한 인증/URL에 대한 권한 검사 과정

인증 여부뿐만 아니라 권한에 대해서 동일한 방식으로 필터를 사용해서 URL별 권한 검사를 할수 있다. 스프링 시큐리티는 이와 유사한 방식으로 필터를 이용해서 인증 정보를 생성하고 웹접근을 제어한다.

URL 만으로 접근 제어를 할 수 없는 경우 응용 서비스의 메서드 단위로 권한 검사를 수행해야한다. 이것이 꼭 응용 서비스의 코드에서 직접 권한 검사를 해야 한다는 것을 의미하는 것은 아니다. 예를 들어 스프링 시큐리티는 AOP를 활용해서 다음과 같이 애너테이션으로 서비스 메서드에 대한 권한 검사를 할 수 있는 기능을 제공한다.

```java
public class BlockMemberService {

    private MemberRepository memberRepository;

    @PreAuthorize("hasRole('ADMIN')")
    public void block(String memberId) {
        Member member = memberRepository.findById(memberId);
        if (member == null) throw new NoMemberException();
        member.block();
    }
    ...
```

개별 도메인 객체 단위로 권한 검사를 해야 하는 경우는 구현이 복잡해진다. 예를 들어 게시글 삭제는 본인 또는 관리자 역할을 가진 사용자만 할 수 있다고 해보자. 이 경우 게시글 작성자가 본인인지 확인하려면 게시글 애그리거트를 먼저 로딩해야 한다. 즉 응용 서비스의 메서드 수준에서 권한 검사를 할 수 없기 때문에 다음과 같이 직접 권한 검사 로직을 구현해야 한다.

```java
public class DeleteArticleService {

    public void delete(String userId, Long articleId) {
        Article article = articleRepository.findById(articleId);
        checkArticleExistence(article);
        permissionService.checkDeletePermission(userId, article);
        article.markDeleted();
    }
    ...
```

permissionService.checkDeletePermission()은 파라미터로 전달받은 사용자 ID와 게시글을 이용해서 삭제 권한을 가졌는지를 검사할 것이다.

스프링 시큐리티와 같은 보안 프레임워크를 확장해서 개별 도메인 객체 수준의 권한 검사 기능을 프레임워크에 통합할 수도 있다. 도메인 객체 수준의 권한 검사 로직은 도메인별로 다르므로 도메인에 맞게 보안 프레임워크를 확장하려면 프레임워크에 대한 높은 이해가 필요하다. 이해도가 높지 않아 프레임워크 확장을 원하는 수준으로 할 수 없다면 프레임워크를 사용하는 대신 도메인에 맞는 권한 검사 기능을 직접 구현하는 것이 코드 유지 보수에 유리하다.

6.7 조회 전용 기능과 응용 서비스

이 장의 마지막 주제는 조회 기능과 응용 서비스에 대한 것이다. 5장에서는 조회 화면을 위한 조회 전용 모델과 DAO를 만드는 내용을 다뤘다. 서비스에서 이들 조회 전용 기능을 사용하면 서비스 코드가 다음과 같이 단순히 조회 전용 기능을 호출하는 형태로 끝날 수 있다.

```java
public class OrderListService {

    public List<OrderView> getOrderList(String ordererId) {
        return orderViewDao.selectByOrderer(ordererId);
    }
    ...
```

서비스에서 수행하는 추가적인 로직이 없을뿐더러 단일 쿼리만 실행하는 조회 전용 기능이어서 트랜잭션이 필요하지도 않다. 이 경우라면 굳이 서비스를 만들 필요 없이 표현 영역에서 바로 조회 전용 기능을 사용해도 문제가 없다.

```java
public class OrderController {
    private OrderViewDao orderViewDao;

    @RequestMapping("/myorders")
    public String list(ModelMap model) {
        String ordererId = SecurityContext.getAuthentication().getId();
        List<OrderView> orders = orderViewDao.selectByOrderer(ordererId);
        model.addAttribute("orders", orders);
        return "order/list";
    }
    ...
```

응용 서비스를 항상 만들었던 개발자는 컨트롤러와 같은 표현 영역에서 응용 서비스 없이 조회 전용 기능에 접근하는 것이 이상하게 느껴질 수 있다. 하지만 응용 서비스가 사용자 요청 기능을 실행하는 데 별다른 기여를 하지 못한다면 굳이 서비스를 만들지 않아도 된다.

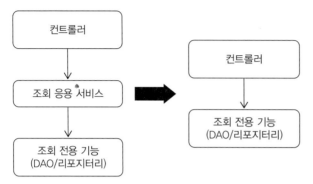

그림 6.4 조회를 위한 응용 서비스가 단지 조회 전용 기능을 실행하는 코드밖에 없다면 응용 서비스를 생략해도 무방하다.

조회 전용 기능에 대한 내용은 11장 CQRS에서 다시 살펴볼 것이다.

Chapter

7

도메인 서비스

☑ 도메인 서비스

7.1 여러 애그리거트가 필요한 기능

도메인 영역의 코드를 작성하다 보면, 한 애그리거트로 기능을 구현할 수 없을 때가 있다. 대표적인 예가 결제 금액 계산 로직이다. 실제 결제 금액을 계산할 때는 다음과 같은 내용이 필요하다.

- 상품 애그리거트: 구매하는 상품의 가격이 필요하다. 또한 상품에 따라 배송비가 추가되기도 한다.
- 주문 애그리거트: 상품별로 구매 개수가 필요하다.
- 할인 쿠폰 애그리거트: 쿠폰별로 지정한 할인 금액이나 비율에 따라 주문 총 금액을 할인한다. 할인 쿠폰을 조건에 따라 중복 사용할 수 있다거나 지정한 카테고리의 상품에만 적용할 수 있다는 제약 조건이 있다면 할인 계산이 복잡해진다.
- 회원 애그리거트: 회원 등급에 따라 추가 할인이 가능하다.

이 상황에서 실제 결제 금액을 계산해야 하는 주체는 어떤 애그리거트일까? 총 주문 금액을 계산하는 것은 주문 애그리거트가 할 수 있지만 실제 결제 금액은 이야기가 다르다. 총 주문 금액에서 할인 금액을 계산해야 하는데 이 할인 금액을 구하는 것은 누구 책임일까? 할인 쿠폰이 할인 규칙을 갖고 있으니 할인 쿠폰 애그리거트가 계산해야 할까? 그런데 할인 쿠폰을 두 개이상 적용할 수 있다면 단일 할인 쿠폰 애그리거트로는 총 결제 금액을 계산할 수 없다.

생각해 볼 수 있는 방법은 주문 애그리거트가 필요한 데이터를 모두 가지도록 한 뒤 할인 금액계산 책임을 주문 애그리거트에 할당하는 것이다.

```
public class Order {
    ...
    private Orderer orderer;
    private List<OrderLine> orderLInes;
```

```
    private List<Coupon> usedCoupons;

    private Money calculatePayAmounts() {
        Money totalAmounts = calculateTotalAmounts();
        // 쿠폰별로 할인 금액을 구한다.
        Money discount =
            coupons.stream()
                    .map(coupon -> calculateDiscount(coupon))
                    .reduce(Money(0), (v1, v2) -> v1.add(v2));
        // 회원에 따른 추가 할인을 구한다.
        Money membershipDiscount =
            calculateDiscount(orderer.getMember().getGrade());
        // 실제 결제 금액 계산
        return totalAmounts.minus(discount).minus(membershipDiscount);
    }

    private Money calculateDiscount(Coupon coupon) {
        // orderLines의 각 상품에 대해 쿠폰을 적용해서 할인 금액 계산하는 로직.
        // 쿠폰의 적용 조건 등을 확인하는 코드
        // 정책에 따라 복잡한 if-else와 계산 코드
        ...
    }

    private Money calculateDiscount(MemberGrade grade) {
        ...// 등급에 따라 할인 금액 계산
    }
```

여기서 결제 금액 계산 로직이 주문 애그리거트의 책임이 맞을까? 예를 들어 특별 감사 세일로 전 품목에 대해 한 달간 2% 추가 할인을 하기로 했다고 해보자. 이 할인 정책은 주문 애그리거트가 갖고 있는 구성요소와는 관련이 없음에도 불구하고 결제 금액 계산 책임이 주문 애그리거트에 있다는 이유로 주문 애그리거트의 코드를 수정해야 한다.

이렇게 한 애그리거트에 넣기 애매한 도메인 기능을 억지로 특정 애그리거트에 구현하면 안 된다. 억지로 구현하면 애그리거트는 자신의 책임 범위를 넘어서는 기능을 구현하기 때문에 코드가 길어지고 외부에 대한 의존이 높아지게 되며 코드를 복잡하게 만들어 수정을 어렵게 만드는 요인이 된다. 게다가 애그리거트의 범위를 넘어서는 도메인 개념이 애그리거트에 숨어들어 명시적으로 드러나지 않게 된다.

이런 문제를 해소하는 가장 쉬운 방법이 하나 있는데 그것이 바로 도메인 기능을 별도 서비스
로 구현하는 것이다.

7.2 도메인 서비스

도메인 서비스는 도메인 영역에 위치한 도메인 로직을 표현할 때 사용한다. 주로 다음 상황에서 도메인 서비스를 사용한다.

- 계산 로직 : 여러 애그리거트가 필요한 계산 로직이나, 한 애그리거트에 넣기에는 다소 복잡한 계산 로직
- 외부 시스템 연동이 필요한 도메인 로직 : 구현하기 위해 타 시스템을 사용해야 하는 도메인 로직

7.2.1 계산 로직과 도메인 서비스

할인 금액 규칙 계산처럼 한 애그리거트에 넣기 애매한 도메인 개념을 구현하려면 애그리거트에 억지로 넣기보다는 도메인 서비스를 이용해서 도메인 개념을 명시적으로 드러내면 된다. 응용 영역의 서비스가 응용 로직을 다룬다면 도메인 서비스는 도메인 로직을 다룬다.

도메인 영역의 애그리거트나 밸류와 같은 구성요소와 도메인 서비스를 비교할 때 다른 점은 도메인 서비스는 상태 없이 로직만 구현한다는 점이다. 도메인 서비스를 구현하는 데 필요한 상태는 다른 방법으로 전달받는다.

할인 금액 계산 로직을 위한 도메인 서비스는 다음과 같이 도메인의 의미가 드러나는 용어를 타입과 메서드 이름으로 갖는다.

```
public class DiscountCalculationService {

    public Money calculateDiscountAmounts(
            List<OrderLine> orderLines,
            List<Coupon> coupons,
            MemberGrade grade) {
```

```
    Money couponDiscount =
        coupons.stream()
            .map(coupon -> calculateDiscount(coupon))
            .reduce(Money(0), (v1, v2) -> v1.add(v2));

    Money membershipDiscount =
        calculateDiscount(orderer.getMember().getGrade());

    return couponDiscount.add(membershipDiscount);
}

private Money calculateDiscount(Coupon coupon) {
    ...
}

private Money calculateDiscount(MemberGrade grade) {
    ...
}
}
```

할인 계산 서비스를 사용하는 주체는 애그리거트가 될 수도 있고 응용 서비스가 될 수도 있다. DiscountCalculationService를 다음과 같이 애그리거트의 결제 금액 계산 기능에 전달하면 사용 주체는 애그리거트가 된다.

```
public class Order {

    public void calculateAmounts(
            DiscountCalculationService disCalSvc, MemberGrade grade) {
        Money totalAmounts = getTotalAmounts();
        Money discountAmounts =
            disCalSvc.calculateDiscountAmounts(this.orderLines, this.coupons, grade);
        this.paymentAmounts = totalAmounts.minus(discountAmounts);
    }
    ...
```

애그리거트 객체에 도메인 서비스를 전달하는 것은 응용 서비스 책임이다.

```
public class OrderService {
    private DiscountCalculationService discountCalculationService;

    @Transactional
    public OrderNo placeOrder(OrderRequest orderRequest) {
        OrderNo orderNo = orderRepository.nextId();
        Order order = createOrder(orderNo, orderRequest);
        orderRepository.save(order);
        // 응용 서비스 실행 후 표현 영역에서 필요한 값 리턴
        return orderNo;
    }

    private Order createOrder(OrderNo orderNo, OrderRequest orderReq) {
        Member member = findMember(orderReq.getOrdererId());
        Order order = new Order(orderNo, orderReq.getOrderLines(),
                orderReq.getCoupons(), createOrderer(member),
                orderReq.getShippingInfo());
        order.calculateAmounts(this.discountCalculationService,
                member.getGrade());
        return order;
    }
    ...
```

> 💡 **NOTE** **도메인 서비스 객체를 애그리거트에 주입하지 않기**
>
> 애그리거트의 메서드를 실행할 때 도메인 서비스 객체를 파라미터로 전달한다는 것은 애그리거트가 도메인 서비스에 의존한다는 것을 의미한다. 스프링 DI와 AOP를 공부하다 보면 애그리거트가 의존하는 도메인 서비스를 의존 주입으로 처리하고 싶을 수 있다. 관련 기술에 빠져 있으면 특히 그렇다. 프레임워크가 제공하는 의존 주입 기능을 사용해서 도메인 서비스를 애그리거트에 주입해야 기술적으로 나은 것 같은 착각도 하게 된다.
>
> 하지만 개인적으로 이것은 좋은 방법이 아니라고 생각한다. 의존 주입을 하기 위해 애그리거트 루트 엔티티에 도메인 서비스에 대한 참조를 필드로 추가했다고 하자.

```
public class Order {
    @Autowired
    private DiscountCalculationService discountCalculationService;
    …
}
```

도메인 객체는 필드(프로퍼티)로 구성된 데이터와 메서드를 이용해서 개념적으로 하나인 모델을 표현한다. 모델의 데이터를 담는 필드는 모델에서 중요한 구성요소다. 그런데 discountCalculationService 필드는 데이터 자체와는 관련이 없다. Order 객체를 DB에 보관할 때 다른 필드와는 달리 저장 대상도 아니다.

또 Order가 제공하는 모든 기능에서 discountCalculationService를 필요로 하는 것도 아니다. 일부 기능만 필요로 한다. 일부 기능을 위해 굳이 도메인 서비스 객체를 애그리거트에 의존 주입할 이유는 없다. 이는 프레임워크의 기능을 사용하고 싶은 개발자의 욕심을 채우는 것에 불과하다.

애그리거트 메서드를 실행할 때 도메인 서비스를 인자로 전달하지 않고 반대로 도메인 서비스의 기능을 실행할 때 애그리거트를 전달하기도 한다. 이런 식으로 동작하는 것 중 하나가 계좌 이체 기능이다. 계좌 이체에는 두 계좌 애그리거트가 관여하는데 한 애그리거트는 금액을 출금하고 한 애그리거트는 금액을 입금한다. 이를 위한 도메인 서비스는 다음과 같이 구현할 수 있다.

```java
public class TransferService {

    public void transfer(Account fromAcc, Account toAcc, Money amounts) {
        fromAcc.withdraw(amounts);
        toAcc.credit(amounts);
    }
    ...
```

응용 서비스는 두 Account 애그리거트를 구한 뒤에 해당 도메인 영역의 TransferService를 이용해서 계좌 이체 도메인 기능을 실행할 것이다.

도메인 서비스는 도메인 로직을 수행하지 응용 로직을 수행하진 않는다. 트랜잭션 처리와 같은 로직은 응용 로직이므로 도메인 서비스가 아닌 응용 서비스에서 처리해야 한다.

> **잠깐 👆** 특정 기능이 응용 서비스인지 도메인 서비스인지 감을 잡기 어려울 때는 해당 로직이 애그리거트의 상태를 변경하거나 애그리거트의 상태 값을 계산하는지 검사해 보면 된다. 예를 들어 계좌 이체 로직은 계좌 애그리거트의 상태를 변경한다. 결제 금액 로직은 주문 애그리거트의 주문 금액을 계산한다. 이 두 로직은 각각 애그리거트를 변경하고 애그리거트의 값을 계산하는 도메인 로직이다. 도메인 로직이면서 한 애그리거트에 넣기에 적합하지 않으므로 이 두 로직은 도메인 서비스로 구현하게 된다.

7.2.2 외부 시스템 연동과 도메인 서비스

외부 시스템이나 타 도메인과의 연동 기능도 도메인 서비스가 될 수 있다. 예를 들어 설문 조사 시스템과 사용자 역할 관리 시스템이 분리되어 있다고 하자. 설문 조사 시스템은 설문 조사를 생성할 때 사용자가 생성 권한을 가진 역할인지 확인하기 위해 역할 관리 시스템과 연동해야 한다.

시스템 간 연동은 HTTP API 호출로 이루어질 수 있지만 설문 조사 도메인 입장에서는 사용자가 설문 조사 생성 권한을 가졌는지 확인하는 도메인 로직으로 볼 수 있다. 이 도메인 로직은 다음과 같은 도메인 서비스로 표현할 수 있다. 여기서 중요한 점은 도메인 로직 관점에서 인터페이스를 작성했다는 것이다. 역할 관리 시스템과 연동한다는 관점으로 인터페이스를 작성하지 않았다.

```java
public interface SurveyPermissionChecker {
    boolean hasUserCreationPermission(String userId);
}
```

응용 서비스는 이 도메인 서비스를 이용해서 생성 권한을 검사한다.

```java
public class CreateSurveyService {
    private SurveyPermissionChecker permissionChecker;

    public Long createSurvey(CreateSurveyRequest req) {
        validate(req);
        // 도메인 서비스를 이용해서 외부 시스템 연동을 표현
        if (!permissionChecker.hasUserCreationPermission(req.getRequestorId())) {
            throw new NoPermissionException();
        }
        ...
    }
}
```

SurveyPermissionChecker 인터페이스를 구현한 클래스는 인프라스트럭처 영역에 위치해 연동을 포함한 권한 검사 기능을 구현한다.

7.2.3 도메인 서비스의 패키지 위치

도메인 서비스는 도메인 로직을 표현하므로 도메인 서비스의 위치는 다른 도메인 구성요소와 동일한 패키지에 위치한다. 예를 들어 주문 금액 계산을 위한 도메인 서비스는 [그림 7.1]과 같이 주문 애그리거트와 같은 패키지에 위치한다.

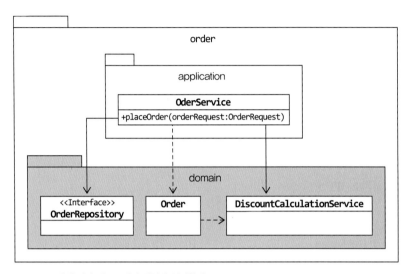

그림 7.1 도메인 서비스는 도메인 영역에 위치한다.

도메인 서비스의 개수가 많거나 엔티티나 밸류와 같은 다른 구성요소와 명시적으로 구분하고 싶다면 domain 패키지 밑에 domain.model, domain.service, domain.repository와 같이 하위 패키지를 구분하여 위치시켜도 된다.

7.2.4 도메인 서비스의 인터페이스와 클래스

도메인 서비스의 로직이 고정되어 있지 않은 경우 도메인 서비스 자체를 인터페이스로 구현하고 이를 구현한 클래스를 둘 수도 있다. 특히 도메인 로직을 외부 시스템이나 별도 엔진을 이용해서 구현할 때 인터페이스와 클래스를 분리하게 된다. 예를 들어 할인 금액 계산 로직을 룰 엔진을 이용해서 구현한다면, [그림 7.2]처럼 도메인 영역에는 도메인 서비스 인터페이스가 위치하고 실제 구현은 인프라스트럭처 영역에 위치한다.

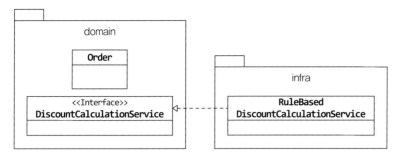

그림 7.2 도메인 서비스의 구현이 특정 기술에 종속되면 인터페이스와 구현 클래스로 분리한다.

[그림 7.2]와 같이 도메인 서비스의 구현이 특정 구현 기술에 의존하거나 외부 시스템의 API를 실행한다면 도메인 영역의 도메인 서비스는 인터페이스로 추상화해야 한다. 이를 통해 도메인 영역이 특정 구현에 종속되는 것을 방지할 수 있고 도메인 영역에 대한 테스트가 쉬워진다.

Chapter

8

애그리거트 트랜잭션 관리

- ☑ 애그리거트의 트랜잭션
- ☑ 애그리거트 잠금 기법

8.1 애그리거트와 트랜잭션

한 주문 애그리거트에 대해 운영자는 배송 상태로 변경할 때 사용자는 배송지 주소를 변경하면 어떻게 될까? [그림 8.1]은 발생할 수 있는 다양한 상황 중에서 한 가지를 시간 순서로 표시한 것이다.

그림 8.1 한 애그리거트를 두 사용자가 동시에 변경할 때 트랜잭션이 필요하다.

[그림 8.1]은 운영자와 고객이 동시에 한 주문 애그리거트를 수정하는 과정을 보여준다. 트랜잭션마다 리포지터리는 새로운 애그리거트 객체를 생성하므로 운영자 스레드와 고객 스레드는 같은 주문 애그리거트를 나타내는 다른 객체를 구하게 된다.

운영자 스레드와 고객 스레드는 개념적으로 동일한 애그리거트지만 물리적으로 서로 다른 애그리거트 객체를 사용한다. 때문에 운영자 스레드가 주문 애그리거트 객체를 배송 상태로 변경하더라도 고객 스레드가 사용하는 주문 애그리거트 객체에는 영향을 주지 않는다. 고객 스레드

입장에서 주문 애그리거트 객체는 아직 배송 상태 전이므로 배송지 정보를 변경할 수 있다.

이 상황에서 두 스레드는 각각 트랜잭션을 커밋할 때 수정한 내용을 DB에 반영한다. 이 시점에 배송 상태로 바뀌고 배송지 정보도 바뀌게 된다. 이 순서의 문제점은 운영자는 기존 배송지 정보를 이용해서 배송 상태로 변경했는데 그 사이 고객은 배송지 정보를 변경했다는 점이다. 즉, 애그리거트의 일관성이 깨지는 것이다.

일관성이 깨지는 문제가 발생하지 않도록 하려면 다음 두 가지 중 하나를 해야 한다.

- 운영자가 배송지 정보를 조회하고 상태를 변경하는 동안, 고객이 애그리거트를 수정하지 못하게 막는다.
- 운영자가 배송지 정보를 조회한 이후에 고객이 정보를 변경하면, 운영자가 애그리거트를 다시 조회한 뒤 수정하도록 한다.

이 두 가지는 애그리거트 자체의 트랜잭션과 관련이 있다. DBMS가 지원하는 트랜잭션과 함께 애그리거트를 위한 추가적인 트랜잭션 처리 기법이 필요하다. 애그리거트에 대해 사용할 수 있는 대표적인 트랜잭션 처리 방식에는 선점Pessimistic 잠금과 비선점Optimisitic 잠금의 두 가지 방식이 있는데 이어서 살펴보도록 하자.

> **잠깐** 👈 Pessimisitic Lock과 Optimistic Lock을 비관적 잠금과 낙관적 잠금이라는 용어로 표현하기도 한다. 필자 역시 예전 책에는 이 용어를 사용했는데 영단어의 뉘앙스가 잘 전달되지 않아 이해가 쉬운 선점 잠금과 비선점 잠금이란 용어를 사용했다.

선점 잠금Pessimistic Lock은 먼저 애그리거트를 구한 스레드가 애그리거트 사용이 끝날 때까지 다른 스레드가 해당 애그리거트를 수정하지 못하게 막는 방식이다. [그림 8.2]는 선점 잠금의 동작 방식을 보여준다.

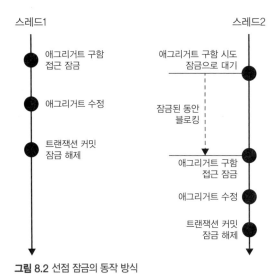

그림 8.2 선점 잠금의 동작 방식

[그림 8.2]에서 스레드1이 선점 잠금 방식으로 애그리거트를 구한 뒤 이어서 스레드2가 같은 애그리거트를 구하고 있다. 이때 스레드2는 스레드1이 애그리거트에 대한 잠금을 해제할 때까지 블로킹Blocking된다.

스레드1이 애그리거트를 수정하고 트랜잭션을 커밋하면 잠금을 해제한다. 이 순간 대기하고 있던 스레드2가 애그리거트에 접근하게 된다. 스레드1이 트랜잭션을 커밋한 뒤에 스레드2가 애그리거트를 구하게 되므로 스레드2는 스레드1이 수정한 애그리거트의 내용을 보게 된다.

한 스레드가 애그리거트를 구하고 수정하는 동안 다른 스레드가 수정할 수 없으므로 동시에 애그리거트를 수정할 때 발생하는 데이터 충돌 문제를 해소할 수 있다. 앞서 배송지 정보 수정과 배송 상태 변경을 동시에 하는 문제에 선점 잠금을 적용하면 [그림 8.3]과 같이 동작한다.

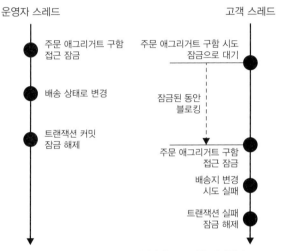

그림 8.3 선점 잠금을 이용해서 트랜잭션 충돌 문제를 해결한다.

운영자 스레드가 먼저 선점 잠금 방식으로 주문 애그리거트를 구하면 운영자 스레드가 잠금을 해제할 때까지 고객 스레드는 대기 상태가 된다. 운영자 스레드가 배송 상태로 변경한 뒤 트랜잭션을 커밋하면 잠금을 해제한다. 잠금이 해제된 시점에 고객 스레드가 구하는 주문 애그리거트는 운영자 스레드가 수정한 배송 상태의 주문 애그리거트다. 배송 상태이므로 주문 애그리거트는 배송지 변경 시 에러를 발생하고 트랜잭션은 실패하게 된다. 이 시점에 고객은 '이미 배송이 시작되어 배송지를 변경할 수 없습니다'와 같은 안내 문구를 보게 된다.

선점 잠금은 보통 DBMS가 제공하는 행단위 잠금을 사용해서 구현한다. 오라클을 비롯한 다수의 DBMS가 for update와 같은 쿼리를 사용해서 특정 레코드에 한 커넥션만 접근할 수 있는 잠금장치를 제공한다.

JPA EntityManager는 LockModeType을 인자로 받는 find() 메서드를 제공한다. LockModeType.PESSIMISTIC_WRITE를 값으로 전달하면 해당 엔티티와 매핑된 테이블을 이용해서 선점 잠금 방식을 적용할 수 있다.

```
Order order = entityManager.find(
        Order.class, orderNo, LockModeType.PESSIMISTIC_WRITE);
```

JPA 프로바이더와 DBMS에 따라 잠금 모드 구현이 다르다. 하이버네이트의 경우 PESSIMIS TIC_WRITE를 잠금 모드로 사용하면 'for update' 쿼리를 이용해서 선점 잠금을 구현한다.

스프링 데이터 JPA는 @Lock 애너테이션을 사용해서 잠금 모드를 지정한다.

```
import org.springframework.data.jpa.repository.Lock;
import javax.persistence.LockModeType;

public interface MemberRepository extends Repository<Member, MemberId> {

    @Lock(LockModeType.PESSIMISTIC_WRITE)
    @Query("select m from Member m where m.id = :id")
    Optional<Member> findByIdForUpdate(@Param("id") MemberId memberId);
}
```

8.2.1 선점 잠금과 교착 상태

선점 잠금 기능을 사용할 때는 잠금 순서에 따른 교착 상태^{deadlock}가 발생하지 않도록 주의해야 한다. 예를 들어, 다음과 같은 순서로 두 스레드가 잠금 시도를 한다고 해보자.

1 스레드1: A 애그리거트에 대한 선점 잠금 구함

2 스레드2: B 애그리거트에 대한 선점 잠금 구함

3 스레드1: B 애그리거트에 대한 선점 잠금 시도

4 스레드2: A 애그리거트에 대한 선점 잠금 시도

이 순서에 따르면 스레드1은 영원히 B 애그리거트에 대한 선점 잠금을 구할 수 없다. 왜냐하면 스레드2가 B 애그리거트에 대한 잠금을 이미 선점하고 있기 때문이다. 동일한 이유로 스레드2는 A 애그리거트에 대한 잠금을 구할 수 없다. 두 스레드는 상대방 스레드가 먼저 선점한 잠금을 구할 수 없어 더 이상 다음 단계를 진행하지 못하게 된다. 즉, 스레드1과 스레드2는 교착 상태에 빠진다.

선점 잠금에 따른 교착 상태는 상대적으로 사용자 수가 많을 때 발생할 가능성이 높고, 사용자 수가 많아지면 교착 상태에 빠지는 스레드는 더 빠르게 증가한다. 더 많은 스레드가 교착 상태에 빠질수록 시스템은 아무것도 할 수 없는 상태가 된다.

이런 문제가 발생하지 않도록 하려면 잠금을 구할 때 최대 대기 시간을 지정해야 한다. JPA에서 선점 잠금을 시도할 때 최대 대기 시간을 지정하려면 다음과 같이 힌트를 사용한다.

```
Map<String, Object> hints = new HashMap<>();
hints.put("javax.persistence.lock.timeout", 2000);
Order order = entityManager.find(
        Order.class, orderNo, LockModeType.PESSIMISTIC_WRITE, hints);
```

JPA의 'javax.persistence.lock.timeout' 힌트는 잠금을 구하는 대기 시간을 밀리초 단위로 지정한다. 지정한 시간 이내에 잠금을 구하지 못하면 익셉션을 발생시킨다. 이 힌트를 사용할 때 주의할 점은 DBMS에 따라 힌트가 적용되지 않을 수도 있다는 것이다. 힌트를 이용할 때에는 사용 중인 DBMS가 관련 기능을 지원하는지 확인해야 한다.

스프링 데이터 JPA는 @QueryHints 애너테이션을 사용해서 쿼리 힌트를 지정할 수 있다.

```
import org.springframework.data.jpa.repository.QueryHints;
import javax.persistence.QueryHint;

public interface MemberRepository extends Repository<Member, MemberId> {
    @Lock(LockModeType.PESSIMISTIC_WRITE)
    @QueryHints({
            @QueryHint(name = "javax.persistence.lock.timeout", value = "2000")
    })
    @Query("select m from Member m where m.id = :id")
    Optional<Member> findByIdForUpdate(@Param("id") MemberId memberId);
```

8.3   비선점 잠금

선점 잠금이 강력해 보이긴 하지만 선점 잠금으로 모든 트랜잭션 충돌 문제가 해결되는 것은 아니다. [그림 8.4]를 보자.

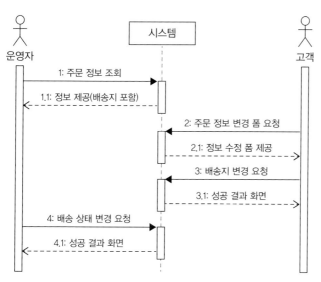

그림 8.4 선점 잠금으로 해결할 수 없는 상황

[그림 8.4]의 실행 순서는 다음과 같다.

1 운영자는 배송을 위해 주문 정보를 조회한다. 시스템은 정보를 제공한다.

2 고객이 배송지 변경을 위해 변경 폼을 요청한다. 시스템은 변경 폼을 제공한다.

3 고객이 새로운 배송지를 입력하고 폼을 전송하여 배송지를 변경한다.

4 운영자가 1번에서 조회한 주문 정보를 기준으로 배송지를 정하고 배송 상태 변경을 요청한다.

여기에서 문제는 운영자가 배송지 정보를 조회하고 배송 상태로 변경하는 사이에 고객이 배송지를 변경한다는 것이다. 운영자는 고객이 변경하기 전 배송지 정보를 이용하여 배송 준비를 한 뒤에 배송 상태로 변경하게 된다. 즉, 배송 상태 변경 전에 배송지를 한 번 더 확인하지 않으면 운영자는 다른 배송지로 물건을 발송하게 되고, 고객은 배송지를 변경했음에도 불구하고 엉뚱한 곳으로 주문한 물건을 받는 상황이 발생한다.

이 문제는 선점 잠금 방식으로는 해결할 수 없다. 이때 필요한 것이 비선점 잠금이다. 비선점 잠금은 동시에 접근하는 것을 막는 대신 변경한 데이터를 실제 DBMS에 반영하는 시점에 변경 가능 여부를 확인하는 방식이다.

비선점 잠금을 구현하려면 애그리거트에 버전으로 사용할 숫자 타입 프로퍼티를 추가해야 한다. 애그리거트를 수정할 때마다 버전으로 사용할 프로퍼티 값이 1씩 증가하는데 이때 다음과 같은 쿼리를 사용한다.

```
UPDATE aggtable SET version = version + 1, colx = ?, coly = ?
WHERE aggid = ? and version = 현재버전
```

이 쿼리는 수정할 애그리거트와 매핑되는 테이블의 버전 값이 현재 애그리거트의 버전과 동일한 경우에만 데이터를 수정한다. 그리고 수정에 성공하면 버전 값을 1 증가시킨다. 다른 트랜잭션이 먼저 데이터를 수정해서 버전 값이 바뀌면 데이터 수정에 실패하게 된다. 이를 그림으로 표현하면 [그림 8.5]와 같다.

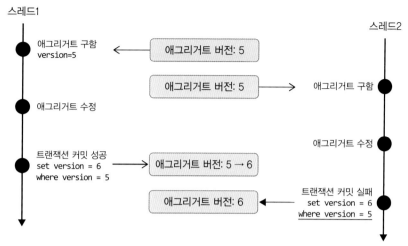

그림 8.5 비선점 잠금을 이용한 트랜잭션 충돌 방지

[그림 8.5]에서 스레드1과 스레드2는 같은 버전을 갖는 애그리거트를 읽어와 수정한다. 두 스레드 중 스레드1이 먼저 커밋을 시도하는데 이 시점에 애그리거트 버전은 여전히 5이므로 애그리거트 수정에 성공하고 버전은 6이 된다. 스레드1이 트랜잭션을 커밋한 후에 스레드2가 커밋을 시도하면 이미 애그리거트 버전이 6이므로 스레드2는 데이터 수정에 실패한다.

JPA는 버전을 이용한 비선점 잠금 기능을 지원한다. 다음과 같이 버전으로 사용할 필드에 @Version 애너테이션을 붙이고 매핑되는 테이블에 버전을 저장할 칼럼을 추가하면 된다.

```
@Entity
@Table(name = "purchase_order")
@Access(AccessType.FIELD)
public class Order {
    @EmbeddedId
    private OrderNo number;

    @Version
    private long version;

    ...
```

JPA는 엔티티가 변경되어 UPDATE 쿼리를 실행할 때 @Version에 명시한 필드를 이용해서 비선점 잠금 쿼리를 실행한다. 즉, 애그리거트 객체의 버전이 10이면 UPDATE 쿼리를 실행할 때 다음과 같은 쿼리를 사용해서 버전이 일치하는 경우에만 데이터를 수정한다.

```
UPDATE purchase_order SET ...생략, version = version + 1
WHERE number = ? and version = 10
```

응용 서비스는 버전에 대해 알 필요가 없다. 리포지터리에서 필요한 애그리거트를 구하고 알맞은 기능만 실행하면 된다. 기능 실행 과정에서 애그리거트 데이터가 변경되면 JPA는 트랜잭션 종료 시점에 비선점 잠금을 위한 쿼리를 실행한다.

```java
public class ChangeShippingService {

    @Transactional
    public void changeShipping(ChangeShippingRequest changeReq) {
        Order order = orderRepository.findById(new OrderNo(changeReq.getNumber()));
        checkNoOrder(order);
        order.changeShippingInfo(changeReq.getShippingInfo());
    }
    ...
}
```

비선점 잠금을 위한 쿼리를 실행할 때 쿼리 실행 결과로 수정된 행의 개수가 0이면 이미 누군가 앞서 데이터를 수정한 것이다. 이는 트랜잭션이 충돌한 것이므로 트랜잭션 종료 시점에 익셉션이 발생한다. 위 코드에서는 스프링의 @Transactional을 이용해서 트랜잭션 범위를 정했으므로 changeShipping() 메서드가 리턴될 때 트랜잭션이 종료되고, 이 시점에 트랜잭션 충돌이 발생하면 OptimisticLockingFailureException이 발생한다.

표현 영역 코드는 이 익셉션이 발생했는지에 따라 트랜잭션 충돌이 일어났는지 확인할 수 있다.

```java
@Controller
public class OrderController {
    private ChangeShippingService changeShippingService;
```

```
@PostMapping("/changeShipping")
public String changeShipping(ChangeShippingRequest changeReq) {
    try {
        changeShippingService.changeShipping(changeReq);
        return "changeShippingSuccess";
    } catch(OptimisticLockingFailureException ex) {
        // 누군가 먼저 같은 주문 애그리거트를 수정했으므로
        // 트랜잭션이 충돌했다는 메시지를 보여준다.
        return "changeShippingTxConflict";
    }
}
...
```

비선점 잠금을 [그림 8.4]의 상황으로 확장해서 적용할 수 있다. 시스템은 사용자에게 수정 폼을 제공할 때 애그리거트 버전을 함께 제공하고, 폼을 서버에 전송할 때 이 버전을 함께 전송한다. [그림 8.6]처럼 사용자가 전송한 버전과 애그리거트 버전이 동일한 경우에만 애그리거트 수정 기능을 수행하도록 함으로써 트랜잭션 충돌 문제를 해소할 수 있다.

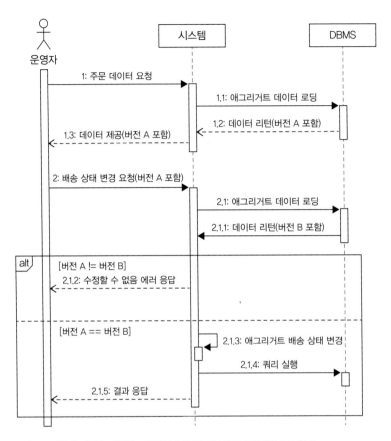

그림 8.6 비선점 잠금을 이용한 트랜잭션 충돌 방지를 여러 트랜잭션으로 확장

[그림 8.6]의 과정 2에서 운영자는 배송 상태 변경을 요청할 때 앞서 과정 1을 통해 받은 애그리거트 버전 값을 함께 전송한다. 시스템은 애그리거트를 조회할 때 버전 값도 함께 읽어온다. 만약 과정 1에서 받은 버전 A와 과정 2.1을 통해 읽은 애그리거트의 버전 B가 다르면 과정 1과 과정 2 사이에 다른 사용자가 해당 애그리거트를 수정한 것이다. 이 경우 시스템은 운영자가 이전 데이터를 기준으로 작업을 요청한 것으로 간주하여 과정 2.1.2와 같이 수정할 수 없다는 에러를 응답한다.

만약 버전 A와 버전 B가 같다면 과정 1과 과정 2 사이에 애그리거트를 수정하지 않은 것이다. 이 경우 시스템은 과정 2.1.3과 같이 애그리거트를 수정하고, 과정 2.1.4를 이용해서 변경 내용을 DBMS에 반영한다. 과정 2.1.1과 과정 2.1.4 사이에 아무도 애그리거트를 수정하지 않았다면 커밋에 성공하므로 성공 결과를 응답한다.

만약 과정 2.1.1과 과정 2.1.4 사이에 누군가 애그리거트를 수정해서 커밋했다면 버전 값이 증가한 상태가 되므로 트랜잭션 커밋에 실패하고 결과로 에러를 응답한다.

[그림 8.6]과 같이 비선점 잠금 방식을 여러 트랜잭션으로 확장하려면 애그리거트 정보를 뷰로 보여줄 때 버전 정보도 함께 사용자 화면에 전달해야 한다. HTML 폼을 생성하는 경우 버전 값을 갖는 hidden 타입 〈input〉 태그를 생성해서 폼 전송 시 버전 값이 서버에 함께 전달되도록 한다.

```html
<!— 애그리거트 정보를 보여줄 때 뷰 코드는 버전 값을 함께 전송한다. —>
<form th:action="@{/startShipping}" method="post">
<input type="hidden" name="version" th:value="${orderDto.version}">
<input type="hidden" name="orderNumber" th:value="${orderDto.orderNumber}">
...
<input type="submit" value="배송 상태로 변경하기" >
</form>
```

응용 서비스에 전달할 요청 데이터는 사용자가 전송한 버전 값을 포함한다. 예를 들어 배송 상태 변경을 처리하는 응용 서비스가 전달받는 데이터는 다음과 같이 주문번호와 함께 해당 주문을 조회한 시점의 버전 값을 포함해야 한다.

```java
public class StartShippingRequest {

    private String orderNumber;
    private long version;

    ...생성자, getter
}
```

응용 서비스는 전달받은 버전 값을 이용해서 애그리거트 버전과 일치하는지 확인하고, 일치하는 경우에만 기능을 수행한다.

```java
public class StartShippingService {

    @PreAuthorize("hasRole('ADMIN')")
```

```
@Transactional
public void startShipping(StartShippingRequest req) {
    Order order = orderRepository.findById(new OrderNo(req.getOrderNumber()));
    checkOrder(order);
    if (!order.matchVersion(req.getVersion()) {
        throw new VersionConflictException();
    }
    order.startShipping();
}
...
```

Order#matchVersion(long version) 메서드는 현재 애그리거트의 버전과 인자로 전달받은 버전이 일치하면 true를 리턴하고 그렇지 않으면 false를 리턴하도록 구현한다. matchVersion()의 결과가 true가 아니면 버전이 일치하지 않는 것이므로 사용자가 이전 버전의 애그리거트 정보를 바탕으로 상태 변경을 요청한 것이다. 따라서 응용 서비스는 버전이 충돌했다는 익셉션을 발생시켜 표현 계층에 이를 알린다.

표현 계층은 버전 충돌 익셉션이 발생하면 버전 충돌을 사용자에게 알려 사용자가 알맞은 후속 처리를 할 수 있도록 한다.

```
@Controller
public class OrderAdminController {
    private StartShippingService startShippingService;

    @PostMapping("/startShipping")
    public String startShipping(StartShippingRequest startReq) {
        try {
            startShippingService.startShipping(startReq);
            return "shippingStarted";
        } catch(OptimisticLockingFailureException | VersionConflictException ex) {
            // 트랜잭션 충돌
            return "startShippingTxConflict";
        }
    }
    ...
```

이 코드는 비선점 잠금과 관련해서 발생하는 두 개의 익셉션을 처리하고 있다. 하나는 스프링 프레임워크가 발생시키는 OptimisticLockingFailureException이고 다른 하나는 응용 서비스 코드에서 발생시키는 VersionConflictException이다. 이 두 익셉션은 개발자 입장에서는 트랜잭션 충돌이 발생한 시점을 명확하게 구분해 준다. VersionConflictException은 이미 누군가가 애그리거트를 수정했다는 것을 의미하고, OptimisticLockingFailureException은 누군가가 거의 동시에 애그리거트를 수정했다는 것을 의미한다.

버전 충돌 상황에 대한 구분이 명시적으로 필요 없다면 응용 서비스에서 프레임워크용 익셉션을 발생시키는 것도 고려할 수 있다.

```java
public void startShipping(StartShippingRequest req) {
    Order order = orderRepository.findById(new OrderNo(req.getOrderNumber()));
    checkOrder(order);
    if (!order.matchVersion(req.getVersion())) {
        // 프레임워크가 제공하는 비선점 트랜잭션 충돌 관련 익셉션 사용
        throw new OptimisticLockingFailureException("version conflict");
    }
    order.startShipping();
}
```

8.3.1 강제 버전 증가

애그리거트에 애그리거트 루트 외에 다른 엔티티가 존재하는데 기능 실행 도중 루트가 아닌 다른 엔티티의 값만 변경된다고 하자. 이 경우 JPA는 루트 엔티티의 버전 값을 증가시키지 않는다. 연관된 엔티티의 값이 변경된다고 해도 루트 엔티티 자체의 값은 바뀌는 것이 없으므로 루트 엔티티의 버전 값은 갱신하지 않는 것이다.

그런데 이런 JPA 특징은 애그리거트 관점에서 보면 문제가 된다. 비록 루트 엔티티의 값이 바뀌지 않았더라도 애그리거트의 구성요소 중 일부 값이 바뀌면 논리적으로 그 애그리거트는 바뀐 것이다. 따라서 애그리거트 내에 어떤 구성요소의 상태가 바뀌면 루트 애그리거트의 버전 값이 증가해야 비선점 잠금이 올바르게 동작한다.

JPA는 이런 문제를 처리할 수 있도록 EntityManager#find() 메서드로 엔티티를 구할 때 강제로 버전 값을 증가시키는 잠금 모드를 지원한다. 다음은 비선점 강제 버전 증가 잠금 모드를 사용해서 엔티티를 구하는 코드의 작성 예를 보여주고 있다.

```java
@Repository
public class JpaOrderRepository implements OrderRepository {
    @PersistenceContext
    private EntityManager entityManager;

    @Override
    public Order findByIdOptimisticLockMode(OrderNo id) {
        return entityManager.find(
                Order.class, id, LockModeType.OPTIMISTIC_FORCE_INCREMENT);
    }
    ...
```

LockModeType.OPTIMISTIC_FORCE_INCREMENT를 사용하면 해당 엔티티의 상태가 변경되었는지에 상관없이 트랜잭션 종료 시점에 버전 값 증가 처리를 한다. 이 잠금 모드를 사용하면 애그리거트 루트 엔티티가 아닌 다른 엔티티나 밸류가 변경되더라도 버전 값을 증가시킬 수 있으므로 비선점 잠금 기능을 안전하게 적용할 수 있다.

스프링 데이터 JPA를 사용하면 앞서 살펴본 @Lock 애너테이션을 이용해서 지정하면 된다.

8.4　오프라인 선점 잠금

아틀라시안의 컨플루언스Confluence는 문서를 편집할 때 누군가 먼저 편집을 하는 중이면 [그림 8.7]과 같이 다른 사용자가 문서를 수정하고 있다는 안내 문구를 보여준다. 이런 안내를 통해 여러 사용자가 동시에 한 문서를 수정할 때 발생하는 충돌을 사전에 방지할 수 있게 해준다.

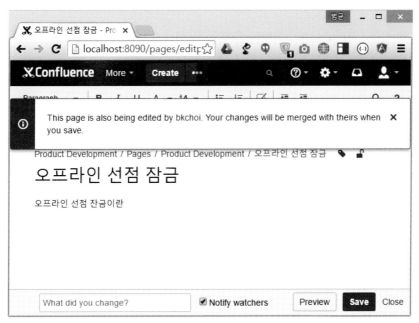

그림 8.7 컨플루언스는 충돌 가능성을 사전에 안내한다.

컨플루언스는 사전에 충돌 여부를 알려주지만 동시에 수정하는 것을 막지는 않는다. 더 엄격하게 데이터 충돌을 막고 싶다면 누군가 수정 화면을 보고 있을 때 수정 화면 자체를 실행하지 못하도록 해야 한다. 한 트랜잭션 범위에서만 적용되는 선점 잠금 방식이나 나중에 버전 충돌을 확인하는 비선점 잠금 방식으로는 이를 구현할 수 없다. 이때 필요한 것이 오프라인 선점 잠금 방식Offline Pessimistic Lock이다.

단일 트랜잭션에서 동시 변경을 막는 선점 잠금 방식과 달리 오프라인 선점 잠금은 여러 트랜잭션에 걸쳐 동시 변경을 막는다. 첫 번째 트랜잭션을 시작할 때 오프라인 잠금을 선점하고, 마지막 트랜잭션에서 잠금을 해제한다. 잠금을 해제하기 전까지 다른 사용자는 잠금을 구할 수 없다.

예를 들어 수정 기능을 생각해 보자. 보통 수정 기능은 두 개의 트랜잭션으로 구성된다. 첫 번째 트랜잭션은 폼을 보여주고, 두 번째 트랜잭션은 데이터를 수정한다. 오프라인 선점 잠금을 사용하면 [그림 8.8]의 과정 1처럼 폼 요청 과정에서 잠금을 선점하고, 과정 3처럼 수정 과정에서 잠금을 해제한다. 이미 잠금을 선점한 상태에서 다른 사용자가 폼을 요청하면 과정 2처럼 잠금을 구할 수 없어 에러 화면을 보게 된다.

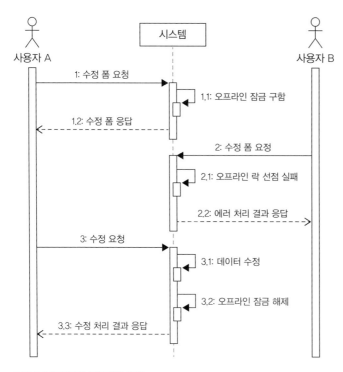

그림 8.8 오프라인 선점 잠금 방식

[그림 8.8]에서 사용자 A가 과정 3의 수정 요청을 수행하지 않고 프로그램을 종료하면 어떻게 될까? 이 경우 잠금을 해제하지 않으므로 다른 사용자는 영원히 잠금을 구할 수 없는 상황이 발생한다. 이런 사태를 방지하기 위해 오프라인 선점 방식은 잠금 유효 시간을 가져야 한다. 유효 시간이 지나면 자동으로 잠금을 해제해서 다른 사용자가 잠금을 일정 시간 후에 다시 구할 수 있도록 해야 한다.

사용자 A가 잠금 유효 시간이 지난 후 1초 뒤에 3번 과정을 수행했다고 가정하자. 잠금이 해제되어 사용자 A는 수정에 실패하게 된다. 이런 상황을 만들지 않으려면 일정 주기로 유효 시간을 증가시키는 방식이 필요하다. 예를 들어 수정 폼에서 1분 단위로 Ajax 호출을 해서 잠금 유효 시간을 1분씩 증가시키는 방법이 있다.

8.4.1 오프라인 선점 잠금을 위한 LockManager 인터페이스와 관련 클래스

오프라인 선점 잠금은 크게 잠금 선점 시도, 잠금 확인, 잠금 해제, 잠금 유효시간 연장의 네 가지 기능이 필요하다. 이 기능을 위한 LockManager 인터페이스는 [리스트 8.1]과 같다.

리스트 8.1 LockManager 인터페이스

```
01  package com.myshop.lock;
02
03  public interface LockManager {
04      LockId tryLock(String type, String id) throws LockException;
05
06      void checkLock(LockId lockId) throws LockException;
07
08      void releaseLock(LockId lockId) throws LockException;
09
10      void extendLockExpiration(LockId lockId, long inc) throws LockException;
11  }
```

tryLock() 메서드는 type과 id를 파라미터로 갖는다. 이 두 파라미터에는 각각 잠글 대상 타입과 식별자를 값으로 전달하면 된다. 예를 들어 식별자가 10인 Article에 대한 잠금을 구하고 싶다면 tryLock()을 실행할 때 'domain.Article'을 type 값으로 주고 '10'을 id 값으로 주면 된다.

tryLock()은 잠금을 식별할 때 사용할 LockId를 리턴한다. 이 책에서는 각 잠금마다 고유 식별자를 갖도록 구현했다. 일단 잠금을 구하면 잠금을 해제하거나 잠금이 유효한지 검사하거나 잠금 유효 시간을 늘릴 때 LockId를 사용한다. LockId는 [리스트 8.2]와 같다.

리스트 8.2 LockId 클래스

```
01   package com.myshop.lock;
02
03   public class LockId {
04       private String value;
05
06       public LockId(String value) {
07           this.value = value;
08       }
09
10       public String getValue() {
11           return value;
12       }
13   }
```

오프라인 선점 잠금이 필요한 코드는 LockManager#tryLock()을 이용해서 잠금을 시도한다. 잠금에 성공하면 tryLock()은 LockId를 리턴한다. 이 LockId는 다음에 잠금을 해제할 때 사용한다. LockId가 없으면 잠금을 해제할 수 없으므로 LockId를 어딘가에 보관해야 한다.

다음은 컨트롤러가 오프라인 선점 잠금 기능을 이용해서 데이터 수정 폼에 동시에 접근하는 것을 제어하는 코드의 예다. 수정 폼에서 데이터를 전송할 때 LockId를 전송할 수 있도록 LockId를 모델에 추가했다.

```
// 서비스: 서비스는 잠금 ID를 리턴한다.
public DataAndLockId getDataWithLock(Long id) {
    // 1. 오프라인 선점 잠금 시도
    LockId lockId = lockManager.tryLock("data", id);
    // 2. 기능 실행
    Data data = someDao.select(id);
    return new DataAndLockId(data, lockId);
}
```

```
// 컨트롤러: 서비스가 리턴한 잠금ID를 모델로 뷰에 전달한다.
@RequestMapping("/some/edit/{id}")
public String editForm(@PathVariable("id") Long id, ModelMap model) {
    DataAndLockId dl = dataService.getDataWithLock(id);
    model.addAttribute("data", dl.getData());
    // 3. 잠금 해제에 사용할 LockId를 모델에 추가
    model.addAttribute("lockId", dl.getLockId());
    return "editForm"
}
```

잠금을 선점하는 데 실패하면 LockException이 발생한다. 이때는 다른 사용자가 데이터를 수정 중이니 나중에 다시 시도하라는 안내 화면을 보여주면 된다.

수정 폼은 LockId를 다시 전송해서 잠금을 해제할 수 있도록 한다.

```
<form th:action="@{/some/edit/{id}(id=${data.id})}" method="post">
    ...
    <input type="hidden" name="lid" th:value="${lockId.value}">
    ...
</form>
```

잠금을 해제하는 코드는 다음과 같이 전달받은 LockId를 이용한다.

```
// 서비스: 잠금을 해제한다.
public void edit(EditRequest editReq, LockId lockId) {
    // 1. 잠금 선점 확인
    lockManager.checkLock(lockId);
    // 2. 기능 실행
    …
    // 3. 잠금 해제
    lockManager.releaseLock(lockId);
}

// 컨트롤러: 서비스를 호출할 때 잠금ID를 함께 전달
@RequestMapping(value = "/some/edit/{id}", method = RequestMethod.POST)
public String edit(@PathVariable("id") Long id,
        @ModelAttribute("editReq") EditRequest editReq,
        @RequestParam("lid") String lockIdValue) {
```

```
        editReq.setId(id);
        someEditService.edit(editReq, new LockId(lockIdValue));
        model.addAttribute("data", data);
        return "editSuccess";
    }
```

서비스 코드를 보면 LockManager#checkLock() 메서드를 가장 먼저 실행하는데, 잠금을 선점한 이후에 실행하는 기능은 다음과 같은 상황을 고려하여 반드시 주어진 LockId를 갖는 잠금이 유효한지 확인해야 한다.

- 잠금 유효 시간이 지났으면 이미 다른 사용자가 잠금을 선점한다.
- 잠금을 선점하지 않은 사용자가 기능을 실행했다면 기능 실행을 막아야 한다.

8.4.2 DB를 이용한 LockManager 구현

DB를 이용한 LockManager를 구현해 보자. 잠금 정보를 저장할 테이블과 인덱스를 [리스트 8.3]과 같이 생성한다. 이 쿼리는 MySQL용이므로 다른 DBMS를 사용한다면 해당 DBMS에 맞게 변형해서 사용하면 된다.

리스트 8.3 잠금 정보를 저장하기 위한 테이블 생성 쿼리

```
01  create table locks (
02    `type` varchar(255),
03    id varchar(255),
04    lockid varchar(255),
05    expiration_time datetime,
06    primary key (`type`, id)
07  ) character set utf8;
08
09  create unique index locks_idx ON locks (lockid);
```

Order 타입의 1번 식별자를 갖는 애그리거트에 대한 잠금을 구하고 싶다면 다음의 insert 쿼리를 이용해서 locks 테이블에 데이터를 삽입하면 된다.

```
insert into locks values ('Order', '1', '생성한lockid', '2016-03-28 09:10:00');
```

type과 id 칼럼을 주요키로 지정해서 동시에 두 사용자가 특정 타입 데이터에 대한 잠금을 구하는 것을 방지했다. 각 잠금마다 새로운 LockId를 사용하므로 lockid 필드를 유니크 인덱스로 설정했다. 잠금 유효 시간을 보관하기 위해 expiration_time 칼럼을 사용한다.

locks 테이블의 데이터를 담을 LockData 클래스를 [리스트 8.4]와 같이 작성한다.

리스트 8.4 LockData 클래스

```
01  package com.myshop.lock;
02
03  public class LockData {
04      private String type;
05      private String id;
06      private String lockId;
07      private long expirationTime;
08
09      public LockData(String type, String id, String lockId, long expirationTime) {
10          this.type = type;
11          this.id = id;
12          this.lockId = lockId;
13          this.expirationTime= expirationTime;
14      }
15
16      public String getType() {
17          return type;
18      }
19
20      public String getId() {
21          return id;
22      }
23
24      public String getLockId() {
25          return lockId;
26      }
27
28      public long getExpirationTime() {
29          return expirationTime;
30      }
31
32      public boolean isExpired() {
```

```
33          return expirationTime < System.currentTimeMillis();
34      }
35  }
```

32~34행의 isExpired() 메서드는 유효 시간이 지났는지를 판단할 때 사용한다.

locks 테이블을 이용해서 LockManager를 구현한 코드는 길이가 다소 길어서 나눠서 표시했다. 먼저 가장 긴 tryLock() 부분은 [리스트 8.5]와 같다. DB 연동은 스프링이 제공하는 JdbcTemplate을 이용해서 처리했다.

리스트 8.5 스프링 JdbcTemplate을 이용한 SpringLockManager의 tryLock() 구현

```
01  @Component
02  public class SpringLockManager implements LockManager {
03      private int lockTimeout = 5 * 60 * 1000;
04      private JdbcTemplate jdbcTemplate;
05
06      private RowMapper<LockData> lockDataRowMapper = (rs, rowNum) ->
07              new LockData(rs.getString(1), rs.getString(2),
08                      rs.getString(3), rs.getTimestamp(4).getTime());
09
10      @Transactional(propagation = Propagation.REQUIRES_NEW)
11      @Override
12      public LockId tryLock(String type, String id) throws LockException {
13          checkAlreadyLocked(type, id);
14          LockId lockId = new LockId(UUID.randomUUID().toString());
15          locking(type, id, lockId);
16          return lockId;
17      }
18
19      private void checkAlreadyLocked(String type, String id) {
20          List<LockData> locks = jdbcTemplate.query(
21                  "select * from locks where type = ? and id = ?",
22                  lockDataRowMapper, type, id);
23          Optional<LockData> lockData = handleExpiration(locks);
24          if (lockData.isPresent()) throw new AlreadyLockedException();
25      }
26
27      private Optional<LockData> handleExpiration(List<LockData> locks) {
```

```
28            if (locks.isEmpty()) return Optional.empty();
29            LockData lockData = locks.get(0);
30            if (lockData.isExpired()) {
31                jdbcTemplate.update(
32                    "delete from locks where type = ? and id = ?",
33                    lockData.getType(), lockData.getId());
34                return Optional.empty();
35            } else {
36                return Optional.of(lockData);
37            }
38        }
39
40        private void locking(String type, String id, LockId lockId) {
41            try {
42                int updatedCount = jdbcTemplate.update(
43                    "insert into locks values (?, ?, ?, ?)",
44                    type, id, lockId.getValue(), new Timestamp(getExpirationTime()));
45                if (updatedCount == 0) throw new LockingFailException();
46            } catch (DuplicateKeyException e) {
47                throw new LockingFailException(e);
48            }
49        }
50
51        private long getExpirationTime() {
52            return System.currentTimeMillis() + lockTimeout;
53        }
```

[코드 설명]

06~08행	locks 테이블에서 조회한 데이터를 LockData로 매핑하기 위한 RowMapper이다.
10~17행	type과 id에 대한 잠금을 시도한다. • 13행에서 해당 type과 id에 잠금이 존재하는지 검사한다. • 14행에서 새로운 LockId를 생성한다. 매번 새로운 LockId를 생성해야 하는데 여기서는 UUID를 이용했다. • 15행에서 잠금을 생성한다. • 16행에서 LockId를 리턴한다.
19-25행	checkAlreadyLocked() 메서드는 잠금이 존재하는지 검사한다. • 20~22행에서 locks 테이블에서 type과 id에 대한 데이터를 조회한다. • 23행에서 유효 시간이 지난 데이터를 처리한다. • 24행에서 유효 시간이 지나지 않은 LockData가 존재하면 익셉션을 발생한다.

27~38행	handleExpiration() 메서드는 잠금 유효 시간이 지나면 해당 데이터를 삭제하고 값이 없는 Optional 을 리턴한다. 유효 시간이 지나지 않았으면 해당 LockData를 가진 Optional을 리턴한다.
40~49행	42~44행에서 잠금을 위해 locks 테이블에 데이터를 삽입한다. 데이터 삽입 결과가 없으면 45행 에서 익셉션을 발생한다. 동일한 주요 키나 lockid를 가진 데이터가 이미 존재해서 DuplicateKey Exception이 발생하면 LockingFailException을 발생시킨다.
51~53행	현재 시간 기준으로 lockTimeout 이후 시간을 유효 시간으로 생성한다.

코드가 다소 복잡한데 tryLock() 메서드를 기준으로 전체 흐름을 살펴보면 checkAlready Locked() 메서드를 이용해서 이미 잠금이 선점됐는지 확인하고, locking() 메서드로 잠금을 선점한다.

SpringLockManager의 나머지 구현 코드는 [리스트 8.6]과 같다.

리스트 8.6 스프링 JdbcTemplate을 이용한 SpringLockManager의 나머지 구현 코드

```
01    @Transactional(propagation = Propagation.REQUIRES_NEW)
02    @Override
03    public void checkLock(LockId lockId) throws LockException {
04        Optional<LockData> lockData = getLockData(lockId);
05        if (!lockData.isPresent()) throw new NoLockException();
06    }
07
08    private Optional<LockData> getLockData(LockId lockId) {
09        List<LockData> locks = jdbcTemplate.query(
10            "select * from locks where lockid = ?",
11            lockDataRowMapper, lockId.getValue());
12        return handleExpiration(locks);
13    }
14
15    @Transactional(propagation = Propagation.REQUIRES_NEW)
16    @Override
17    public void extendLockExpiration(LockId lockId, long inc) {
18        Optional<LockData> lockDataOpt = getLockData(lockId);
19        LockData lockData =
20            lockDataOpt.orElseThrow(() -> new NoLockException());
21        jdbcTemplate.update(
22            "update locks set expiration_time = ? where type = ? AND id = ?",
23            new Timestamp(lockData.getTimestamp() + inc),
24            lockData.getType(), lockData.getId());
```

```
25        }
26
27        @Transactional(propagation = Propagation.REQUIRES_NEW)
28        @Override
29        public void releaseLock(LockId lockId) throws LockException {
30            jdbcTemplate.update(
31                    "delete from locks where lockid = ?", lockId.getValue());
32        }
33
34        @Autowired
35        public void setJdbcTemplate(JdbcTemplate jdbcTemplate) {
36            this.jdbcTemplate = jdbcTemplate;
37        }
38 }
```

[코드 설명]

03~06행	잠금이 유효한지 검사한다. 잠금이 존재하지 않으면 익셉션을 발생한다.
08~13행	lockId에 해당하는 LockData를 구한다. handleExpiration()을 이용해서 유효 시간이 지난 LockData를 처리한다. handleExpiration() 메서드는 [리스트 8.5]를 참고한다.
17~25행	lockId에 해당하는 잠금 유효 시간을 inc 만큼 늘린다.
29~32행	lockId에 해당하는 잠금 데이터를 locks 테이블에서 삭제한다.

9

도메인 모델과
바운디드 컨텍스트

- ☑ 바운디드 컨텍스트
- ☑ 바운디드 컨텍스트 간 통합과 관계

9.1 도메인 모델과 경계

처음 도메인 모델을 만들 때 빠지기 쉬운 함정이 도메인을 완벽하게 표현하는 단일 모델을 만드는 시도를 하는 것이다. 그런데 1장에서 말한 것처럼 한 도메인은 다시 여러 하위 도메인으로 구분되기 때문에 한 개의 모델로 여러 하위 도메인을 모두 표현하려고 시도하면 오히려 모든 하위 도메인에 맞지 않는 모델을 만들게 된다.

예를 들어 상품이라는 모델을 생각해 보자. 카탈로그에서 상품, 재고 관리에서 상품, 주문에서 상품, 배송에서 상품은 이름만 같지 실제로 의미하는 것이 다르다. 카탈로그에서의 상품은 상품 이미지, 상품명, 상품 가격, 옵션 목록, 상세 설명과 같은 상품 정보가 위주라면, 재고 관리에서는 실존하는 개별 객체를 추적하기 위한 목적으로 상품을 사용한다. 즉 카탈로그에서는 물리적으로 한 개인 상품이 재고 관리에서는 여러 개 존재할 수 있다.

논리적으로 같은 존재처럼 보이지만 하위 도메인에 따라 다른 용어를 사용하는 경우도 있다. 카탈로그 도메인에서의 상품이 검색 도메인에서는 문서로 불리기도 한다. 비슷하게 시스템을 사용하는 사람을 회원 도메인에서는 회원이라고 부르지만, 주문 도메인에서는 주문자라고 부르고, 배송 도메인에서는 보내는 사람이라고 부르기도 한다.

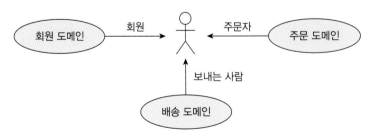

그림 9.1 하위 도메인마다 사용하는 용어와 의미가 다르다.

이렇게 하위 도메인마다 같은 용어라도 의미가 다르고 같은 대상이라도 지칭하는 용어가 다를 수 있기 때문에 한 개의 모델로 모든 하위 도메인을 표현하려는 시도는 올바른 방법이 아니며 표현할 수도 없다.

하위 도메인마다 사용하는 용어가 다르기 때문에 올바른 도메인 모델을 개발하려면 하위 도메인마다 모델을 만들어야 한다. 각 모델은 명시적으로 구분되는 경계를 가져서 섞이지 않도록 해야 한다. 여러 하위 도메인의 모델이 섞이기 시작하면 모델의 의미가 약해질 뿐만 아니라 여러 도메인의 모델이 서로 얽히기 때문에 각 하위 도메인별로 다르게 발전하는 요구사항을 모델에 반영하기 어려워진다.

모델은 특정한 컨텍스트(문맥) 하에서 완전한 의미를 갖는다. 같은 제품이라도 카탈로그 컨텍스트와 재고 컨텍스트에서 의미가 서로 다르다. 이렇게 구분되는 경계를 갖는 컨텍스트를 DDD에서는 바운디드 컨텍스트^{Bounded Context}라고 부른다.

> **잠깐 👉** 바운디드 컨텍스트를 우리말로 번역하면 경계를 갖는 컨텍스트라고 할 수 있지만 다소 길다. 그래서 한글 발음을 그대로 사용했다.

바운디드 컨텍스트

바운디드 컨텍스트는 모델의 경계를 결정하며 한 개의 바운디드 컨텍스트는 논리적으로 한 개의 모델을 갖는다. 바운디드 컨텍스트는 용어를 기준으로 구분한다. 카탈로그 컨텍스트와 재고 컨텍스트는 서로 다른 용어를 사용하므로 이 용어를 기준으로 컨텍스트를 분리할 수 있다. 또한 바운디드 컨텍스트는 실제로 사용자에게 기능을 제공하는 물리적 시스템으로 도메인 모델은 이 바운디드 컨텍스트 안에서 도메인을 구현한다.

이상적으로 하위 도메인과 바운디드 컨텍스트가 일대일 관계를 가지면 좋겠지만 현실은 그렇지 않을 때가 많다. 바운디드 컨텍스트는 기업의 팀 조직 구조에 따라 결정되기도 한다. 예를 들어 주문 하위 도메인이라도 주문을 처리하는 팀과 복잡한 결제 금액 계산 로직을 구현하는 팀이 따로 있다고 해보자. 이 경우 주문 하위 도메인에 주문 바운디드 컨텍스트와 결제 금액 계산 바운디드 컨텍스트가 존재하게 된다. 용어를 명확하게 구분하지 못해 두 하위 도메인을 하나의 바운디드 컨텍스트에서 구현하기도 하는데, 예를 들어 카탈로그와 재고 관리가 아직 명확하게 구분되지 않은 경우 두 하위 도메인을 하나의 바운디드 컨텍스트에서 구현하기도 한다.

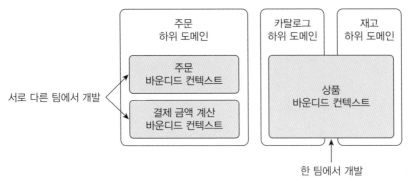

그림 9.2 조직 구조에 따라 바운디드 컨텍스트가 결정된다.

규모가 작은 기업은 전체 시스템을 한 개 팀에서 구현할 때도 있다. 예를 들어 소규모 쇼핑몰은 한 개의 웹 애플리케이션으로 온라인 쇼핑을 서비스하며 하나의 시스템에서 회원, 카탈로그, 재고, 구매, 결제와 관련된 모든 기능을 제공한다. 즉 여러 하위 도메인을 한 개의 바운디드 컨텍스트에서 구현한다.

여러 하위 도메인을 하나의 바운디드 컨텍스트에서 개발할 때 주의할 점은 하위 도메인의 모델이 섞이지 않도록 하는 것이다. 한 프로젝트에 각 하위 도메인의 모델이 위치하면 아무래도 전체 하위 도메인을 위한 단일 모델을 만들고 싶은 유혹에 빠지기 쉽다. 이런 유혹에 걸려들면 결과적으로 도메인 모델이 개별 하위 도메인을 제대로 반영하지 못해서 하위 도메인별로 기능을 확장하기 어렵게 되고 이는 서비스 경쟁력을 떨어뜨리는 원인이 된다. 비록 한 개의 바운디드 컨텍스트가 여러 하위 도메인을 포함하더라도 하위 도메인마다 구분되는 패키지를 갖도록 구현해야 하며, 이렇게 함으로써 하위 도메인을 위한 모델이 서로 뒤섞이지 않고 하위 도메인마다 바운디드 컨텍스트를 갖는 효과를 낼 수 있다.

그림 9.3 물리적인 바운디드 컨텍스트가 한 개이더라도 내부적으로 패키지를 활용해서 논리적으로 바운디드 컨텍스트를 만든다.

바운디드 컨텍스트는 도메인 모델을 구분하는 경계가 되기 때문에 바운디드 컨텍스트는 구현하는 하위 도메인에 알맞은 모델을 포함한다. 같은 사용자라 하더라도 주문 바운디드 컨텍스트와 회원 바운디드 컨텍스트가 갖는 모델이 달라진다. 같은 상품이라도 카탈로그 바운디드 컨텍스트의 Product와 재고 바운디드 컨텍스트의 Proudct는 각 컨텍스트에 맞는 모델을 갖는다. 따라서 회원의 Member는 애그리거트 루트이지만 주문의 Orderer는 밸류가 되고 카탈로그의 Proudct는 상품이 속할 Category와 연관을 갖지만 재고의 Product는 카탈로그의 Category와 연관을 맺지 않는다.

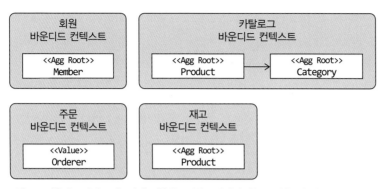

그림 9.4 바운디드 컨텍스트는 각자 구현하는 하위 도메인에 맞는 모델을 갖는다.

9.3 바운디드 컨텍스트 구현

바운디드 컨텍스트가 도메인 모델만 포함하는 것은 아니다. 바운디드 컨텍스트는 도메인 기능을 사용자에게 제공하는 데 필요한 표현 영역, 응용 서비스, 인프라스트럭처 영역을 모두 포함한다. 도메인 모델의 데이터 구조가 바뀌면 DB 테이블 스키마도 함께 변경해야 하므로 테이블도 바운디드 컨텍스트에 포함된다.

그림 9.5 바운디드 컨텍스트는 도메인 기능을 제공하는 데 필요한 모든 요소를 포함한다.

표현 영역은 인간 사용자를 위해 HTML 페이지를 생성할 수도 있고, 다른 바운디드 컨텍스트를 위해 REST API를 제공할 수도 있다.

모든 바운디드 컨텍스트를 반드시 도메인 주도로 개발할 필요는 없다. 상품의 리뷰는 복잡한 도메인 로직을 갖지 않기 때문에 CRUD 방식으로 구현해도 된다. 즉 DAO와 데이터 중심의 밸류 객체를 이용해서 리뷰 기능을 구현해도 기능을 유지 보수하는 데 큰 문제가 없다.

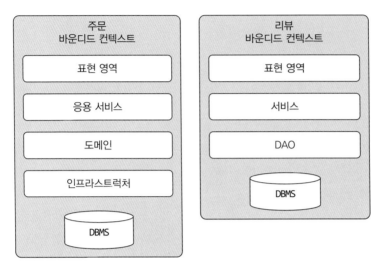

그림 9.6 각 바운디드 컨텍스트는 도메인에 알맞은 아키텍처를 사용한다.

서비스-DAO 구조를 사용하면 도메인 기능이 서비스에 흩어지게 되지만 도메인 기능 자체가 단순하면 서비스-DAO로 구성된 CRUD 방식을 사용해도 코드를 유지 보수하는 데 문제 되지 않는다고 생각한다.

한 바운디드 컨텍스트에서 두 방식을 혼합해서 사용할 수도 있다. 대표적인 예가 CQRS 패턴이다. CQRS는 Command Query Responsibility Segregation의 약자로 상태를 변경하는 명령 기능과 내용을 조회하는 쿼리 기능을 위한 모델을 구분하는 패턴이다. 이 패턴을 단일 바운디드 컨텍스트에 적용하면 [그림 9.7]과 같이 상태 변경과 관련된 기능은 도메인 모델 기반으로 구현하고 조회 기능은 서비스-DAO를 이용해서 구현할 수 있다.

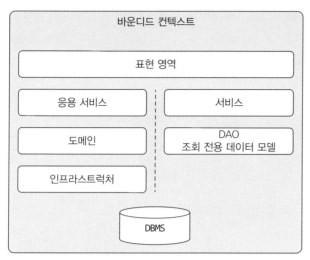

그림 9.7 한 바운디드 컨텍스트에 CQRS를 적용한 예

각 바운디드 컨텍스트는 서로 다른 구현 기술을 사용할 수도 있다. 웹 MVC는 스프링 MVC를 사용하고 리포지터리 구현 기술로는 JPA/하이버네이트를 사용하는 바운디드 컨텍스트가 존재할 수도 있고, Netty를 이용해서 REST API를 제공하고 마이바티스를 리포지터리 구현 기술로 사용하는 바운디드 컨텍스트가 존재할 수도 있다. 어떤 바운디드 컨텍스트는 RDBMS 대신 몽고DB와 같은 NoSQL을 사용할 수도 있을 것이다.

바운디드 컨텍스트가 반드시 사용자에게 보여지는 UI를 가지고 있어야 하는 것은 아니다. 상품의 상세 정보를 보여주는 페이지를 생각해 보자. 웹 브라우저는 [그림 9.8]처럼 카탈로그 바운디드 컨텍스트를 통해 상세 정보를 읽어온 뒤, 리뷰 바운디드 컨텍스트의 REST API를 직접 호출해서 로딩한 JSON 데이터를 알맞게 가공해서 리뷰 목록을 보여줄 수도 있다.

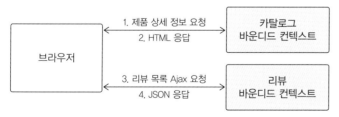

그림 9.8 바운디드 컨텍스트는 UI를 갖지 않을 수도 있다.

[그림 9.9]와 같이 UI를 처리하는 서버를 두고 UI 서버에서 바운디드 컨텍스트와 통신해서 사용자 요청을 처리하는 방법도 있다.

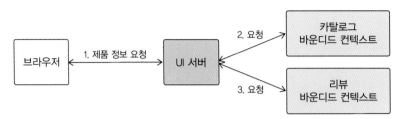

그림 9.9 각 바운디드 컨텍스트는 UI 서버를 통해 간접적으로 브라우저와 통신할 수도 있다.

이 구조에서 UI 서버는 각 바운디드 컨텍스트를 위한 파사드 역할을 수행한다. 브라우저가 UI 서버에 요청을 보내면 UI 서버는 카탈로그와 리뷰 바운디드 컨텍스트로부터 필요한 정보를 읽어와 조합한 뒤 브라우저에 응답을 제공한다.

바운디드 컨텍스트 간 통합

온라인 쇼핑 사이트에서 매출 증대를 위해 카탈로그 하위 도메인에 개인화 추천 기능을 도입하기로 했다고 하자. 기존 카탈로그 시스템을 개발하던 팀과 별도로 추천 시스템을 담당하는 팀이 새로 생겨서 이 팀에서 주도적으로 추천 시스템을 만들기로 했다. 이렇게 되면 카탈로그 하위 도메인에는 기존 카탈로그를 위한 바운디드 컨텍스트와 추천 기능을 위한 바운디드 컨텍스트가 생긴다.

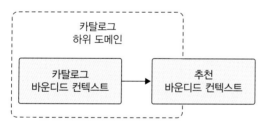

그림 9.10 바운디드 컨텍스트 간 통합의 필요성

두 팀이 관련된 바운디드 컨텍스트를 개발하면 자연스럽게 두 바운디드 컨텍스트 간 통합이 발생한다. 카탈로그와 추천 바운디드 컨텍스트 간 통합이 필요한 기능은 다음과 같다.

- 사용자가 제품 상세 페이지를 볼 때, 보고 있는 상품과 유사한 상품 목록을 하단에 보여준다.

사용자가 카탈로그 바운디드 컨텍스트에 추천 제품 목록을 요청하면 카탈로그 바운디드 컨텍스트는 추천 바운디드 컨텍스트로부터 추천 정보를 읽어와 추천 제품 목록을 제공한다. 이때 카탈로그 컨텍스트와 추천 컨텍스트의 도메인 모델은 서로 다르다. 카탈로그는 제품을 중심으로 도메인 모델을 구현하지만 추천은 추천 연산을 위한 모델을 구현한다. 예를 들어 추천 시스템은 상품의 상세 정보를 포함하지 않으며 상품 번호 대신 아이템 ID라는 용어를 사용해서 식별자를 표현하고 추천 순위와 같은 데이터를 담게 된다.

카탈로그 시스템은 추천 시스템으로부터 추천 데이터를 받아오지만, 카탈로그 시스템에서는 추천의 도메인 모델을 사용하기보다는 카탈로그 도메인 모델을 사용해서 추천 상품을 표현해야 한다. 즉 다음과 같이 카탈로그의 모델을 기반으로 하는 도메인 서비스를 이용해서 상품 추천 기능을 표현해야 한다.

```java
/**
 * 상품 추천 기능을 표현하는 도메인 서비스
 */
public interface ProductRecommendationService {
    List<Product> getRecommendationsOf(ProductId id);
}
```

도메인 서비스를 구현한 클래스는 인프라스트럭처 영역에 위치한다. 이 클래스는 외부 시스템과의 연동을 처리하고 외부 시스템의 모델과 현재 도메인 모델 간의 변환을 책임진다.

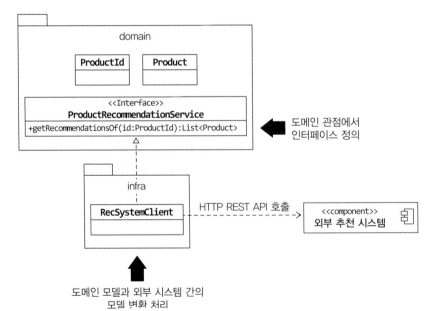

그림 9.11 외부 연동을 위한 도메인 서비스 구현 클래스는 도메인 모델과 외부 시스템 간의 모델 변환을 처리한다.

[그림 9.11]에서 RecSystemClient는 외부 추천 시스템이 제공하는 REST API를 이용해서 특정 상품을 위한 추천 상품 목록을 로딩한다. 이 REST API가 제공하는 데이터는 추천 시스템의 모델을 기반으로 하고 있기 때문에 API 응답은 다음과 같이 카탈로그 도메인 모델과 일치하지 않는 데이터를 제공할 것이다.

```
[
    {itemId: 'PROD-1000', type: 'PRODUCT', rank: 100},
    {itemId: 'PROD-1001', type: 'PRODUCT', rank: 54}
]
```

RecSystemClient는 REST API로부터 데이터를 읽어와 카탈로그 도메인에 맞는 상품 모델로 변환한다. 다음은 일부 코드를 가상으로 만들어 본 것이다.

```java
public class RecSystemClient implements ProductRecommendationService {
    private ProductRepository productRepository;

    @Override
    public List<Product> getRecommendationsOf(ProductId id) {
        List<RecommendationItem> items = getRecItems(id.getValue());
        return toProducts(items);
    }

    private List<RecommendationItem> getRecItems(String itemId) {
        // externalRecClient는 외부 추천 시스템을 위한 클라이언트라고 가정
        return externalRecClient.getRecs(itemId);
    }

    private List<Product> toProducts(List<RecommendationItem> items) {
        return items.stream()
                .map(item -> toProductId(item.getItemId()) )
                .map(prodId -> productRepository.findById(prodId) )
                .collect(toList());
    }

    private ProductId toProductId(String itemId) {
        return new ProductId(itemId);
```

```
    }
    ...
```

getRecItems() 메서드에서 사용하는 externalRecClient는 외부 추천 시스템에 연결할 때 사용하는 클라이언트로서 팀에서 배포한 추천 시스템을 관리하는 모듈이라고 가정하자. 이 모듈이 제공하는 RecommendationItem은 추천 시스템의 모델을 따를 것이다. RecSystemClient는 추천 시스템의 모델을 받아와 toProducts() 메서드를 이용해서 카탈로그 도메인의 Product 모델로 변환하는 작업을 처리한다.

두 모델 간의 변환 과정이 복잡하면 [그림 9.12]와 같이 변환 처리를 위한 별도 클래스를 만들고 이 클래스에서 변환을 처리해도 된다.

그림 9.12 모델 간 변환이 복잡하면 별도 변환기를 둔다.

REST API를 호출하는 것은 두 바운디드 컨텍스트를 직접 통합하는 방법이다. 직접 통합하는 대신 간접적으로 통합하는 방법도 있다. 대표적인 간접 통합 방식이 메시지 큐를 사용하는 것이다. 추천 시스템은 사용자가 조회한 상품 이력이나 구매 이력과 같은 사용자 활동 이력을 필요로 하는데 이 내역을 전달할 때 메시지 큐를 사용할 수 있다.

그림 9.13 메시지 큐를 이용한 통합

[그림 9.13]에서 카탈로그 바운디드 컨텍스트는 추천 시스템이 필요로 하는 사용자 활동 이력을 메시지 큐에 추가한다. 메시지 큐는 비동기로 메시지를 처리하기 때문에 카탈로그 바운디드 컨텍스트는 메시지를 큐에 추가한 뒤에 추천 바운디드 컨텍스트가 메시지를 처리할 때까지 기다리지 않고 바로 이어서 자신의 처리를 계속한다.

추천 바운디드 컨텍스트는 큐에서 이력 메시지를 읽어와 추천을 계산하는 데 사용할 것이다. 이것은 두 바운디드 컨텍스트가 사용할 메시지의 데이터 구조를 맞춰야 함을 의미한다. 각각의 바운디드 컨텍스트를 담당하는 팀은 서로 만나서 주고받을 데이터 형식에 대해 협의해야 한다. 메시지 시스템을 카탈로그 측에서 관리하고 있다면 큐에 담기는 메시지는 [그림 9.14]와 같이 카탈로그 도메인을 따르는 데이터를 담을 것이다.

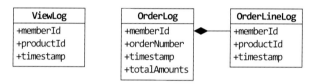

그림 9.14 카탈로그 도메인 관점에서 메시지 데이터

추천 바운디드 컨텍스트 관점에서 접근하면 [그림 9.15]와 같이 메시지 데이터 구조를 잡을 수 있다.

```
ActiveLog
+itemId
+userId
+activityType
+actionDate
```

그림 9.15 추천 도메인 관점에서의 메시지 데이터

어떤 도메인 관점에서 모델을 사용하느냐에 따라 두 바운디드 컨텍스트의 구현 코드가 달라지게 된다. 카탈로그 도메인 관점에서 큐에 저장할 메시지를 생성하면 카탈로그 시스템의 연동 코드는 카탈로그 기준의 데이터를 그대로 메시지 큐에 저장한다.

```
// 상품 조회 관련 로그 기록 코드
public class ViewLogService {
    private MessageClient messageClient;

    public void appendViewLog(String memberId, String productId, Date time) {
        messageClient.send(new ViewLog(memberId, productId, time));
    }
    ...

// messageClient
public class RabbitMQClient implements MessageClient {
    private RabbitTemplate rabbitTemplate;

    @Override
    public void send(ViewLog viewLog) {
        // 카탈로그 기준으로 작성한 데이터를 큐에 그대로 보관
        rabbitTemplate.convertAndSend(logQueueName, viewLog);
    }
    ...
```

카탈로그 도메인 모델을 기준으로 메시지를 전송하므로 추천 시스템은 자신의 모델에 맞게 메시지를 변환해서 처리해야 한다.

반대로 추천 시스템을 기준으로 큐에 데이터를 저장하기로 했다면 카탈로그 쪽 코드는 다음과 같이 바뀔 것이다.

```
// 상품 조회 관련 로그 기록 코드
public class ViewLogService {
    private MessageClient messageClient;

    public void appendViewLog(String memberId, String productId, Date time) {
        messageClient.send(
            new ActivityLog(productId, memberId, ActivityType.VIEW, time));
    }
    ...

// messageClient
public class RabbitMQClient implements MessageClient {
```

```
    private RabbitTemplate rabbitTemplate;

    @Override
    public void send(ActivityLog activityLog) {
        rabbitTemplate.convertAndSend(logQueueName, activityLog);
    }
    ...
```

두 바운디드 컨텍스트를 개발하는 팀은 메시징 큐에 담을 데이터의 구조를 협의하게 되는데 그 큐를 누가 제공하느냐에 따라 데이터 구조가 결정된다. 예를 들어 카탈로그 시스템에서 큐를 제공한다면 큐에 담기는 내용은 카탈로그 도메인을 따른다. 카탈로그 도메인은 메시징 큐에 카탈로그와 관련된 메시지를 저장하게 되고 다른 바운디드 컨텍스트는 이 큐로부터 필요한 메시지를 수신하는 방식을 사용한다. 즉, 이 방식은 한쪽에서 메시지를 출판하고 다른 쪽에서 메시지를 구독하는 출판/구독 모델을 따른다.

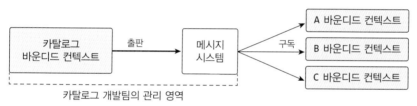

그림 9.16 출판/구독 모델을 이용한 바운디드 컨텍스트 간 연동

큐를 추천 시스템에서 제공할 경우 큐를 통해 메시지를 추천 시스템에 전달하는 방식이 된다. 이 경우 큐로 인해 비동기로 추천 시스템에 데이터를 전달하는 것을 제외하면 추천 시스템이 제공하는 REST API를 사용해서 데이터를 전달하는 것과 차이가 없다.

마이크로서비스와 바운디드 컨텍스트

마이크로서비스 아키텍처가 단순 유행을 지나 많은 기업에서 자리를 잡아가고 있다. 넷플릭스나 아마존 같은 선도 기업뿐만 아니라 많은 기업이 마이크로서비스 아키텍처를 수용하는 추세다. 마이크로서비스는 애플리케이션을 작은 서비스로 나누어 개발하는 아키텍처 스타일이다. 개별 서비스를 독립된 프로세스로 실행하고 각 서비스가 REST API나 메시징을 이용해서 통신하는 구조를 갖는다.

이런 마이크로서비스의 특징은 바운디드 컨텍스트와 잘 어울린다. 각 바운디드 컨텍스트는 모델의 경계를 형성하는데 바운디드 컨텍스트를 마이크로서비스로 구현하면 자연스럽게 컨텍스트별로 모델이 분리된다. 코드로 생각하면 마이크로서비스마다 프로젝트를 생성하므로 바운디드 컨텍스트마다 프로젝트를 만들게 된다. 이것은 코드 수준에서 모델을 분리하여 두 바운디드 컨텍스트의 모델이 섞이지 않도록 해준다.

별도 프로세스로 개발한 바운디드 컨텍스트는 독립적으로 배포하고 모니터링하며 확장되는데 이 역시 마이크로서비스가 갖는 특징이다.

9.5 바운디드 컨텍스트 간 관계

바운디드 컨텍스트는 어떤 식으로든 연결되기 때문에 두 바운디드 컨텍스트는 다양한 방식으로 관계를 맺는다. 두 바운디드 컨텍스트 간 관계 중 가장 흔한 관계는 한쪽에서 API를 제공하고 다른 한쪽에서 그 API를 호출하는 관계이다. REST API가 대표적이다. 이 관계에서 API를 사용하는 바운디드 컨텍스트는 API를 제공하는 바운디드 컨텍스트에 의존하게 된다.

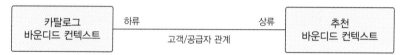

그림 9.17 고객/공급자 관계를 갖는 바운디드 컨텍스트

[그림 9.17]에서 하류downstream 컴포넌트인 카탈로그 컨텍스트는 상류upstream 컴포넌트인 추천 컨텍스트가 제공하는 데이터와 기능에 의존한다. 카탈로그는 추천 상품을 보여주기 위해 추천 바운디드 컨텍스트가 제공하는 REST API를 호출한다. 추천 시스템이 제공하는 REST API의 인터페이스가 바뀌면 카탈로그 시스템의 코드도 바뀌게 된다.

상류 컴포넌트는 일종의 서비스 공급자 역할을 하며 하류 컴포넌트는 그 서비스를 사용하는 고객 역할을 한다. 고객과 공급자 관계에 있는 두 팀은 상호 협력이 필수적이다. 공급자를 하는 상류 팀이 마음대로 API를 변경하면 하류 팀은 변경된 API에 맞추느라 우선순위가 높은 다른 기능을 개발하지 못할 수도 있다. 반대로 상류 팀이 무언가를 변경할 때마다 하류 팀으로부터 여러 절차를 거쳐 승낙을 받아야 한다면 상류 팀은 새로운 개발 시도 자체를 하지 않을 수도 있다. 따라서 상류 팀과 하류 팀은 개발 계획을 서로 공유하고 일정을 협의해야 한다.

상류 컴포넌트는 보통 하류 컴포넌트가 사용할 수 있는 통신 프로토콜을 정의하고 이를 공개한다. 예를 들어 추천 시스템은 하류 컴포넌트가 사용할 수 있는 REST API를 제공하거나 프로토콜 버퍼Protocol Buffers와 같은 것을 이용해서 서비스를 제공할 수도 있다. 상류 팀의 고객인 하류 팀이 다수 존재하면 상류 팀은 여러 하류 팀의 요구사항을 수용할 수 있는 API를 만들고 이를 서비스 형태로 공개해서 서비스의 일관성을 유지할 수 있다. 이런 서비스를 가리켜 공개 호스트 서비스OPEN HOST SERVICE라고 한다.

공개 호스트 서비스의 대표적인 예가 검색이다. 블로그, 카페, 게시판과 같은 서비스를 제공하는 포털은 각 서비스별로 검색 기능을 구현하기보다는 검색을 위한 전용 시스템을 구축하고 검색 시스템과 각 서비스를 통합한다. 이때 검색 시스템은 상류 컴포넌트가 되고 블로그, 카페, 게시판은 하류 컴포넌트가 된다. 상류 팀은 각 하류 컴포넌트의 요구사항을 수용하는 단일 API를 만들어 이를 공개하고 각 하류 팀은 공개된 API를 사용해서 검색 기능을 구현한다.

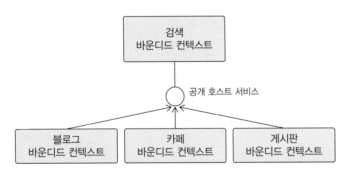

그림 9.18 서비스를 제공할 하류 컴포넌트가 많다면 각 하류 팀의 요구사항을 수용해서 이를 단일 서비스로 공개한다.

상류 컴포넌트의 서비스는 상류 바운디드 컨텍스트의 도메인 모델을 따른다. 따라서 하류 컴포넌트는 상류 서비스의 모델이 자신의 도메인 모델에 영향을 주지 않도록 보호해 주는 완충 지대를 만들어야 한다. 이미 앞서 이 완충 지대에 대해 언급했었다. [그림 9.11]을 다시 보자.

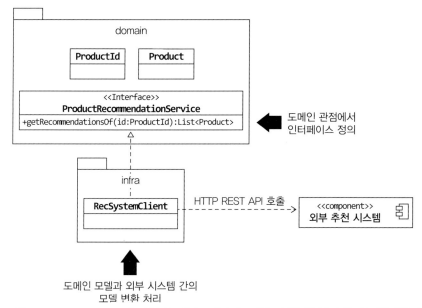

그림 9.19 RecSystemClient는 외부 시스템의 모델이 내 도메인 모델을 침범하지 않도록 만들어주는 안티코럽션 계층Anticorruption Layer 역할을 한다.

이 그림에서 RecSystemClient는 외부 시스템과의 연동을 처리하는데 외부 시스템의 도메인 모델이 내 도메인 모델을 침범하지 않도록 막아주는 역할을 한다. 즉, 내 모델이 깨지는 것을 막아주는 안티코럽션 계층이 된다. 이 계층에서 두 바운디드 컨텍스트 간의 모델 변환을 처리해 주기 때문에 다른 바운디드 컨텍스트의 모델에 영향을 받지 않고 내 도메인 모델을 유지할 수 있다.

두 바운디드 컨텍스트가 같은 모델을 공유하는 경우도 있다. 예를 들어 운영자를 위한 주문 관리 도구를 개발하는 팀과 고객을 위한 주문 서비스를 개발하는 팀이 다르다고 가정하자. 두 팀은 주문을 표현하는 모델을 공유함으로써 주문과 관련된 중복 설계를 막을 수 있다. 이렇게 두 팀이 공유하는 모델을 공유 커널SHARED KERNEL이라고 부른다.

공유 커널의 장점은 중복을 줄여준다는 것이다. 두 팀이 하나의 모델을 개발해서 공유하기 때문에 두 팀에서 동일한 모델을 두 번 개발하는 중복을 줄일 수 있다. 하지만 두 팀이 한 모델을 공유하기 때문에 한 팀에서 임의로 모델을 변경하면 안 되며 두 팀이 밀접한 관계를 유지해야 한다. 두 팀이 밀접한 관계를 형성할 수 없다면 공유 커널을 사용할 때의 장점보다 공유 커널로 인해 개발이 지연되고 정체되는 문제가 더 커지게 된다.

마지막으로 살펴볼 관계는 독립 방식SEPARATE WAY이다. 독립 방식 관계는 간단하다. 그냥 서로 통합하지 않는 방식이다. 두 바운디드 컨텍스트 간에 통합하지 않으므로 서로 독립적으로 모델을 발전시킨다.

독립 방식에서 두 바운디드 컨텍스트 간의 통합은 수동으로 이루어진다. 예를 들어 온라인 쇼핑몰 설루션과 외부의 ERP 서비스를 사용하고 있다고 하자. 온라인 쇼핑몰 설루션은 외부 ERP 서비스와의 연동을 지원하지 않으므로 온라인 쇼핑몰에서 판매가 발생하면 쇼핑몰 운영자는 쇼핑몰 시스템에서 판매 정보를 보고 ERP 시스템에 입력해야 한다.

그림 9.20 독립 방식에서는 수동으로 바운디드 컨텍스트를 통합한다.

수동으로 통합하는 방식이 나쁜 것은 아니지만 규모가 커질수록 수동 통합에는 한계가 있으므로 규모가 커지기 시작하면 두 바운디드 컨텍스트를 통합해야 한다. 이때 외부에서 구매한 설루션과 ERP를 완전히 대체할 수 없다면 두 바운디드 컨텍스트를 통합해 주는 별도의 시스템을 만들어야 할 수도 있다.

그림 9.21 독립 방식으로 개발한 두 바운디드 컨텍스트를 통합하기 위해 별도의 시스템을 만들어야 할 수도 있다.

9.6 컨텍스트 맵

개별 바운디드 컨텍스트에 매몰되면 전체를 보지 못할 때가 있다. 나무만 보고 숲을 보지 못하는 상황을 방지하려면 전체 비즈니스를 조망할 수 있는 지도가 필요한데 그것이 바로 컨텍스트 맵이다. 컨텍스트 맵은 [그림 9.22]처럼 바운디드 컨텍스트 간의 관계를 표시한 것이다.

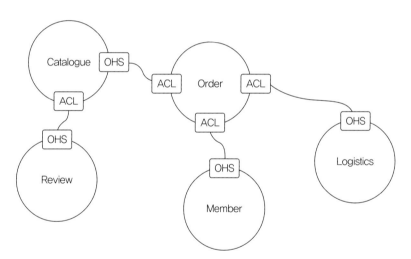

그림 9.22 바운디드 컨텍스트 간 관계를 표시한 컨텍스트 맵

그림만 봐도 한눈에 각 바운디드 컨텍스트의 경계가 명확하게 드러나고 서로 어떤 관계를 맺고 있는지 알 수 있다. 바운디드 컨텍스트 영역에 주요 애그리거트를 함께 표시하면 모델에 대한 관계가 더 명확히 드러난다. [그림 9.22]는 오픈 호스트 서비스(OHS)와 안티코럽션 계층(ACL)만 표시했는데 하위 도메인이나 조직 구조를 함께 표시하면 도메인을 포함한 전체 관계를 이해하는 데 도움이 된다.

컨텍스트 맵은 시스템의 전체 구조를 보여준다. 이는 하위 도메인과 일치하지 않는 바운디드 컨텍스트를 찾아 도메인에 맞게 바운디드 컨텍스트를 조절하고 사업의 핵심 도메인을 위해 조직 역량을 어떤 바운디드 컨텍스트에 집중할지 파악하는 데 도움을 준다.

컨텍스트 맵을 그리는 규칙은 따로 없다. [그림 9.22]와 같이 간단한 도형과 선을 이용해서 각 컨텍스트의 관계를 이해할 수 있는 수준에서 그리면 된다. 컨텍스트 맵은 단순하기 때문에 화이트보드나 파워포인트와 같은 도구를 이용해서 쉽게 그릴 수 있다.

> **잠깐 👉** 컨텍스트 맵은 전체 시스템의 이해 수준을 보여준다. 즉, 시스템을 더 잘 이해하거나 시간이 지나면서 컨텍스트 간 관계가 바뀌면 컨텍스트 맵도 함께 바뀐다.

Chapter

10

이벤트

- ☑ 이벤트의 용도와 장점
- ☑ 핸들러 디스패처와 핸들러 구현
- ☑ 비동기 이벤트 처리

쇼핑몰에서 구매를 취소하면 환불을 처리해야 한다. 이때 환불 기능을 실행하는 주체는 주문 도메인 엔티티가 될 수 있다. 도메인 객체에서 환불 기능을 실행하려면 다음 코드처럼 환불 기능을 제공하는 도메인 서비스를 파라미터로 전달받고 취소 도메인 기능에서 도메인 서비스를 실행하게 된다.

```
public class Order {
    ...
    // 외부 서비스를 실행하기 위해 도메인 서비스를 파라미터로 전달받음
    public void cancel(RefundService refundService) {
        verifyNotYetShipped();
        this.state = OrderState.CANCELED;

        this.refundStatus = State.REFUND_STARTED;
        try {
            refundService.refund(getPaymentId());
            this.refundStatus = State.REFUND_COMPLETED;
        } catch(Exception ex) {
            ???
        }
    }
    ...
```

응용 서비스에서 환불 기능을 실행할 수도 있다.

```java
public class CancelOrderService {
    private RefundService refundService;

    @Transactional
    public void cancel(OrderNo orderNo) {
        Order order = findOrder(orderNo);
        order.cancel();

        order.refundStarted();
        try {
            refundService.refund(order.getPaymentId());
            order.refundCompleted();
        } catch(Exception ex) {
            ???
        }
    }
    ...
```

보통 결제 시스템은 외부에 존재하므로 RefundService는 외부에 있는 결제 시스템이 제공하는 환불 서비스를 호출한다. 이때 두 가지 문제가 발생할 수 있다. 첫 번째 문제는 외부 서비스가 정상이 아닐 경우 트랜잭션 처리를 어떻게 해야 할지 애매하다는 것이다. 환불 기능을 실행하는 과정에서 익셉션이 발생하면 트랜잭션을 롤백 해야 할까? 아니면 일단 커밋해야 할까?

외부의 환불 서비스를 실행하는 과정에서 익셉션이 발생하면 환불에 실패했으므로 주문 취소 트랜잭션을 롤백 하는 것이 맞아 보인다. 하지만 반드시 트랜잭션을 롤백 해야 하는 것은 아니다. 주문은 취소 상태로 변경하고 환불만 나중에 다시 시도하는 방식으로 처리할 수도 있다.

두 번째 문제는 성능에 대한 것이다. 환불을 처리하는 외부 시스템의 응답 시간이 길어지면 그만큼 대기 시간도 길어진다. 환불 처리 기능이 30초가 걸리면 주문 취소 기능은 30초만큼 대기 시간이 증가한다. 즉, 외부 서비스 성능에 직접적인 영향을 받게 된다.

```
@Transactional
    public void cancel(OrderNo orderNo) {
        Order order order = findOrder(orderNo);
        order.cancel();

        order.refundStarted();
        try {
            refundService.refund(order.getPaymentId());    ◄─  외부 서비스 성능에
            order.refundCompleted();                            직접 영향을 받는다.
        } catch(Exception ex) {
            ???
        }
    }
```

그림 10.1 외부 서비스의 성능에 영향을 받는 문제

두 가지 문제 외에 도메인 객체에 서비스를 전달하면 추가로 설계상 문제가 나타날 수 있다. 우선 [그림 10.2]와 같이 주문 로직과 결제 로직이 섞이는 문제가 있다.

```
public class Order {

    public void cancel(RefundService refundService) {
        verifyNotYetShipped();                                    주문 로직
        this.state = OrderState.CANCELED;

        this.refundStatus = State.REFUND_STARTED;
        try {
            refundSvc.refund(getPaymentId());
            this.refundStatus = State.REFUND_COMPLETED;           결제 로직
        } catch(Exception ex) {
            ...
        }
    }
}
```

그림 10.2 도메인 객체에 서로 다른 도메인 로직이 섞이는 문제

Order는 주문을 표현하는 도메인 객체인데 결제 도메인의 환불 관련 로직이 뒤섞이게 된다. 이것은 환불 기능이 바뀌면 Order도 영향을 받게 된다는 것을 의미한다. 주문 도메인 객체의 코드를 결제 도메인 때문에 변경할지도 모르는 상황은 좋아 보이지 않는다.

도메인 객체에 서비스를 전달할 시 또 다른 문제는 기능을 추가할 때 발생한다. 만약 주문을 취소한 뒤에 환불뿐만 아니라 취소했다는 내용을 통지해야 한다면 어떻게 될까? 환불 도메인 서비스와 동일하게 파라미터로 통지 서비스를 받도록 구현하면 앞서 언급한 로직이 섞이는 문제

가 더 커지고 트랜잭션 처리가 더 복잡해진다. 게다가 영향을 주는 외부 서비스가 두 개로 증가한다.

```
public class Order {
    // 기능을 추가할 때마다 파라미터가 함께 추가되면
    // 다른 로직이 더 많이 섞이고, 트랜잭션 처리가 더 복잡해진다.
    public void cancel(RefundService refundService, NotiService notiSvc) {
        verifyNotYetShipped();
        this.state = OrderState.CANCELED;

        …
        // 주문+결제+통지 로직이 섞임
        // refundService는 성공하고, notiSvc는 실패하면?
        // refundService와 notiSvc 중 무엇을 먼저 처리하나?
    }
}
```

지금까지 언급한 문제가 발생하는 이유는 주문 바운디드 컨텍스트와 결제 바운디드 컨텍스트 간의 강결합high coupling 때문이다. 주문이 결제와 강하게 결합되어 있어서 주문 바운디드 컨텍스트가 결제 바운디드 컨텍스트에 영향을 받게 되는 것이다.

이런 강한 결합을 없앨 수 있는 방법이 있다. 바로 이벤트를 사용하는 것이다. 특히 비동기 이벤트를 사용하면 두 시스템 간의 결합을 크게 낮출 수 있다. 한번 익숙해지면 모든 연동을 이벤트와 비동기로 처리하고 싶을 정도로 강력하고 매력적인 것이 이벤트다.

10.2 이벤트 개요

이 절에서 사용하는 이벤트^{event}라는 용어는 '과거에 벌어진 어떤 것'을 의미한다. 예를 들어 사용자가 암호를 변경한 것을 '암호를 변경했음 이벤트'가 벌어졌다고 할 수 있다. 비슷하게 주문을 취소했다면 '주문을 취소했음 이벤트'가 발생했다고 할 수 있다.

웹 브라우저에서 자바스크립트^{JavaScript} 코드를 작성해 본 경험이 있는 개발자라면 이미 이벤트에 익숙할 것이다. UI 개발에서 모든 UI 컴포넌트는 관련 이벤트를 발생시킨다. 예를 들어 버튼을 클릭하면 '버튼 클릭됨 이벤트'가 발생하고, 스크롤을 하면 '스크롤 됨 이벤트'가 발생한다.

이벤트가 발생한다는 것은 상태가 변경됐다는 것을 의미한다. '암호 변경됨 이벤트'가 발생한 이유는 회원이 암호를 변경했기 때문이고, '주문 취소됨 이벤트'가 발생한 이유는 주문을 취소했기 때문이다.

이벤트는 발생하는 것에서 끝나지 않는다. 이벤트가 발생하면 그 이벤트에 반응하여 원하는 동작을 수행하는 기능을 구현한다. 다음 자바스크립트는 jQuery를 이용해서 작성한 코드이다. 이 코드에서 click()에 전달한 함수는 'myBtn' 버튼에서 '클릭됨 이벤트'가 발생하면 그 이벤트에 반응하여 경고 창을 출력한다.

```
$("#myBtn").click( function(evt) {
    alert("경고");
} );
```

도메인 모델에서도 UI 컴포넌트와 유사하게 도메인의 상태 변경을 이벤트로 표현할 수 있다. 보통 '~할 때', '~가 발생하면', '만약 ~하면'과 같은 요구사항은 도메인의 상태 변경과 관련된 경우가 많고 이런 요구사항을 이벤트를 이용해서 구현할 수 있다. 예를 들어 '주문을 취소할 때 이메일을 보낸다'라는 요구사항에서 '주문을 취소할 때'는 주문이 취소 상태로 바뀌는 것을 의미하므로 '주문 취소됨 이벤트'를 활용해서 구현할 수 있다.

10.2.1 이벤트 관련 구성요소

도메인 모델에 이벤트를 도입하려면 [그림 10.3]과 같은 네 개의 구성요소인 이벤트, 이벤트 생성 주체, 이벤트 디스패처(퍼블리셔), 이벤트 핸들러(구독자)를 구현해야 한다.

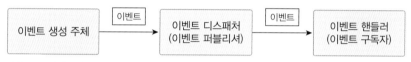

그림 10.3 이벤트 관련 구성요소

도메인 모델에서 이벤트 생성 주체는 엔티티, 밸류, 도메인 서비스와 같은 도메인 객체이다. 이들 도메인 객체는 도메인 로직을 실행해서 상태가 바뀌면 관련 이벤트를 발생시킨다.

이벤트 핸들러handler는 이벤트 생성 주체가 발생한 이벤트에 반응한다. 이벤트 핸들러는 생성 주체가 발생한 이벤트를 전달받아 이벤트에 담긴 데이터를 이용해서 원하는 기능을 실행한다. 예를 들어 '주문 취소됨 이벤트'를 받는 이벤트 핸들러는 해당 주문의 주문자에게 SMS로 주문 취소 사실을 통지할 수 있다.

이벤트 생성 주체와 이벤트 핸들러를 연결해 주는 것이 이벤트 디스패처dispatcher다. 이벤트 생성 주체는 이벤트를 생성해서 디스패처에 이벤트를 전달한다. 이벤트를 전달받은 디스패처는 해당 이벤트를 처리할 수 있는 핸들러에 이벤트를 전파한다. 이벤트 디스패처의 구현 방식에 따라 이벤트 생성과 처리를 동기나 비동기로 실행하게 된다.

10.2.2 이벤트의 구성

이벤트는 발생한 이벤트에 대한 정보를 담는다. 이 정보는 다음을 포함한다.

- 이벤트 종류: 클래스 이름으로 이벤트 종류를 표현
- 이벤트 발생 시간
- 추가 데이터: 주문번호, 신규 배송지 정보 등 이벤트와 관련된 정보

배송지를 변경할 때 발생하는 이벤트를 생각해 보자. 이 이벤트를 위한 클래스는 다음과 같이 작성할 수 있다.

```java
public class ShippingInfoChangedEvent {

    private String orderNumber;
    private long timestamp;
    private ShippingInfo newShippingInfo;

    // 생성자, getter
}
```

클래스 이름을 보면 'Changed'라는 과거 시제를 사용했다. 이벤트는 현재 기준으로 과거(바로 직전이라도)에 벌어진 것을 표현하기 때문에 이벤트 이름에는 과거 시제를 사용한다.

이 이벤트를 발생하는 주체는 Order 애그리거트다. Order 애그리거트의 배송지 변경 기능을 구현한 메서드는 다음 코드처럼 배송지 정보를 변경한 뒤에 이 이벤트를 발생시킬 것이다. 이 코드에서 Events.raise()는 디스패처를 통해 이벤트를 전파하는 기능을 제공하는데 이 기능의 구현과 관련된 내용은 뒤에서 살펴보도록 하자.

```java
public class Order {

    public void changeShippingInfo(ShippingInfo newShippingInfo) {
        verifyNotYetShipped();
        setShippingInfo(newShippingInfo);
        Events.raise(new ShippingInfoChangedEvent(number, newShippingInfo));
    }
    ...
```

ShippingInfoChangedEvent를 처리하는 핸들러는 디스패처로부터 이벤트를 전달받아 필요한 작업을 수행한다. 예를 들어 변경된 배송지 정보를 물류 서비스에 전송하는 핸들러는 다음과 같이 구현할 수 있다.

```java
public class ShippingInfoChangedHandler {

    @EventListener(ShippingInfoChangedEvent.class)
    public void handle(ShippingInfoChangedEvent evt) {
        shippingInfoSynchronizer.sync(
                evt.getOrderNumber(),
                evt.getNewShippingInfo());
    }
```

이벤트는 이벤트 핸들러가 작업을 수행하는 데 필요한 데이터를 담아야 한다. 이 데이터가 부족하면 핸들러는 필요한 데이터를 읽기 위해 관련 API를 호출하거나 DB에서 데이터를 직접 읽어와야 한다. 예를 들어 ShippingInfoChangedEvent가 바뀐 배송지 정보를 포함하고 있지 않다고 가정해 보자. 이 핸들러가 같은 VM에서 동작하고 있다면 다음과 같이 주문 데이터를 로딩해서 배송지 정보를 추출해야 한다.

```java
public class ShippingInfoChangedHandler {

    @EventListener(ShippingInfoChangedEvent.class)
    public void handle(ShippingInfoChangedEvent evt) {
        // 이벤트가 필요한 데이터를 담고 있지 않으면,
        // 이벤트 핸들러는 리포지터리, 조회 API, 직접 DB 접근 등의
        // 방식을 통해 필요한 데이터를 조회해야 한다.
        Order order = orderRepository.findById(evt.getOrderNo());
        shippingInfoSynchronizer.sync(
                order.getNumber().getValue(),
                order.getShippingInfo());
    }
    …
```

이벤트는 데이터를 담아야 하지만 그렇다고 이벤트 자체와 관련 없는 데이터를 포함할 필요는 없다. 배송지 정보를 변경해서 발생시킨 ShippingInfoChangedEvent가 이벤트 발생과 직

접 관련된 바뀐 배송지 정보를 포함하는 것은 맞지만, 배송지 정보 변경과 전혀 관련 없는 주문 상품번호와 개수를 담을 필요는 없다.

10.2.3 이벤트 용도

이벤트는 크게 두 가지 용도로 쓰인다. 첫 번째 용도는 트리거[Trigger]다. 도메인의 상태가 바뀔 때 다른 후처리가 필요하면 후처리를 실행하기 위한 트리거로 이벤트를 사용할 수 있다. 주문에서는 주문 취소 이벤트를 트리거로 사용할 수 있다. 주문을 취소하면 환불을 처리해야 하는데 이때 환불 처리를 위한 트리거로 주문 취소 이벤트를 사용할 수 있다.

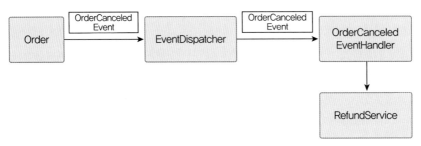

그림 10.4 이벤트는 다른 기능을 실행하는 트리거가 된다.

예매 결과를 SMS로 통지할 때도 이벤트를 트리거로 사용할 수 있다. 예매 도메인은 예매 완료 이벤트를 발생시키고 이 이벤트 핸들러에서 SMS를 발송하는 방식으로 구현할 수 있다.

이벤트의 두 번째 용도는 서로 다른 시스템 간의 데이터 동기화이다. 배송지를 변경하면 외부 배송 서비스에 바뀐 배송지 정보를 전송해야 한다. 주문 도메인은 배송지 변경 이벤트를 발생시키고 이벤트 핸들러는 외부 배송 서비스와 배송지 정보를 동기화할 수 있다.

10.2.4 이벤트 장점

이벤트를 사용하면 [그림 10.5]와 같이 서로 다른 도메인 로직이 섞이는 것을 방지할 수 있다.

```
public class Order {

    public void cancel(RefundService refundService) {
        verifyNotYetShipped();
        this.state = OrderState.CANCELED;

        this.refundStatus = State.REFUND_STARTED;
        try {
            refundSvc.refund(getPaymentId());
            this.refundStatus = State.REFUND_COMPLETED;
        } catch(Exception ex) {
            ...
        }
    }
}
```

이벤트로 서로 다른 도메인 로직이
섞이는 것 방지

```
public class Order {

    public void cancel() {
        verifyNotYetShipped();
        this.state = OrderState.CANCELED;
        Events.raise(new OrderCanceledEvent(number.getNumber()));
    }
}
```

그림 10.5 구매 취소에 더 이상 환불 로직 없음

[그림 10.5]를 보면 구매 취소 로직에 이벤트를 적용함으로써 환불 로직이 없어진 것을 알 수 있다. cancel() 메서드에서 환불 서비스를 실행하기 위해 사용한 파라미터도 없어졌다. 환불 실행 로직은 주문 취소 이벤트를 받는 이벤트 핸들러로 이동하게 된다. 이벤트를 사용하여 주문 도메인에서 결제(환불) 도메인으로의 의존을 제거했다.

이벤트 핸들러를 사용하면 기능 확장도 용이하다. 구매 취소 시 환불과 함께 이메일로 취소 내용을 보내고 싶다면 이메일 발송을 처리하는 핸들러를 구현하면 된다. 기능을 확장해도 구매 취소 로직은 수정할 필요가 없다.

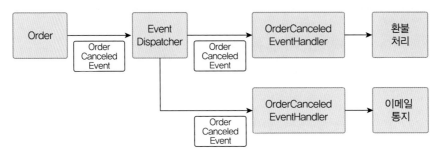

그림 10.6 이벤트 핸들러를 추가해서 도메인 로직에 영향 없이 기능 확장

10.3 이벤트, 핸들러, 디스패처 구현

지금까지 이벤트에 대한 내용을 살펴봤는데 실제 이벤트와 관련된 코드를 구현해 보자. 이벤트와 관련된 코드는 다음과 같다.

- 이벤트 클래스: 이벤트를 표현한다.
- 디스패처: 스프링이 제공하는 ApplicationEventPublisher를 이용한다.
- Events: 이벤트를 발행한다. 이벤트 발행을 위해 ApplicationEventPublisher를 사용한다.
- 이벤트 핸들러: 이벤트를 수신해서 처리한다. 스프링이 제공하는 기능을 사용한다.

> **잠깐 👉** 이벤트 디스패처를 직접 구현할 수도 있지만 이 책에서는 스프링이 제공하는 이벤트 관련 기능을 사용해서 이벤트 발생과 처리를 구현한다.

10.3.1 이벤트 클래스

이벤트 자체를 위한 상위 타입은 존재하지 않는다. 원하는 클래스를 이벤트로 사용하면 된다. 이벤트는 과거에 벌어진 상태 변화나 사건을 의미하므로 이벤트 클래스의 이름을 결정할 때에는 과거 시제를 사용해야 한다는 점만 유의하면 된다. OrderCanceledEvent와 같이 클래스 이름 뒤에 접미사로 Event를 사용해서 이벤트로 사용하는 클래스라는 것을 명시적으로 표현할 수도 있고 OrderCanceled처럼 간결함을 위해 과거 시제만 사용할 수도 있다.

이벤트 구성에서 설명한 것처럼 이벤트 클래스는 이벤트를 처리하는 데 필요한 최소한의 데이터를 포함해야 한다. 예를 들어 주문 취소됨 이벤트는 적어도 주문번호를 포함해야 관련 핸들러에서 후속 처리를 할 수 있다.

```java
public class OrderCanceledEvent {
    // 이벤트는 핸들러에서 이벤트를 처리하는 데 필요한 데이터를 포함한다.
    private String orderNumber;

    public OrderCanceledEvent(String number) {
        this.orderNumber = number;
    }

    public String getOrderNumber() { return orderNumber; }
}
```

모든 이벤트가 공통으로 갖는 프로퍼티가 존재한다면 관련 상위 클래스를 만들 수도 있다. 예를 들어 모든 이벤트가 발생 시간을 갖도록 하려면 [리스트 10.1]과 같은 상위 클래스를 만들고 각 이벤트 클래스가 상속받도록 할 수 있다.

리스트 10.1 이벤트를 위한 공통 추상 클래스

```java
01  package com.myshop.common.event;
02
03  public abstract class Event {
04      private long timestamp;
05
06      public Event() {
07          this.timestamp = System.currentTimeMillis();
08      }
09
10      public long getTimestamp() {
11          return timestamp;
12      }
13  }
```

이제 발생 시간이 필요한 이벤트 클래스는 Event 클래스를 상속받아 구현하면 된다.

```java
// 발생 시간이 필요한 각 이벤트 클래스는 Event를 상속받아 구현한다.
public class OrderCanceledEvent extends Event {
    private String orderNumber;
```

```
    public OrderCanceledEvent(String number) {
        super();
        this.orderNumber = number;
    }
    ...
```

10.3.2 Events 클래스와 ApplicationEventPublisher

이벤트 발생과 출판을 위해 스프링이 제공하는 ApplicationEventPublisher를 사용한다. 스프링 컨테이너는 ApplicationEventPublisher도 된다. Events 클래스는 Application EventPublisher를 사용해서 이벤트를 발생시키도록 구현할 것이다. 먼저 Events 클래스를 알아보자.

리스트 10.2 Events 클래스

```
01  package com.myshop.common.event;
02
03  import org.springframework.context.ApplicationEventPublisher;
04
05  public class Events {
06      private static ApplicationEventPublisher publisher;
07
08      static void setPublisher(ApplicationEventPublisher publisher) {
09          Events.publisher = publisher;
10      }
11
12      public static void raise(Object event) {
13          if (publisher != null) {
14              publisher.publishEvent(event);
15          }
16      }
17  }
```

Events 클래스의 raise() 메서드는 ApplicationEventPublisher가 제공하는 publish Event() 메서드를 이용해서 이벤트를 발생시킨다. Events 클래스가 사용할 Application Event Publisher 객체는 setPublisher() 메서드를 통해서 전달받는다.

Events#setPublisher() 메서드에 이벤트 퍼블리셔를 전달하기 위해 스프링 설정 클래스를 [리스트 10.3]과 같이 작성한다.

리스트 10.3 EventsConfiguration 클래스

```
01   package com.myshop.common.event;
02
03   import org.springframework.beans.factory.InitializingBean;
04   import org.springframework.beans.factory.annotation.Autowired;
05   import org.springframework.context.ApplicationContext;
06   import org.springframework.context.annotation.Bean;
07   import org.springframework.context.annotation.Configuration;
08
09   @Configuration
10   public class EventsConfiguration {
11       @Autowired
12       private ApplicationContext applicationContext;
13
14       @Bean
15       public InitializingBean eventsInitializer() {
16           return () -> Events.setPublisher(applicationContext);
17       }
18   }
```

eventsInitializer() 메서드는 InitializingBean 타입 객체를 빈으로 설정한다. 이 타입은 스프링 빈 객체를 초기화할 때 사용하는 인터페이스로, 이 기능을 사용해서 Events 클래스를 초기화했다. 참고로 ApplicationContext는 ApplicationEventPublisher를 상속하고 있으므로 Events 클래스를 초기화할 때 ApplicationContext를 전달했다.

10.3.3 이벤트 발생과 이벤트 핸들러

이벤트를 발생시킬 코드는 Events.raise() 메서드를 사용한다. 예를 들어 Order#cancel() 메서드는 다음과 같이 구매 취소 로직을 수행한 뒤 Events.raise()를 이용해서 관련 이벤트를 발생시킨다.

```
public class Order {

    public void cancel() {
        verifyNotYetShipped();
        this.state = OrderState.CANCELED;
        Events.raise(new OrderCanceledEvent(number.getNumber()));
    }
    ...
```

이벤트를 처리할 핸들러는 스프링이 제공하는 @EventListener 애너테이션을 사용해서 구현한다. 다음은 OrderCanceledEvent를 처리하기 위한 핸들러를 구현한 코드의 예다.

```
import org.springframework.context.event.EventListener;

@Service
public class OrderCanceledEventHandler {
    private RefundService refundService;

    public OrderCanceledEventHandler(RefundService refundService) {
        this.refundService = refundService;
    }

    @EventListener(OrderCanceledEvent.class)
    public void handle(OrderCanceledEvent event) {
        refundService.refund(event.getOrderNumber());
    }
}
```

ApplicationEventPublisher#publishEvent() 메서드를 실행할 때 OrderCanceledEvent 타입 객체를 전달하면, OrderCanceledEvent.class 값을 갖는 @EventListener 애너테이션을 붙인 메서드를 찾아 실행한다. 위 코드는 OrderCanceledEventHandler의 handle() 메서드를 실행한다.

10.3.4 흐름 정리

이벤트 처리 흐름을 [그림 10.7]에 시퀀스 다이어그램으로 정리했다.

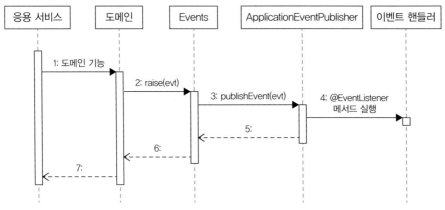

그림 10.7 이벤트 처리 흐름

1 도메인 기능을 실행한다.

2 도메인 기능은 Events.raise( )를 이용해서 이벤트를 발생시킨다.

3 Events.raise( )는 스프링이 제공하는 ApplicationEventPublisher를 이용해서 이벤트를 출판한다.

4 ApplicationEventPublisher는 @EventListener(이벤트타입.class) 애너테이션이 붙은 메서드를 찾아 실행한다.

코드 흐름을 보면 응용 서비스와 동일한 트랜잭션 범위에서 이벤트 핸들러를 실행하고 있다. 즉, 도메인 상태 변경과 이벤트 핸들러는 같은 트랜잭션 범위에서 실행된다.

10.4 동기 이벤트 처리 문제

이벤트를 사용해서 강결합 문제는 해소했지만 아직 남아 있는 문제가 하나 있다. 바로 외부 서비스에 영향을 받는 문제이다. 아래 코드를 보자.

```
// 1. 응용 서비스 코드
@Transactional // 외부 연동 과정에서 익셉션이 발생하면 트랜잭션 처리는?
public void cancel(OrderNo orderNo) {
    Order order = findOrder(orderNo);
    order.cancel(); // order.cancel()에서 OrderCanceledEvent 발생
}

// 2. 이벤트를 처리하는 코드
@Service
public class OrderCanceledEventHandler {
    ...생략

    @EventListener(OrderCanceledEvent.class)
    public void handle(OrderCanceledEvent event) {
        // refundService.refund()가 느려지거나 익셉션이 발생하면?
        refundService.refund(event.getOrderNumber());
    }
}
```

이 코드에서 refundService.refund()가 외부 환불 서비스와 연동한다고 가정해 보자. 만약 외부 환불 기능이 갑자기 느려지면 cancel() 메서드도 함께 느려진다. 이것은 외부 서비스의 성능 저하가 바로 내 시스템의 성능 저하로 연결된다는 것을 의미한다.

성능 저하뿐만 아니라 트랜잭션도 문제가 된다. refundService.refund()에서 익셉션이 발생하면 cancel() 메서드의 트랜잭션을 롤백 해야 할까? 트랜잭션을 롤백 하면 구매 취소 기능을 롤백 하는 것이므로 구매 취소가 실패하는 것과 같다.

생각해 볼 만한 것은 외부 환불 서비스 실행에 실패했다고 해서 반드시 트랜잭션을 롤백 해야 하는지에 대한 문제다. 일단 구매 취소 자체는 처리하고 환불만 재처리하거나 수동으로 처리할 수도 있다.

외부 시스템과의 연동을 동기로 처리할 때 발생하는 성능과 트랜잭션 범위 문제를 해소하는 방법은 이벤트를 비동기로 처리하거나 이벤트와 트랜잭션을 연계하는 것이다. 두 방법 중 먼저 비동기 이벤트 처리에 대해 알아보자.

10.5 비동기 이벤트 처리

회원 가입 신청을 하면 검증을 위해 이메일을 보내는 서비스가 많다. 회원 가입 신청을 하자마자 바로 내 메일함에 검증 이메일이 도착할 필요는 없다. 이메일이 몇 초 뒤에 도착해도 문제되지 않는다. 10~20초 후에 이메일이 도착해도 되고, 심지어 이메일을 받지 못하면 다시 받을 수 있는 기능을 이용하면 된다.

비슷하게 주문을 취소하자마자 바로 결제를 취소하지 않아도 된다. 수십 초 내에 결제 취소가 이루어지면 된다. 며칠 뒤에 결제가 확실하게 취소되면 문제없을 때도 있다.

이렇게 우리가 구현해야 할 것 중에서 'A 하면 이어서 B 하라'는 내용을 담고 있는 요구사항은 실제로 'A 하면 최대 언제까지 B 하라'인 경우가 많다. 즉, 일정 시간 안에만 후속 조치를 처리하면 되는 경우가 적지 않다. 게다가 'A 하면 이어서 B 하라'는 요구사항에서 B를 하는 데 실패하면 일정 간격으로 재시도를 하거나 수동 처리를 해도 상관없는 경우가 있다. 앞의 이메일 인증 예가 이에 해당한다. 회원 가입 신청 시점에서 이메일 발송을 실패하더라도 사용자는 이메일 재전송 요청을 이용하여 수동으로 인증 이메일을 다시 받아볼 수 있다.

'A 하면 일정 시간 안에 B 하라'는 요구사항에서 'A 하면'은 이벤트로 볼 수도 있다. '회원 가입 신청을 하면 인증 이메일을 보내라'는 요구사항에서 '회원 가입 신청을 하면'은 '회원 가입 신청함 이벤트'로 볼 수 있다. 따라서 '인증 이메일을 보내라' 기능은 '회원 가입 신청함 이벤트'를 처리하는 핸들러에서 보낼 수 있다.

앞서 말했듯 'A 하면 이어서 B 하라'는 요구사항 중에서 'A 하면 최대 언제까지 B 하라'로 바꿀 수 있는 요구사항은 이벤트를 비동기로 처리하는 방식으로 구현할 수 있다. 다시 말해서 A 이벤트가 발생하면 별도 스레드로 B를 수행하는 핸들러를 실행하는 방식으로 요구사항을 구현할 수 있다.

이벤트를 비동기로 구현할 수 있는 방법은 다양한데, 이 절에서는 다음 네 가지 방식으로 비동기 이벤트 처리를 구현하는 방법에 대해 살펴보자.

- 로컬 핸들러를 비동기로 실행하기
- 메시지 큐를 사용하기
- 이벤트 저장소와 이벤트 포워더 사용하기
- 이벤트 저장소와 이벤트 제공 API 사용하기

네 가지 방식은 각자 구현하는 방식도 다르고 그에 따른 장점과 단점이 있다. 각 방식에 대해 차례대로 살펴보자.

10.5.1 로컬 핸들러 비동기 실행

이벤트 핸들러를 비동기로 실행하는 방법은 이벤트 핸들러를 별도 스레드로 실행하는 것이다. 스프링이 제공하는 @Async 애너테이션을 사용하면 손쉽게 비동기로 이벤트 핸들러를 실행할 수 있다. 이를 위해 다음 두 가지만 하면 된다.

- @EnableAsync 애너테이션을 사용해서 비동기 기능을 활성화한다.
- 이벤트 핸들러 메서드에 @Async 애너테이션을 붙인다.

@EnableAsync 애너테이션은 스프링의 비동기 실행 기능을 활성화한다. 스프링 설정 클래스에 @EnableAsync 애너테이션을 붙이면 된다.

```
@SpringBootApplication
@EnableAsync
public class ShopApplication {

    public static void main(String[] args) {
        SpringApplication.run(ShopApplication.class, args);
    }

}
```

이제 비동기로 실행할 이벤트 핸들러 메서드에 @Async 애너테이션만 붙이면 된다.

```
import org.springframework.scheduling.annotation.Async;

@Service
public class OrderCanceledEventHandler {

    @Async
    @EventListener(OrderCanceledEvent.class)
    public void handle(OrderCanceledEvent event) {
        refundService.refund(event.getOrderNumber());
    }
}
```

스프링은 OrderCanceledEvent가 발생하면 handle() 메서드를 별도 스레드를 이용해서 비동기로 실행한다.

10.5.2 메시징 시스템을 이용한 비동기 구현

비동기로 이벤트를 처리해야 할 때 사용하는 또 다른 방법은 카프카^{Kafka}나 래빗MQ^{RabbitMQ}와 같은 메시징 시스템을 사용하는 것이다. 이벤트가 발생하면 이벤트 디스패처는 [그림 10.8]과 같이 이벤트를 메시지 큐에 보낸다. 메시지 큐는 이벤트를 메시지 리스너에 전달하고, 메시지 리스너는 알맞은 이벤트 핸들러를 이용해서 이벤트를 처리한다. 이때 이벤트를 메시지 큐에 저장하는 과정과 메시지 큐에서 이벤트를 읽어와 처리하는 과정은 별도 스레드나 프로세스로 처리된다.

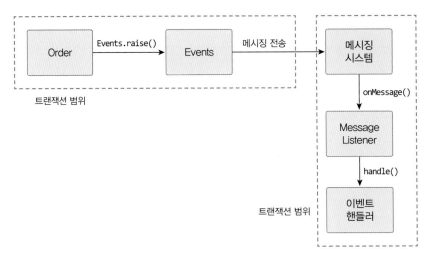

그림 10.8 메시지 큐를 이용한 이벤트 비동기 처리

필요하다면 이벤트를 발생시키는 도메인 기능과 메시지 큐에 이벤트를 저장하는 절차를 한 트랜잭션으로 묶어야 한다. 도메인 기능을 실행한 결과를 DB에 반영하고 이 과정에서 발생한 이벤트를 메시지 큐에 저장하는 것을 같은 트랜잭션 범위에서 실행하려면 글로벌 트랜잭션이 필요하다.

글로벌 트랜잭션을 사용하면 안전하게 이벤트를 메시지 큐에 전달할 수 있는 장점이 있지만 반대로 글로벌 트랜잭션으로 인해 전체 성능이 떨어지는 단점도 있다. 글로벌 트랜잭션을 지원하지 않는 메시징 시스템도 있다.

메시지 큐를 사용하면 보통 이벤트를 발생시키는 주체와 이벤트 핸들러가 별도 프로세스에서 동작한다. 이것은 이벤트 발생 JVM과 이벤트 처리 JVM이 다르다는 것을 의미한다. 물론 한 JVM에서 이벤트 발생 주체와 이벤트 핸들러가 메시지 큐를 이용해서 이벤트를 주고받을 수 있지만, 동일 JVM에서 비동기 처리를 위해 메시지 큐를 사용하는 것은 시스템을 복잡하게 만들 뿐이다.

래빗MQ처럼 많이 사용되는 메시징 시스템은 글로벌 트랜잭션 지원과 함께 클러스터와 고가용성을 지원하기 때문에 안정적으로 메시지를 전달할 수 있는 장점이 있다. 또한 다양한 개발 언어와 통신 프로토콜을 지원하고 있다. 메시지를 전달하기 위해 많이 사용되는 것 중 카프카도 있다. 카프카는 글로벌 트랜잭션을 지원하진 않지만 다른 메시징 시스템에 비해 높은 성능을 보여준다.

10.5.3 이벤트 저장소를 이용한 비동기 처리

이벤트를 비동기로 처리하는 또 다른 방법은 이벤트를 일단 DB에 저장한 뒤에 별도 프로그램을 이용해서 이벤트 핸들러에 전달하는 것이다. 이 방식의 실행 흐름은 [그림 10.9]와 같다.

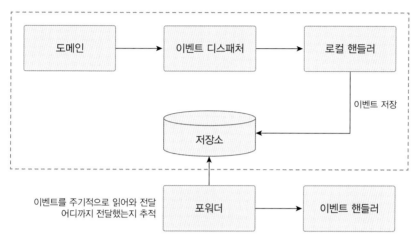

그림 10.9 이벤트 저장소와 포워더를 이용한 비동기 처리

이벤트가 발생하면 핸들러는 스토리지에 이벤트를 저장한다. 포워더는 주기적으로 이벤트 저장소에서 이벤트를 가져와 이벤트 핸들러를 실행한다. 포워더는 별도 스레드를 이용하기 때문에 이벤트 발행과 처리가 비동기로 처리된다.

이 방식은 도메인의 상태와 이벤트 저장소로 동일한 DB를 사용한다. 즉, 도메인의 상태 변화와 이벤트 저장이 로컬 트랜잭션으로 처리된다. 이벤트를 물리적 저장소에 보관하기 때문에 핸들러가 이벤트 처리에 실패할 경우 포워더는 다시 이벤트 저장소에서 이벤트를 읽어와 핸들러를 실행하면 된다.

이벤트 저장소를 이용한 두 번째 방법은 [그림 10.10]과 같이 이벤트를 외부에 제공하는 API를 사용하는 것이다.

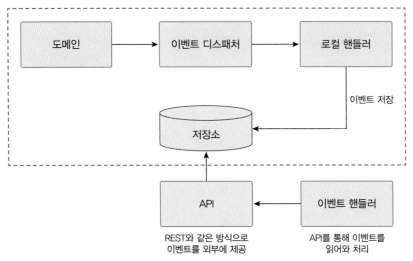

그림 10.10 API를 이용해서 이벤트를 외부에 제공하는 방식

API 방식과 포워더 방식의 차이점은 이벤트를 전달하는 방식에 있다. 포워더 방식이 포워더를 이용해서 이벤트를 외부에 전달한다면, API 방식은 외부 핸들러가 API 서버를 통해 이벤트 목록을 가져간다. 포워더 방식은 이벤트를 어디까지 처리했는지 추적하는 역할이 포워더에 있다면 API 방식에서는 이벤트 목록을 요구하는 외부 핸들러가 자신이 어디까지 이벤트를 처리했는지 기억해야 한다.

이벤트 저장소 구현

포워더 방식과 API 방식 모두 이벤트 저장소를 사용하므로 이벤트를 저장할 저장소가 필요하다. 이벤트 저장소를 구현한 코드 구조는 [그림 10.11]과 같다.

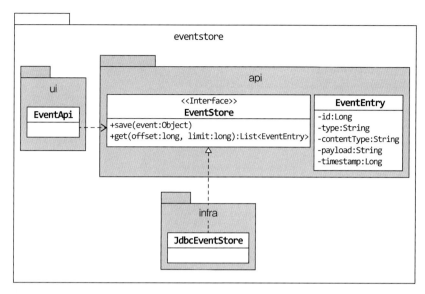

그림 10.11 이벤트 저장소 클래스 다이어그램

- EventEntry: 이벤트 저장소에 보관할 데이터이다. EventEntry는 이벤트를 식별하기 위한 id, 이벤트 타입인 type, 직렬화한 데이터 형식인 contentType, 이벤트 데이터 자체인 payload, 이벤트 시간인 timestamp를 갖는다.
- EventStore: 이벤트를 저장하고 조회하는 인터페이스를 제공한다.
- JdbcEventStore: JDBC를 이용한 EventStore 구현 클래스이다.
- EventApi: REST API를 이용해서 이벤트 목록을 제공하는 컨트롤러이다.

EventEntry 클래스는 [리스트 10.4]와 같다. 이벤트 데이터를 정의한다.

리스트 10.4 EventEntry 클래스

```
01  package com.myshop.eventstore.api;
02
03  public class EventEntry {
04      private Long id;
05      private String type;
06      private String contentType;
07      private String payload;
08      private long timestamp;
09
```

```
10      public EventEntry(String type, String contentType, String payload) {
11          this.type = type;
12          this.contentType = contentType;
13          this.payload = payload;
14          this.timestamp = System.currentTimeMillis();
15      }
16
17      public EventEntry(Long id, String type, String contentType, String payload,
18              long timestamp) {
19          this.id = id;
20          this.type = type;
21          this.contentType = contentType;
22          this.payload = payload;
23          this.timestamp = timestamp;
24      }
25
26      public Long getId() {
27          return id;
28      }
29
30      public String getType() {
31          return type;
32      }
33
34      public String getContentType() {
35          return contentType;
36      }
37
38      public String getPayload() {
39          return payload;
40      }
41
42      public long getTimestamp() {
43          return timestamp;
44      }
45  }
```

EventStore는 이벤트 객체를 직렬화해서 payload에 저장한다. 이때 JSON으로 직렬화했다면 contentType 값으로 'application/json'을 갖는다.

EventStore 인터페이스는 [리스트 10.5]와 같다.

리스트 10.5 EventStore **인터페이스**

```
01  package com.myshop.eventstore.api;
02
03  import java.util.List;
04
05  public interface EventStore {
06      void save(Object event);
07      List<EventEntry> get(long offset, long limit);
08  }
```

이벤트는 과거에 벌어진 사건이므로 데이터가 변경되지 않는다. 이런 이유로 EventStore 인터페이스는 새로운 이벤트를 추가하는 기능과 조회하는 기능만 제공하고 기존 이벤트 데이터를 수정하는 기능은 제공하지 않는다.

EventStore 인터페이스를 구현한 JdbcEventStore 클래스는 [리스트 10.6]과 같다.

리스트 10.6 JdbcEventStore **구현 클래스**

```
01  package com.myshop.eventstore.infra;
02
03  import com.fasterxml.jackson.core.JsonProcessingException;
04  import com.fasterxml.jackson.databind.ObjectMapper;
05  import com.myshop.eventstore.api.EventEntry;
06  import com.myshop.eventstore.api.EventStore;
07  import com.myshop.eventstore.api.PayloadConvertException;
08  import org.springframework.beans.factory.annotation.Autowired;
09  import org.springframework.jdbc.core.JdbcTemplate;
10  import org.springframework.stereotype.Component;
11
12  import java.sql.Timestamp;
13  import java.util.List;
14
15  @Component
16  public class JdbcEventStore implements EventStore {
17      private ObjectMapper objectMapper;
18      private JdbcTemplate jdbcTemplate;
19
```

```
20    public JdbcEventStore(ObjectMapper objectMapper,
21                          JdbcTemplate jdbcTemplate) {
22        this.objectMapper = objectMapper;
23        this.jdbcTemplate = jdbcTemplate;
24    }
25
26    @Override
27    public void save(Object event) {
28        EventEntry entry = new EventEntry(event.getClass().getName(),
29                "application/json", toJson(event));
30        jdbcTemplate.update(
31                "insert into evententry " +
32                    "(type, content_type, payload, timestamp) " +
33                    "values (?, ?, ?, ?)",
34                ps -> {
35                    ps.setString(1, entry.getType());
36                    ps.setString(2, entry.getContentType());
37                    ps.setString(3, entry.getPayload());
38                    ps.setTimestamp(4, new Timestamp(entry.getTimestamp()));
39                });
40    }
41
42    private String toJson(Object event) {
43        try {
44            return objectMapper.writeValueAsString(event);
45        } catch (JsonProcessingException e) {
46            throw new PayloadConvertException(e);
47        }
48    }
49
50    @Override
51    public List<EventEntry> get(long offset, long limit) {
52        return jdbcTemplate.query(
53                "select * from evententry order by id asc limit ?, ?",
54                ps -> {
55                    ps.setLong(1, offset);
56                    ps.setLong(2, limit);
57                },
58                (rs, rowNum) -> {
59                    return new EventEntry(
```

```
60                          rs.getLong("id"),
61                          rs.getString("type"),
62                          rs.getString("content_type"),
63                          rs.getString("payload"),
64                          rs.getTimestamp("timestamp").getTime());
65                  });
66      }
67  }
```

간단한 구현이므로 스프링이 제공하는 JdbcTemplate을 사용했다. save() 메서드는 28~29 행에서 EventEntry 객체를 생성한다. 파라미터로 전달받은 event 객체를 JSON 문자열로 변환해서 payload로 전달하고 contentType은 'application/json'으로 설정했다.

이 책에서는 MySQL을 사용해서 예제를 구현했는데 evententry 테이블의 주요키를 자동 증가$^{auto\_increment}$ 칼럼으로 설정했다. 그래서 30~39행에서 insert 쿼리를 실행할 때 테이블의 주요키를 설정하지 않았다.

51~66행의 get() 메서드는 MySQL의 limit을 이용해서 id 순으로 정렬했을 때 offset 파라미터로 지정한 이벤트부터 limit 개수만큼 데이터를 조회한다.

EventEntry를 저장할 evententry 테이블의 DDL은 [리스트 10.7]과 같다.

리스트 10.7 evententry 테이블 DDL

```
01  create table evententry (
02    id int not null AUTO_INCREMENT PRIMARY KEY,
03    `type` varchar(255),
04    `content_type` varchar(255),
05    payload MEDIUMTEXT,
06    `timestamp` datetime
07  ) character set utf8mb4;
```

이벤트 저장을 위한 이벤트 핸들러 구현

이벤트 저장소를 위한 기반이 되는 클래스는 모두 구현했다. 이제 남은 것은 발생한 이벤트를 이벤트 저장소에 추가하는 이벤트 핸들러를 구현하는 것이다. 이 핸들러는 [리스트 10.8]과 같다.

리스트 10.8 이벤트를 저장소에 보관하기 위한 EventHandler 구현 클래스

```
01   package com.myshop.common.event;
02
03   import com.myshop.eventstore.api.EventStore;
04   import org.springframework.context.event.EventListener;
05   import org.springframework.stereotype.Component;
06
07   @Component
08   public class EventStoreHandler {
09       private EventStore eventStore;
10
11       public EventStoreHandler(EventStore eventStore) {
12           this.eventStore = eventStore;
13       }
14
15       @EventListener(Event.class)
16       public void handle(Event event) {
17           eventStore.save(event);
18       }
19   }
```

EventStoreHandler의 handle( ) 메서드는 eventStore.save( ) 메서드를 이용해서 이벤트 객체를 저장한다. 15행의 @EventListener 애너테이션은 값으로 Event.class를 갖는다. 이것은 Event 타입을 상속받은 이벤트 타입만 이벤트 저장소에 보관하기 위한 것이다.

REST API 구현

REST API는 단순하다. offset과 limit의 웹 요청 파라미터를 이용해서 EventStore#get을 실행하고 그 결과를 JSON으로 리턴하면 된다. [리스트 10.9]는 스프링 MVC의 컨트롤러를 이용해서 REST API를 구현한 코드다.

리스트 10.9 이벤트를 API로 제공하기 위한 EventApi 클래스

```
01   package com.myshop.eventstore.ui;
02
03   import com.myshop.eventstore.api.EventEntry;
04   import com.myshop.eventstore.api.EventStore;
05   import org.springframework.web.bind.annotation.RequestMapping;
```

```
06    import org.springframework.web.bind.annotation.RequestMethod;
07    import org.springframework.web.bind.annotation.RequestParam;
08    import org.springframework.web.bind.annotation.RestController;
09
10    import java.util.List;
11
12    @RestController
13    public class EventApi {
14        private EventStore eventStore;
15
16        public EventApi(EventStore eventStore) {
17            this.eventStore = eventStore;
18        }
19
20        @GetMapping("/api/events")
21        public List<EventEntry> list(
22                @RequestParam("offset") Long offset,
23                @RequestParam("limit") Long limit) {
24            return eventStore.get(offset, limit);
25        }
26    }
```

EventApi가 처리하는 URL에 연결하면 [그림 10.12]와 같이 JSON 형식으로 EventEntry 목록을 구할 수 있다.

그림 10.12 EventApi가 제공하는 REST API

이벤트를 수정하는 기능이 없으므로 REST API도 단순 조회 기능만 존재한다.

API를 사용하는 클라이언트는 일정 간격으로 다음 과정을 실행한다.

1 가장 마지막에 처리한 데이터의 offset인 lastOffset을 구한다. 저장한 lastOffset이 없으면 0을 사용한다.

2 마지막에 처리한 lastOffset을 offset으로 사용해서 API를 실행한다.

3 API 결과로 받은 데이터를 처리한다.

4 offset + 데이터 개수를 lastOffset으로 저장한다.

마지막에 처리한 lastOffset을 저장하는 이유는 같은 이벤트를 중복해서 처리하지 않기 위해서이다. API를 사용하는 과정을 그림으로 정리하면 [그림 10.13]과 같다.

그림 10.13 API를 사용하는 과정

[그림 10.13]은 클라이언트가 1분 주기로 최대 5개의 이벤트를 조회하는 상황을 정리한 것이다. 최초로 이벤트를 조회하는 1분 시점에서는 조회한 이벤트가 없으므로 offset이 0이다. 1분 시점에 5개의 이벤트를 조회했다고 해보자. 클라이언트가 읽어온 데이터가 5개이므로 2분 시점에 요청하는 offset은 5가 된다.

2분 시점에 offset 5 이후로 저장된 이벤트가 3개밖에 없어서 API가 3개의 이벤트를 제공했다고 하자. 그러면 클라이언트는 직전 offset 값인 5에 조회한 이벤트 개수인 3을 더한 8을 3분 시점의 offset 값으로 사용한다. 3분 시점에 제공한 이벤트가 0개이면 클라이언트는 다음 요청 때 3분 시점과 동일한 offset을 사용한다.

클라이언트 API를 이용해서 언제든지 원하는 이벤트를 가져올 수 있기 때문에 이벤트 처리에 실패하면 다시 실패한 이벤트부터 읽어와 이벤트를 재처리할 수 있다. API 서버에 장애가 발생한 경우에도 주기적으로 재시도를 해서 API 서버가 살아나면 이벤트를 처리할 수 있다.

포워더 구현

포워더는 앞서 봤던 API 방식의 클라이언트 구현과 유사하다. 포워더는 일정 주기로 EventStore에서 이벤트를 읽어와 이벤트 핸들러에 전달하면 된다. API 방식 클라이언트와 마찬가지로 마지막으로 전달한 이벤트의 offset을 기억해 두었다가 다음 조회 시점에 마지막으로 처리한 offset부터 이벤트를 가져오면 된다.

포워더는 [리스트 10.10]과 같이 구현해 볼 수 있다.

리스트 10.10 이벤트 포워더 구현 예시

```
01   @Component
02   public class EventForwarder {
03       private static final int DEFAULT_LIMIT_SIZE = 100;
04
05       private EventStore eventStore;
06       private OffsetStore offsetStore;
07       private EventSender eventSender;
08       private int limitSize = DEFAULT_LIMIT_SIZE;
09
10       public EventForwarder(EventStore eventStore,
11                             OffsetStore offsetStore,
12                             EventSender eventSender) {
13         this.eventStore = eventStore;
14         this.offsetStore = offsetStore;
15         this.eventSender = eventSender;
16       }
17
18       @Scheduled(initialDelay = 1000L, fixedDelay = 1000L)
19       public void getAndSend() {
20           long nextOffset = getNextOffset();
21           List<EventEntry> events = eventStore.get(nextOffset, limitSize);
22           if (!events.isEmpty()) {
23               int processedCount = sendEvent(events);
24               if (processedCount > 0) {
25                   saveNextOffset(nextOffset + processedCount);
26               }
27           }
28       }
29
30       private long getNextOffset() {
```

```
31          return offsetStore.get();
32      }
33
34      private int sendEvent(List<EventEntry> events) {
35          int processedCount = 0;
36          try {
37              for (EventEntry entry : events) {
38                  eventSender.send(entry);
39                  processedCount++;
40              }
41          } catch(Exception ex) {
42              // 로깅 처리
43          }
44          return processedCount;
45      }
46
47      private void saveNextOffset(long nextOffset) {
48          offsetStore.update(nextOffset);
49      }
50
51  }
```

18~28행 코드는 이벤트를 읽어와 전달하는 기능을 구현한다.

- 20행: 읽어올 이벤트의 다음 offset을 구한다.
- 21행: 이벤트 저장소에서 offset부터 limitSize 만큼 이벤트를 구한다.
- 22행: 구한 이벤트가 존재하는지 검사한다.
- 23행: 구한 이벤트가 존재하면 sendEvent() 메서드를 이용해서 이벤트를 전송한다. sendEvent() 메서드는 처리한 이벤트 개수를 리턴한다.
- 24~26행: 처리한 이벤트 개수가 0보다 크면 다음에 읽어올 offset을 저장한다.

getAndSend() 메서드를 주기적으로 실행하기 위해 스프링의 @Scheduled 애너테이션을 사용했다. 스프링을 사용하지 않으면 별도 스케줄링 프레임워크를 이용해서 getAndSend() 메서드를 원하는 주기로 실행하면 된다.

getNextOffset() 메서드와 saveNextOffset() 메서드에서 사용한 OffsetStore 인터페이스는 다음의 두 메서드를 정의하고 있다.

```
public interface OffsetStore {
    long get();
    void update(long nextOffset);
}
```

OffsetStore를 구현한 클래스는 offset 값을 DB 테이블에 저장하거나 로컬 파일에 보관해서 마지막 offset 값을 물리적 저장소에 보관하면 된다.

sendEvent() 메서드는 37~40행에서 파라미터로 전달받은 이벤트를 eventSender.send()를 이용해서 차례대로 발송한다. 익셉션이 발생하면 이벤트 전송을 멈추고 전송에 성공한 이벤트 개수를 리턴한다. 전송에 성공한 이벤트 개수를 리턴하기 때문에 25행에서 저장하는 offset은 최종적으로 전송에 성공한 이벤트를 기준으로 다음 이벤트에 대한 offset이다. 따라서 다음번에 getAndSend() 메서드를 실행하면 마지막으로 전송에 성공한 이벤트의 다음 이벤트부터 읽어와 전송을 시도한다.

EventSender 인터페이스는 다음과 같이 단순하다.

```
public interface EventSender {
    void send(EventEntry event);
}
```

이 인터페이스를 구현한 클래스는 send() 메서드에서 외부 메시징 시스템에 이벤트를 전송하거나 원하는 핸들러에 이벤트를 전달하면 된다. 이벤트 처리 중에 익셉션이 발생하면 그대로 전파해서 다음 주기에 getAndSend() 메서드를 실행할 때 재처리할 수 있도록 한다.

💡 NOTE 자동 증가 칼럼 주의 사항

주요키로 자동 증가 칼럼을 사용할 때는 주의할 점이 있다. 자동 증가 칼럼은 insert 쿼리를 실행하는 시점에 값이 증가하지만 실제 데이터는 트랜잭션을 커밋하는 시점에 DB에 반영된다. 즉 insert 쿼리를 실행해서 자동 증가 칼럼이 증가했더라도 트랜잭션을 커밋하기 전에 조회하면 증가한 값을 가진 레코드는 조회되지 않는다. 또한 커밋 시점에 따라 DB에 반영되는 시점이 달라질 수도 있다. 예를 들어 마지막 자동 증가 칼럼 값이 10인 상태에서 A 트랜잭션이 insert 쿼리를 실행한 뒤에 B 트랜잭션이 insert 쿼리를 실행했다면 A는 11을, B는 12를 자동 증가 칼럼 값으로 사용하게 된다. 그런데 B 트랜잭션이 먼저 커밋되고 그다음에 A 트랜잭션이 커밋되면 12가 DB에 먼저 반영되고 그다음 11이 반영된다. 만약 B 트랜잭션 커밋과 A 트랜잭션 커밋 사이에 데이터를 조회한다면 11은 조회되지 않고 12만 조회되는 상황이 발생한다. 이런 문제가 발생하지 않도록 하려면 ID를 기준으로 데이터를 지연 조회하는 방식을 사용해야 한다. 관련 내용을 다음 글에 정리했으니 처리 방식이 궁금한 독자는 참고하기 바란다.

https://javacan.tistory.com/entry/MySQL-auto-inc-col-gotcha

10.6 이벤트 적용 시 추가 고려 사항

이 장에서 구현하지는 않았지만 이벤트를 구현할 때 추가로 고려할 점이 있다. 첫 번째는 이벤트 소스를 EventEntry에 추가할지 여부이다. 앞서 구현한 EventEntry는 이벤트 발생 주체에 대한 정보를 갖지 않는다. 따라서 'Order가 발생시킨 이벤트만 조회하기'처럼 특정 주체가 발생시킨 이벤트만 조회하는 기능을 구현할 수 없다. 이 기능을 구현하려면 이벤트에 발생 주체 정보를 추가해야 한다.

두 번째로 고려할 점은 포워더에서 전송 실패를 얼마나 허용할 것이냐에 대한 것이다. 포워더는 이벤트 전송에 실패하면 실패한 이벤트부터 다시 읽어와 전송을 시도한다. 그런데 특정 이벤트에서 계속 전송에 실패하면 어떻게 될까? 이렇게 되면 그 이벤트 때문에 나머지 이벤트를 전송할 수 없게 된다. 따라서 포워더를 구현할 때는 실패한 이벤트의 재전송 횟수 제한을 두어야 한다. 예를 들어 동일 이벤트를 전송하는 데 3회 실패했다면 해당 이벤트는 생략하고 다음 이벤트로 넘어간다는 등의 정책이 필요하다.

> **잠깐 👉** 처리에 실패한 이벤트를 생략하지 않고 별도 실패용 DB나 메시지 큐에 저장하기도 한다. 처리에 실패한 이벤트를 물리적인 저장소에 남겨두면 이후 실패 이유 분석이나 후처리에 도움이 된다.

세 번째 고려할 점은 이벤트 손실에 대한 것이다. 이벤트 저장소를 사용하는 방식은 이벤트 발생과 이벤트 저장을 한 트랜잭션으로 처리하기 때문에 트랜잭션에 성공하면 이벤트가 저장소에 보관된다는 것을 보장할 수 있다. 반면에 로컬 핸들러를 이용해서 이벤트를 비동기로 처리할 경우 이벤트 처리에 실패하면 이벤트를 유실하게 된다.

네 번째 고려할 점은 이벤트 순서에 대한 것이다. 이벤트 발생 순서대로 외부 시스템에 전달해야 할 경우, 이벤트 저장소를 사용하는 것이 좋다. 이벤트 저장소는 저장소에 이벤트를 발생 순서대로 저장하고 그 순서대로 이벤트 목록을 제공하기 때문이다. 반면에 메시징 시스템은 사용 기술에 따라 이벤트 발생 순서와 메시지 전달 순서가 다를 수도 있다.

다섯 번째 고려할 점은 이벤트 재처리에 대한 것이다. 동일한 이벤트를 다시 처리해야 할 때 이벤트를 어떻게 할지 결정해야 한다. 가장 쉬운 방법은 마지막으로 처리한 이벤트의 순번을 기억해 두었다가 이미 처리한 순번의 이벤트가 도착하면 해당 이벤트를 처리하지 않고 무시하는 것이다. 예를 들어 회원 가입 신청 이벤트가 처음 도착하면 이메일을 발송하는데, 동일한 순번의 이벤트가 다시 들어오면 이메일을 발송하지 않는 방식으로 구현한다. 이 외에 이벤트를 멱등으로 처리하는 방법도 있다.

> **💡 NOTE 멱등성**
>
> 연산을 여러 번 적용해도 결과가 달라지지 않는 성질을 멱등성idempotent이라고 한다. 수학에서 절댓값 함수인 abs() 가 멱등성을 갖는 대표적인 예이다. 어떤 값 x에 대해 abs() 연산을 여러 번 적용해도 결과는 동일하다. 즉, abs(x), abs(abs(x)), abs(abs(abs(x)))는 모두 결과가 같다.
>
> 비슷하게 이벤트 처리도 동일 이벤트를 한 번 적용하나 여러 번 적용하나 시스템이 같은 상태가 되도록 핸들러를 구현할 수 있다. 예를 들어 배송지 정보 변경 이벤트를 받아서 주소를 변경하는 핸들러는 그 이벤트를 한 번 처리하나 여러 번 처리하나 결과적으로 동일 주소를 값으로 갖는다. 같은 이벤트를 여러 번 적용해도 결과가 같으므로 이 이벤트 핸들러는 멱등성을 갖는다.
>
> 이벤트 핸들러가 멱등성을 가지면 시스템 장애로 인해 같은 이벤트가 중복해서 발생해도 결과적으로 동일 상태가 된다. 이는 이벤트 중복 발생이나 중복 처리에 대한 부담을 줄여준다.

10.6.1 이벤트 처리와 DB 트랜잭션 고려

앞에서 이벤트를 적용할 때 고려할 점을 알아봤는데 이 절에서는 DB 트랜잭션 관점에서 고려할 점을 살펴보자. 이벤트를 처리할 때는 DB 트랜잭션을 함께 고려해야 한다. 예를 들어 주문 취소와 환불 기능을 다음과 같이 이벤트를 이용해서 구현했다고 하자.

- 주문 취소 기능은 주문 취소 이벤트를 발생시킨다.
- 주문 취소 이벤트 핸들러는 환불 서비스에 환불 처리를 요청한다.
- 환불 서비스는 외부 API를 호출해서 결제를 취소한다.

이벤트 발생과 처리를 모두 동기로 처리하면 실행 흐름은 [그림 10.14]와 같을 것이다.

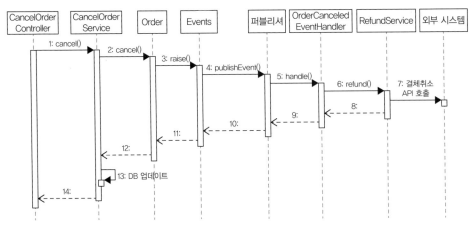

그림 10.14 이벤트 발생과 이벤트 처리를 동기로 실행할 때의 흐름

[그림 10.14]와 같은 실행 흐름에는 고민할 상황이 있다. 12번 과정까지 다 성공하고 13번 과정에서 DB를 업데이트하는 데 실패하는 상황이 바로 그것이다. 다 성공하고 13번 과정에서 실패하면 결제는 취소됐는데 DB에는 주문이 취소되지 않은 상태로 남게 된다.

이벤트를 비동기로 처리할 때도 DB 트랜잭션을 고려해야 한다. [그림 10.15]를 보자.

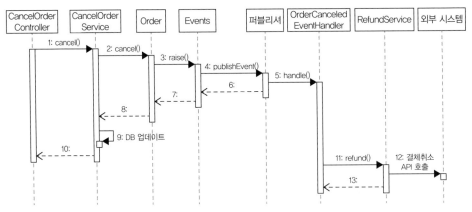

그림 10.15 비동기로 처리할 때의 실행 흐름

[그림 10.15]는 주문 취소 이벤트를 비동기로 처리할 때의 실행 흐름이다. 이벤트 핸들러를 호출하는 5번 과정은 비동기로 실행한다. DB 업데이트와 트랜잭션을 다 커밋한 뒤에 환불 로직인 11~13번 과정을 실행했다고 하자. 만약 12번 과정에서 외부 API 호출에 실패하면 DB에는 주문이 취소된 상태로 데이터가 바뀌었는데 결제는 취소되지 않은 상태로 남게 된다.

이벤트 처리를 동기로 하든 비동기로 하든 이벤트 처리 실패와 트랜잭션 실패를 함께 고려해야 한다. 트랜잭션 실패와 이벤트 처리 실패를 모두 고려하면 복잡해지므로 경우의 수를 줄이면 도움이 된다. 경우의 수를 줄이는 방법은 트랜잭션이 성공할 때만 이벤트 핸들러를 실행하는 것이다.

스프링은 @TransactionalEventListener 애너테이션을 지원한다. 이 애너테이션은 스프링 트랜잭션 상태에 따라 이벤트 핸들러를 실행할 수 있게 한다. 다음은 이 애너테이션을 사용한 코드의 예를 보여준다.

```java
@TransactionalEventListener(
        classes = OrderCanceledEvent.class,
        phase = TransactionPhase.AFTER_COMMIT
)
public void handle(OrderCanceledEvent event) {
    refundService.refund(event.getOrderNumber());
}
```

위 코드에서 phase 속성 값으로 TransactionPhase.AFTER_COMMIT을 지정했다. 이 값을 사용하면 스프링은 트랜잭션 커밋에 성공한 뒤에 핸들러 메서드를 실행한다. 중간에 에러가 발생해서 트랜잭션이 롤백 되면 핸들러 메서드를 실행하지 않는다. 이 기능을 사용하면 이벤트 핸들러를 실행했는데 트랜잭션이 롤백 되는 상황은 발생하지 않는다.

이벤트 저장소로 DB를 사용해도 동일한 효과를 볼 수 있다. 이벤트 발생 코드와 이벤트 저장 처리를 한 트랜잭션으로 처리하면 된다. 이렇게 하면 트랜잭션이 성공할 때만 이벤트가 DB에 저장되므로, 트랜잭션은 실패했는데 이벤트 핸들러가 실행되는 상황은 발생하지 않는다.

트랜잭션이 성공할 때만 이벤트 핸들러를 실행하게 되면 트랜잭션 실패에 대한 경우의 수가 줄어 이제 이벤트 처리 실패만 고민하면 된다. 이벤트 특성에 따라 재처리 방식을 결정하면 된다.

Chapter

11

CQRS

- ☑ 명령 모델과 조회 모델
- ☑ CQRS 장단점

주문 내역 조회 기능을 구현하려면 여러 애그리거트에서 데이터를 가져와야 한다. Order에서 주문 정보를 가져와야 하고, Product에서 상품 이름을 가져와야 하고, Member에서 회원 이름과 ID를 가져와야 한다.

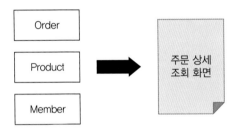

그림 11.1 여러 애그리거트의 데이터를 사용하는 화면

조회 화면 특성상 조회 속도가 빠를수록 좋은데 여러 애그리거트의 데이터가 필요하면 구현 방법을 고민해야 한다. 3장에서 언급한 식별자를 이용해서 애그리거트를 참조하는 방식을 사용하면 즉시 로딩eager loading 방식과 같은 JPA의 쿼리 관련 최적화 기능을 사용할 수 없다. 이는 한 번의 SELECT 쿼리로 조회 화면에 필요한 데이터를 읽어올 수 없어 조회 성능에 문제가 생길 수 있다.

애그리거트 간 연관을 식별자가 아니라 직접 참조하는 방식으로 연결해도 고민거리가 생긴다. 조회 화면 특성에 따라 같은 연관도 즉시 로딩이나 지연 로딩lazy loading으로 처리해야 하기 때문이다. 조회 기능을 구현할 때 DBMS가 제공하는 전용 기능이 필요하면 JPA의 네이티브 쿼리를 사용해야 할 수도 있다.

이런 고민이 발생하는 이유는 시스템 상태를 변경할 때와 조회할 때 단일 도메인 모델을 사용하기 때문이다. 객체 지향으로 도메인 모델을 구현할 때 주로 사용하는 ORM 기법은 Order#cancel()이나 Order#changeShippingInfo() 기능처럼 도메인 상태 변경 기능을 구현하는 데는 적합하지만 주문 상세 조회 화면처럼 여러 애그리거트에서 데이터를 가져와 출력하는 기능을 구현하기에는 고려할 게 많아서 구현을 복잡하게 만드는 원인이 된다.

이런 구현 복잡도를 낮추는 간단한 방법이 있는데 그것은 바로 상태 변경을 위한 모델과 조회를 위한 모델을 분리하는 것이다.

잠깐 👉 CQRS에 대한 내용을 영상으로도 정리했다. https://youtu.be/xf0kXMTFJm8 영상을 함께 보면 CQRS를 이해하는 데 도움이 될 것이다.

11.2 CQRS

시스템이 제공하는 기능은 크게 두 가지로 나눌 수 있다. 하나는 상태를 변경하는 기능이다. 새로운 주문을 생성하거나, 배송지 정보를 변경하거나, 회원 암호를 변경하는 기능이 이에 해당한다. 개발자는 현재 저장하고 있는 데이터를 변경하는 방식으로 기능을 구현한다.

또 다른 하나는 사용자 입장에서 상태 정보를 조회하는 기능이다. 주문 상세 내역 보기, 게시글 목록 보기, 회원 정보 보기, 판매 통계 보기가 이에 해당한다. 조회 기능은 필요한 데이터를 읽어와 UI를 통해 보여주는 방식으로 구현한다.

도메인 모델 관점에서 상태 변경 기능은 주로 한 애그리거트의 상태를 변경한다. 예를 들어 주문 취소 기능과 배송지 정보 변경 기능은 한 개의 Order 애그리거트를 변경한다. 반면에 조회 기능에 필요한 데이터를 표시하려면 두 개 이상의 애그리거트가 필요할 때가 많다. 앞서 살펴본 주문 상세 조회 기능이 이에 해당한다.

상태를 변경하는 범위와 상태를 조회하는 범위가 정확하게 일치하지 않기 때문에 단일 모델로 두 종류의 기능을 구현하면 모델이 불필요하게 복잡해진다. 단일 모델을 사용할 때 발생하는 복잡도를 해결하기 위해 사용하는 방법이 있는데 바로 CQRS다.

CQRS는 Command Query Responsibility Segregation의 약자로 [그림 11.2]와 같이 상태를 변경하는 명령Command을 위한 모델과 상태를 제공하는 조회Query를 위한 모델을 분리하는 패턴이다.

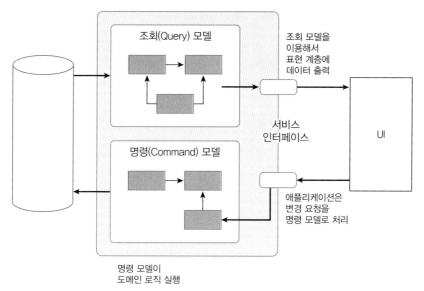

조회(Query) 모델

조회 모델을
이용해서
표현 계층에
데이터 출력

서비스
인터페이스

UI

명령(Command) 모델

애플리케이션은
변경 요청을
명령 모델로 처리

명령 모델이
도메인 로직 실행

그림 11.2 CQRS 패턴 (출처: http://martinfowler.com/bliki/CQRS.html)

CQRS는 복잡한 도메인에 적합하다. 도메인이 복잡할수록 명령 기능과 조회 기능이 다루는 데이터 범위에 차이가 난다. 이 두 기능을 단일 모델로 처리하면 조회 기능의 로딩 속도를 위해 모델 구현이 필요 이상으로 복잡해진다. 예를 들어 온라인 쇼핑에서 다양한 차원에서 주문/판매 통계를 조회해야 한다고 해보자. JPA 기반 단일 도메인 모델을 사용하면 통계 값을 빠르게 조회하기 위해 JPA와 관련된 다양한 성능 관련 기능을 모델에 적용해야 한다. 이런 도메인에 CQRS를 적용하면 통계를 위한 조회 모델을 별도로 만들기 때문에 조회 기능 때문에 도메인 모델이 복잡해지는 것을 막을 수 있다.

CQRS를 사용하면 각 모델에 맞는 구현 기술을 선택할 수 있다. 예를 들어 명령 모델은 객체지향에 기반해서 도메인 모델을 구현하기에 적당한 JPA를 사용해서 구현하고, 조회 모델은 DB 테이블에서 SQL로 데이터를 조회할 때 좋은 마이바티스를 사용해서 구현하면 된다.

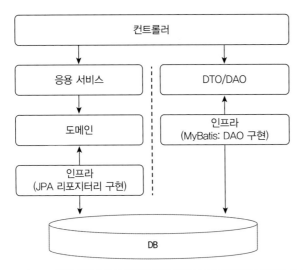

그림 11.3 명령 모델과 조회 모델은 서로 다른 기술을 이용해서 구현할 수 있다.

[그림 11.3]을 보면 조회 모델에는 응용 서비스가 존재하지 않는다. 단순히 데이터를 읽어와 조회하는 기능은 응용 로직이 복잡하지 않기 때문에 컨트롤러에서 바로 DAO를 실행해도 무방하다. 물론 데이터를 표현 영역에 전달하는 과정에서 몇 가지 로직이 필요하다면 응용 서비스를 두고 로직을 구현하면 된다.

[그림 11.4]는 명령 모델과 조회 모델의 설계 예를 보여준다. 상태 변경을 위한 명령 모델은 객체를 기반으로 한 도메인 모델을 이용해서 구현한다. 반면에 조회 모델은 주문 요약 목록을 제공할 때 필요한 정보를 담고 있는 데이터 타입을 이용한다. 두 모델 모두 주문과 관련되어 있지만 명령 모델은 상태를 변경하는 도메인 로직을 수행하는 데 초점을 맞춰 설계했고, 조회 모델은 화면에 보여줄 데이터를 조회하는 데 초점을 맞춰 설계했다.

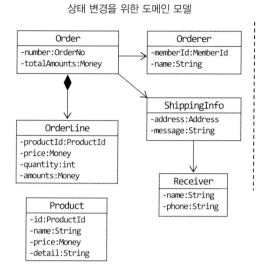

그림 11.4 명령 모델과 조회 모델 예시

명령 모델과 조회 모델이 같은 구현 기술을 사용할 수도 있다. 이에 대한 내용은 이미 5장에서 다룬 바 있다. 5장에서 JPQL을 이용한 동적 인스턴스 생성과 하이버네이트의 @Subselect를 이용하는 방법을 설명했는데, 여기서 동적 인스턴스로 사용할 클래스와 @Subselect를 적용한 클래스가 조회 모델에 해당한다.

[그림 11.5]와 같이 명령 모델과 조회 모델이 서로 다른 데이터 저장소를 사용할 수도 있다. 명령 모델은 트랜잭션을 지원하는 RDBMS를 사용하고, 조회 모델은 조회 성능이 좋은 메모리 기반 NoSQL을 사용할 수 있을 것이다.

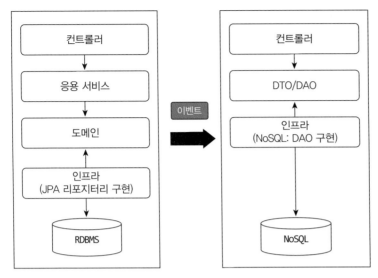

그림 11.5 명령 모델과 조회 모델이 서로 다른 DB를 사용할 수 있다.

두 데이터 저장소 간 데이터 동기화는 10장에서 배운 이벤트를 활용해서 처리한다. 명령 모델에서 상태를 변경하면 이에 해당하는 이벤트가 발생하고, 그 이벤트를 조회 모델에 전달해서 변경 내역을 반영하면 된다.

명령 모델과 조회 모델이 서로 다른 데이터 저장소를 사용할 경우 데이터 동기화 시점에 따라 구현 방식이 달라질 수 있다. 명령 모델에서 데이터가 바뀌자마자 변경 내역을 바로 조회 모델에 반영해야 한다면 동기 이벤트와 글로벌 트랜잭션을 사용해서 실시간으로 동기화할 수 있다. 하지만 10장에서 언급한 것처럼 동기 이벤트와 글로벌 트랜잭션을 사용하면 전반적인 성능(응답 속도와 처리량)이 떨어지는 단점이 있다.

서로 다른 저장소의 데이터를 특정 시간 안에만 동기화해도 된다면 비동기로 데이터를 전송하면 된다. 예를 들어 통계 처리 목적으로 조회 전용 저장소를 구축했다고 하자. 통계 데이터는 수초, 수분 또는 1시간 단위로 최근 데이터를 반영해도 문제가 되지 않을 때가 많다. 이런 경우라면 비동기로 데이터를 보냄으로써 데이터 동기화로 인해 명령 모델의 성능이 나빠지지 않도록 할 수 있다.

잠깐 👉 CQRS 패턴을 적용하기 위해 사용해야 할 필수 기술이 따로 존재하는 것은 아니다. 5장에서 언급한 것처럼 JPA만 사용해서 명령 모델과 조회 모델을 구현할 수도 있다. 명령 모델은 JPA로 구현하고 조회 모델은 직접 SQL을 사용해서 구현할 수도 있다.

11.2.1 웹과 CQRS

일반적인 웹 서비스는 상태를 변경하는 요청보다 상태를 조회하는 요청이 많다. 온라인 쇼핑몰을 예로 들면 주문 요청보다 카탈로그를 조회하고 상품의 상세 정보를 조회하는 요청이 비교할 수 없을 정도로 많다. 게시판도 한번 등록한 게시글을 수십에서 수천 내지 수백만 번 조회한다.

포털이나 대형 온라인 쇼핑몰과 같이 조회 기능 요청 비율이 월등히 높은 서비스를 만드는 개발팀은 조회 성능을 높이기 위해 다양한 기법을 사용한다. 기본적으로 쿼리를 최적화해서 쿼리 실행 속도 자체를 높이고, 메모리에 조회 데이터를 캐싱 해서 응답 속도를 높이기도 한다. 조회 전용 저장소를 따로 사용하기도 한다.

이렇게 조회 성능을 높이기 위해 다양한 기법을 사용하는 것은 결과적으로 CQRS를 적용하는 것과 같은 효과를 만든다. 메모리에 캐싱 하는 데이터는 DB에 보관된 데이터를 그대로 저장하기보다는 화면에 맞는 모양으로 변환한 데이터를 캐싱 할 때 성능에 더 유리하다. 즉, 조회 전용 모델을 캐시 하는 것이다. 비슷하게 조회 속도를 높이기 위해 쿼리를 최적화한다는 것은 조회 화면에 보여줄 데이터를 빠르게 읽어올 수 있도록 쿼리를 작성하는 것이다.

대규모 트래픽이 발생하는 웹 서비스는 알게 모르게 CQRS를 적용하게 된다. 단지 명시적으로 명령 모델과 조회 모델을 구분하지 않을 뿐이다. 조회 속도를 높이기 위해 별도 처리를 하고 있다면 명시적으로 명령 모델과 조회 모델을 구분하자. 이를 통해 조회 기능 때문에 명령 모델이 복잡해지는 것을 막을 수 있고, 명령 모델에 관계없이 조회 기능에 특화된 구현 기법을 보다 쉽게 적용할 수 있다.

11.2.2 CQRS 장단점

CQRS 패턴을 적용할 때 얻을 수 있는 장점은 명령 모델을 구현할 때 도메인 자체에 집중할 수 있다는 점이다. 복잡한 도메인은 주로 상태 변경 로직이 복잡한데 명령 모델과 조회 모델을 구분하면 조회 성능을 위한 코드가 명령 모델에 없으므로 도메인 로직을 구현하는 데 집중할 수 있다. 또한 명령 모델에서 조회 관련 로직이 사라져 복잡도가 낮아진다.

또 다른 장점은 조회 성능을 향상시키는 데 유리하다는 점이다. 조회 단위로 캐시 기술을 적용할 수 있고, 조회에 특화된 쿼리를 마음대로 사용할 수도 있다. 캐시뿐만 아니라 조회 전용 저장소를 사용하면 조회 처리량을 대폭 늘릴 수도 있다. 조회 전용 모델을 사용하기 때문에 조회 성능을 높이기 위한 코드가 명령 모델에 영향을 주지 않는다.

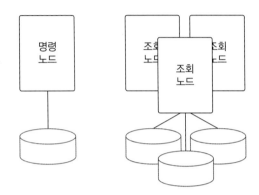

그림 11.6 조회 전용 모델을 사용하면 조회 성능을 향상시키는 데 유리하다.

물론 단점도 있다. 첫 번째 단점은 구현해야 할 코드가 더 많다는 점이다. 단일 모델을 사용할 때 발생하는 복잡함 때문에 발생하는 구현 비용과 조회 전용 모델을 만들 때 발생하는 구현 비용을 따져봐야 한다. 도메인이 복잡하거나 대규모 트래픽이 발생하는 서비스라면 조회 전용 모델을 만드는 것이 향후 유지 보수에 유리하다. 반면에 도메인이 단순하거나 트래픽이 많지 않은 서비스라면 조회 전용 모델을 따로 만들 때 얻을 이점이 있는지 따져봐야 한다.

두 번째 단점은 더 많은 구현 기술이 필요하다는 것이다. 명령 모델과 조회 모델을 다른 구현 기술을 사용해서 구현하기도 하고 경우에 따라 다른 저장소를 사용하기도 한다. 또한 데이터 동기화를 위해 메시징 시스템을 도입해야 할 수도 있다.

이러한 장단점을 고려해서 CQRS 패턴을 도입할지 여부를 결정해야 한다. 도메인이 복잡하지 않은데 CQRS를 도입하면 두 모델을 유지하는 비용만 높아지고 얻을 수 있는 이점은 없다. 반면에 트래픽이 높은 서비스인데 단일 모델을 고집하면 유지 보수 비용이 오히려 높아질 수 있으므로 CQRS 도입을 고려하자.

찾아보기

찾아보기

찾아보기